波段
操盘实战技法

何瑞东◎著

中国宇航出版社
·北京·

版权所有　侵权必究

图书在版编目（CIP）数据

波段操盘实战技法 / 何瑞东著. -- 北京：中国宇航出版社, 2024. 8. -- ISBN 978-7-5159-2408-3

Ⅰ. F830.91

中国国家版本馆CIP数据核字第2024598P1S号

策划编辑	田芳卿	封面设计	王晓武
责任编辑	谭　颖	责任校对	吴媛媛

出　版
发　行　**中国宇航出版社**

社　址　北京市阜成路 8 号　　　邮　编　100830
　　　　（010）68768548

网　址　www.caphbook.com
经　销　新华书店

发行部　（010）68767386　　　（010）68371900
　　　　（010）68767382　　　（010）88100613（传真）

零售店　读者服务部
　　　　（010）68371105

承　印　北京天顺鸿彩印有限公司
版　次　2024 年 8 月第 1 版　　2024 年 8 月第 1 次印刷
规　格　710×1000　　　　　　开　本　1/16
印　张　13.5　　　　　　　　　字　数　178 千字
书　号　ISBN 978-7-5159-2408-3
定　价　49.00 元

本书如有印装质量问题，可与发行部联系调换

PREFACE 前言

在股市中投资，说难也难，说容易也容易。只要能够把握三个"点"，就足以笑傲股市，轻松实现财富自由。

那么是哪三个"点"呢？就是买点、卖点和止损点。任何技术分析研判系统，孜孜以求的终极目标，就是如何精准地当下判断出这三个"点"。

首先来说买点。假如我们能在一个合适的点位进场，比如在波段行情的起爆点或转折点进场，就可以快速地获取大把利润，不用再纠结和苦苦等待。在合适的买点进场，是获取利润的立足点，或者说是立于不败之地的基础。

其次是卖点。买入股票后，如果能在中长期高点或者大波段高点附近出局，而不是坐过山车或者提前下车，那就没有什么遗憾的了。投资者可以凭借这种卖在波段高点的止盈技巧，永远立于不败之地。

最后是止损点。只有在预期某只股票后期会上涨的时候，才会买进这只股票。但是不论多么精明的老手，也不能保证每次都看对方向，有些时候也会看错。当看错的时候，一定要在第一时间止损出局。如果能做到这一点，就永远不会出现深幅被套或者大幅亏损的情况。如果能在行情对仓位不利的时候第一时间果断止损，凭借这一技术，也足以在证券市场中"任凭风浪起，稳坐钓鱼船"。

把握这三个"点"说来容易，做起来却很难。那么有没有一套技术系统能同时解决这三个关键点呢？当然有！

本书内容就提供了一套能精准把握波段起爆点、大波段高点和止损点的技术系统。具体而言，本书讲解的实战八法，主要告诉大家哪里是波段起爆点，同时明确指出止损点在哪里，也就是说，买点和止损点是同时产生的。如果能够很好地把握波段起爆点、大波段高点或大趋势高点以及止损点，在股市中获利就变得轻松和简单了，投资活动也会变得如同娱乐一般，再也不用整天为了买进和卖出发愁。

这里笔者要提醒的是：书中虽然阐述了波段起爆点、大波段和大趋势高点的研判方法，以及止损点在哪里，但该研判方法只是笔者技术系统中的初级技术而非全部。既然是初级技术，就不能解决股市的全部问题。比如实战八法虽然厉害，但只是买法中的一小部分，或者说只是一些特殊的起涨形态。

古人说学无止境，君子立世当求大道。要想在股市中持续稳健地获利，非得完整地精通股市之道不可。欢迎有心的读者与笔者深入交流股市分析之道，探寻更玄妙、更完整的股市交易技术。

最后，预祝所有读者投资顺利！

CONTENTS 目 录

第一章 实战八法

一、投资理念和投资理论概述 / 2

二、八法导读 / 7

三、春潮暗涌 / 8

四、一箭穿心 / 17

五、水漫金山 / 24

六、回眸一笑 / 31

七、弱柳扶风 / 39

八、乍暖还寒 / 46

九、水涨船高 / 54

十、鱼跃龙门 / 61

十一、八法小结 / 67

第二章 波段见顶信号

一、天量确认 / 70

二、独立寒秋／79

　　三、夺命螺旋／87

　　四、雷神之锤／92

　　五、索命十字／100

　　六、翻天大印／110

第三章　中长线大顶形态

　　一、顶背离／128

　　二、双头／131

　　三、三重顶／134

　　四、头肩顶／135

第四章　投资理念

　　一、快乐和痛苦直入人心／140

　　二、人才是第一生产力／142

　　三、战无不胜的根本原因／143

　　四、主力洗盘的根本原因／144

　　五、空仓是一种高级战术／145

　　六、举手投足皆合于道／147

　　七、实战高手如何对待消息／148

　　八、知己知彼，百战不殆／149

　　九、关于坐庄／150

　　十、如何立于不败之地／152

　　十一、纪律重于生命／153

十二、随机应变才能用兵如神 / 155

十三、心如止水 / 156

十四、反常行为通常预示着顶底即将来临 / 158

十五、要政策不如要技术 / 160

十六、果断是炒股的第一要诀 / 161

十七、谈股市中的戒、定、慧 / 163

十八、为什么90%的人亏损 / 164

十九、熊市的特征及操作策略 / 166

二十、止损的价值和意义 / 167

二十一、投资就是两点一线之间的游戏 / 169

二十二、心态与时间 / 169

二十三、市场的结构 / 172

二十四、各种操作方式的利弊 / 173

二十五、波段与短线 / 176

二十六、转折点的级别 / 177

二十七、循环中的循环 / 178

二十八、不要迷失于细节 / 179

二十九、波段操作的要诀 / 180

三十、大资金的操作思路 / 182

三十一、建立自己的投资之道 / 183

三十二、股市中的繁与简 / 185

三十三、波段生死 / 186

三十四、弱市中的操作思路 / 187

三十五、行情的级别与操作策略 / 188

三十六、笔者的投资理念 / 190

三十七、波段操作的深层心法 / 191

三十八、最重要的是定性 / 194

三十九、各种市道下的操作策略 / 195

四十、投资人需要知道的问题 / 197

四十一、从实战八法和太空线说起 / 199

四十二、各种市道下的拐点交易 / 201

四十三、波段操作的艺术 / 202

四十四、象数理论的波段思路 / 203

四十五、波段操作自律心法 / 204

后记 / 207

第一章
实战八法

一、投资理念和投资理论概述

1."三不"原则

要想在实战中取得骄人战绩,首先必须具备深厚的理论功底。从技术分析的角度来说,至少应该明白什么东西是有用的,什么东西是没用的。如果对有用的东西视而不见,对没用的东西却恋恋不舍,那么一辈子只能留在投资的"幼儿园"里。

什么东西是没用的呢?所谓没用的东西,就是那些还在被股市芸芸众生信奉的消息面、指标系统、盘中即时走势图等。笔者在投资过程中就有"三不"原则,即不听消息、不看指标、不用即时图。

之所以要把这些东西拿出来说,就是因为目前仍有很多人还在执迷于此。既然这样,下面就上述三个方面逐一进行解说。

首先,为什么不能听消息炒股?

技术分析三大公理之第一公理:市场行为包容和消化一切。股价的涨跌和缩放量等规则与不规则的市场行为,已经全部将影响市场波动的各种内外因素包容和消化了,可以说技术图表包容了一切。图表就是市场的语言,关键是能不能看懂它。

如果有利好消息市场却不上涨,说明市场并不认为这是利好消息,此时请听市场的,不要自作聪明。相反如果有了利空消息市场并不下跌,也是同样的道理。任何利好,只要不转化为市场中实实在在的买盘,股价是绝不会上涨的;任何利空,只要不转化为市场中实实在在的卖盘,股价也是绝不会下跌的。市场中买卖双方的真实行动决定一切,而非消息决定一切。

市场经过一段时间的运行,原先起作用的各种内外因素就会失去作用。

也就是说，市场行为已经完全消化了当时的一切利多利空消息。

市场行为包容和消化一切，这一公理是所有技术分析理论存在和成立的基本前提。

其次，为什么不看技术指标？

技术指标种类繁多，作用不一，它们的共同特征是，只对市场三大要素（价格、成交量、时间）其中之一进行推导式反映，但其客观真理性及实战有效性存在理论上的缺陷。由于存在这一先天性的缺陷，所以无论如何修改指标参数也是没用的。

技术指标在职业投资者的实战操作中只起到有限的辅助作用，甚至可以完全不看它。如果一直沉溺于技术指标，将无法从技术分析的较低水平，走向投资成功的较高水平。说得不客气一点儿，技术指标就像小孩的玩具，高水平的实战家根本不把它当回事儿。

最后，为什么不用即时走势图？

道氏将股市的波动分为主级正向波、次级逆向波和日间杂波。

第一级波动，即主级正向波，是最为重要的价格波动趋势，是投资者取得战略性利润的基础，这就是通常所说的牛市或熊市。

第二级波动，即次级逆向波，是最具欺骗性的虚假波动，是市场得以存在的基础，也是绝大部分投资者亏损和失败的陷阱，就是通常所说的牛市中的调整波段或熊市中的反弹波段。

第三级波动，即日间杂波，是最无意义的价格波动，也是诱惑投资者不断参与的诱饵，就是通常所说的盘中即时走势。即时走势目前无法寻找到可以指导交易的一般性规律，今后也永远无法找到。为什么呢？因为波动的时间周期太小。从本质上看，日间杂波具有最大的随意性、不确定性和可操纵性，100年前道氏就对此给出了明确的结论。

大周期决定小周期，而不是小周期决定大周期。即时走势图是股价最小的运行周期，所以钻研它是本末倒置。职业投资者一贯主张"看大做小"，而不是反过来"看小做大"。可以说，研究即时走势与研究技术指标是一样性质的行为，透露出研究者理论功底肤浅。

如何控制即时走势的干扰和杀伤力，不仅标志着投资者专业功力的深浅，同时也关系到其投资成功的概率大小。可以想象一下，一味地在小周期里面寻找机会，能成什么大气候？只有打开心胸，放开眼光，才能取得超越凡俗的成就。

在实际投资活动中，绝大多数投资者被盘面的即时走势左右，不停地追涨杀跌，带来了大量亏损，这都是对道氏理论认识不深的结果。即时走势，说穿了就是市场用来钓鱼的诱饵。即时走势瞬息万变，不断地诱惑贪婪无知的投资者心甘情愿、奋不顾身地跳进陷阱。如果不清晰地认识这一点，就永远无法在投资领域获得持续稳定的盈利。

以上面提及的三个问题来谈投资，实际上是为了帮助一些投资者跳出投资的误区。正是这些看不见的误区，严重阻碍了投资者的进步，使许多投资者长时间在一个圈子里面打转。只有深刻地认识到这一点，尽快从歧路转到正道上来，才能达到投资的较高境界。

2. 股价运行规律

图1-1是一幅股价循环示意图。筑底阶段、上涨阶段、做头阶段、下跌阶段这四个阶段循环往复，生生不息，就像日升月落、四季变换一样，股价也遵循着阴阳交替、涨跌互换的自然规律。

筑底阶段、做头阶段、下跌阶段，这三个阶段只能做短线。尤其是下跌阶段，只能快进快出，小资金抢短线反弹，绝对不能做波段，更不可中线持仓。只有上涨阶段才能做大波段持股。

股价循环示意图也反映出了技术分析三大公理之第二公理：历史会重演。

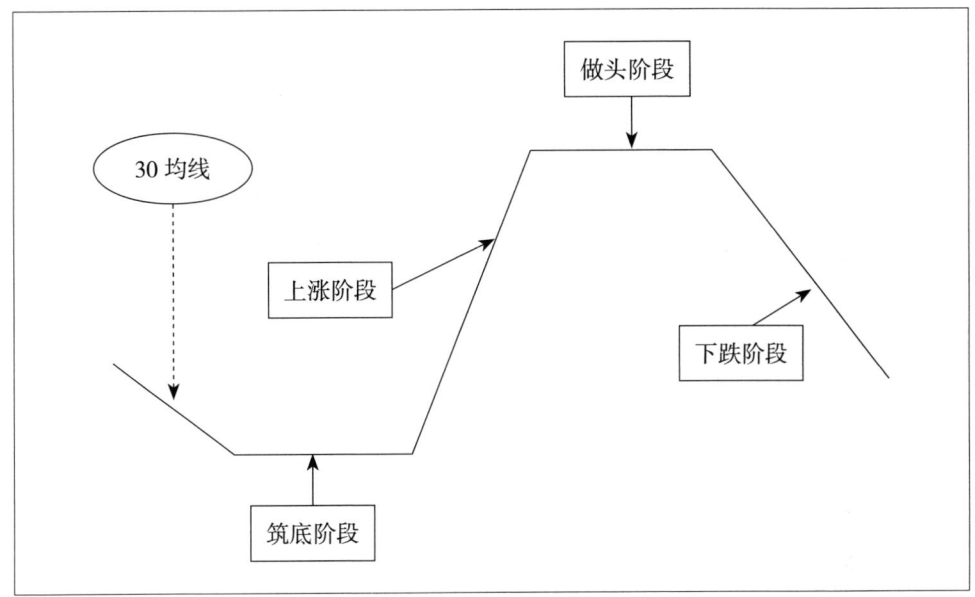

图1-1 股价循环示意图

实战操作中,请牢牢记住"历史会重演"这句话。这里讲的不是历史现象的简单重演,而是历史规律和历史本质的反复不断作用。历史的这种重演,绝对不是简单的现象重演,而是指运动规律恒久不变。现象多变而本质规律不变,才是万事万物规律变化的真谛。

高水平的投资者,就是根据股价变化的本质规律来进行操作的。

3. 专业高手的投资理念

技术分析三大公理之第三公理:市场运动具有趋势性。

在市场中,多头的买进力量未遭到空头卖出力量的根本性打击之前,股价将保持上涨态势,牛市也将继续发展。直到空头卖出力量从根本上超过多头买进力量时,股价上涨才会停止,牛市才会结束。相反,熊市也是如此。

这就是技术派投资者最为看重的投资原则——"顺势而为"的理论依据。真正伟大的投资家,会像捍卫生命一样对这一原则进行无条件的捍卫和坚守。

下面谈一谈投资高手的投资理念。

成功者之所以成功，失败者之所以失败，都有其内在原因。和普通投资者不同，投资高手不看重短线和超短线操作。在投资高手眼里，最重视"趋势"和"波段"这两个概念。简而言之，就是原则上只做上升趋势中的上涨波段。这就是笔者在一些电视台做节目时，反复多次说的"顺势而为，波段操作"的真正含义。

既然大多数股票是以波段的形式演化，那么就应该顺应这个规律，避开漫长揪心的调整。更重要的是，谁也不知道调整之后还会不会上涨，所以波段操作方式能够有效回避大的下跌风险。

对于投资高手而言，下降趋势里较大级别的反弹行情，即便他们参与，也会严格控制仓位。对上升趋势中较大级别的调整和下降趋势中较小级别的反弹，他们是坚决回避的。

投资高手之所以能够取得持续、稳定、长久的成功，就是因为他们知道什么时候应该"有所为"，什么时候应该"有所不为"。他们深知，在风险市场里面，最大的智慧是——"不冒险"。

什么时候能做，什么时候不能做，能做的时候该做到什么程度，掌握这些才是至关重要的，这也是投资成败的关键。

4. 专业高手的技术系统

在波涛汹涌的股海中搏击，真正的智者孜孜以求的，是在市场中寻找到一套完整有效的技术系统。

对于优秀的投资者来说，由于市场残酷，根据实战的需要，他们不仅要具有深刻独特的分析研判系统，还必须具有客观、严格、定量、精细的实战交易系统。他们必须掌控着客观而不是主观，精确而不是模糊的实战交易系统。这一实战操作系统的优劣，直接关系到投资者实战成绩的好坏，关系到运作资金的风险与安全。

看过不少教人炒股的书籍，其中不乏断章取义的片面之论。具有专业水平的投资高手，其千锤百炼、久经考验的技术系统，是普通人根本无法想象的，那是高度智慧的结晶。投资高手都拥有一套全方位、多周期的技术系统，这套系统能够确保他们在风云变幻的市场中抵御风险，稳健获利。"全方位"指的是研究内容要全面。比如说技术图表的三大要素：K线、均线和成交量，必须全面考虑到。不能仅凭其一盲目做出决定，要研究它们是否已经达到和谐。"多周期"指的是技术图表的时间级别，主要包括日线、周线、月线级别的技术图表。要研究各周期之间是否和谐共存。当目标股票全方位、多周期图表达到和谐共存的时候，就会产生绝佳的买卖点。

这种事前精细研究，谨慎判断，力求一击必中的态度，才是大家风范。投资高手的所有实战操作都是定量化的，绝对不允许一丝一毫的模糊和随意。

每一个投资者都必须牢牢记住，投资高手是市场趋势的追踪者，其一切实战操作行为，都必须以市场发出的客观信号为准，绝对不以主观的预测结论为准，这是确定投资者是否专业的关键。

其实，投资高手的所谓预测，就是在市场出现某种信号后对后市的展望，绝对不是对后期行情走势一厢情愿的主观幻想。

在具体的投资实战中，既不能也不必把握所有的市场机会，只赚有把握的钱即可。只有懂得在该放弃的时候果断放弃，才能超越贪婪，心无挂碍地享受美好生活。

二、八法导读

实战八法阐述的既不是K线技术，也不是均线技术和成交量技术，而是K

线、均线与成交量三位一体的立体研判技术。

K线、均线、成交量，笔者称为实战八法的三大要素。

单独以任何一个要素作为买入依据，失败的概率都是很大的。如果把这三大要素进行综合分析，那就如同三个指头捏田螺，十拿九稳。

如果实战八法有所谓的核心，那么这个核心就是30日均线。贯穿于实战八法且唯一不变的，就是对30日均线的要求。也可以说，30日均线是实战八法系统里面的阴阳界和生死线，这一点请牢记并时时体验。

任何技术都有适用范围，脱离了该范围将一文不值。那么实战八法的适用范围是什么呢？是在个股上升趋势的初期和中期。上升趋势末期出现的实战八法，往往是不可靠的。

实战八法有经典的，也有非经典的。在选择目标股票的时候，应该首先选择那些最经典的股票。走势越经典，说明主力的控盘能力越强。主力控盘能力强，就能自己说了算。

总之，不管经典不经典，只要是股价出现了文中所说的"破位"状态，那么就要无条件止损出局。待它走好后可以再买回来，但破位时务必先出局，以回避不确定的风险。

提示：本书所有案例均采用前复权走势图。

三、春潮暗涌

1. 核心技术特征

（1）均线：30日均线走平或即将走平。

（2）K线：K线表现为小阴小阳线，在30日均线下方贴近30日均线处保持横向窄幅波动。

（3）成交量：必须保持连续的小成交量，最好是持续地量水平。

2. 买入时机

某日股价放量突破30日均线，应果断跟进。

3. 释名

该形态中，K线在30日均线下方保持横向窄幅波动，看起来走势极为沉闷，但是此时该股已经处于大涨之前的酝酿阶段，真正的投资高手已经感觉到暗潮涌动，故名"春潮暗涌"。

4. 止损时机

形成"春潮暗涌"并向上突破后，某日股价如以实体阴线跌破30日均线，则当日止损出局。

在实战八法中，股价突破30日均线后又很快跌破30日均线，称为"破位"，破位后要及时止损，这是保护资金安全最有效的方法。

案例1 新宁物流（300013），如图1-2所示。

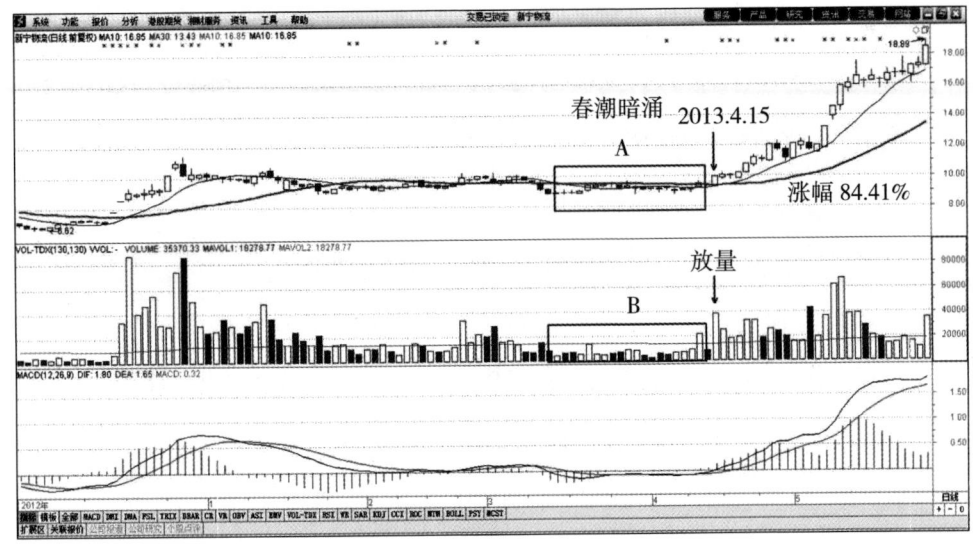

图1-2

解盘：

从图1-2中可见，在一波上涨后，经过漫长的整理，30日均线（粗线）在A区域已经趋于走平。在A区域，K线表现为连续的小阴小阳线，紧贴着30日均线，在其下方横向窄幅波动。此时的形态，30日均线就像一道城墙，而那些K线就像兵临城下、围而不攻的军队。市场并非围而不攻，而是在等待冲锋的号角。

再看与A区域对应的B区域，成交量呈现出持续的小量，其中不乏地量。此时，无论是K线走势还是成交量状态，都显得弱不禁风。这正是主力刻意营造的疲弱氛围，目的是逼迫跟风盘因无利可图而放弃手中的筹码。

综合A和B两个区域中30日均线、K线和成交量的情况，该股已经具备了"春潮暗涌"的全部技术特征。

2013年4月15日，该股放量突破了30日均线的压制，成功打上了"城墙"。从此，该股一路振荡上扬，只用了20多个交易日，涨幅（以收盘价计算）就达到了84.41%！临盘中，应当在4月15日股价放量突破30日均线时勇敢跟进，与主力分享这段丰厚的利润。

从图1-2中可以看到，突破前的倒数第二个交易日，市场也曾出现过放量，但是当日股价并未成功突破30日均线，所以那一天还不能称为买点。

说来也巧，笔者在上海的一位学员就买进了这只股票。

注意：这只股票出现"春潮暗涌"的时候，并不是在底部，而是在上升了一波之后，股价经过充分整理，启动第二波上涨之前出现的。从这里可以看出，不要以为只有底部才会出现实战八法形态，实战八法既可以出现在底部，也可以出现在趋势行情的中期。

案例2 *ST凤凰（000520），如图1-3所示。

解盘：

从图1-3中可以看到，经过漫长的下跌，30日均线在A区域已经趋于走平，同时A区域内的K线也是以小阴小阳线的形态紧贴在30日均线下方，进行横向窄幅波动。再看对应的B区域，呈现出持续的地量水平。此时，该股已经具备了"春潮暗涌"所有的技术特征。

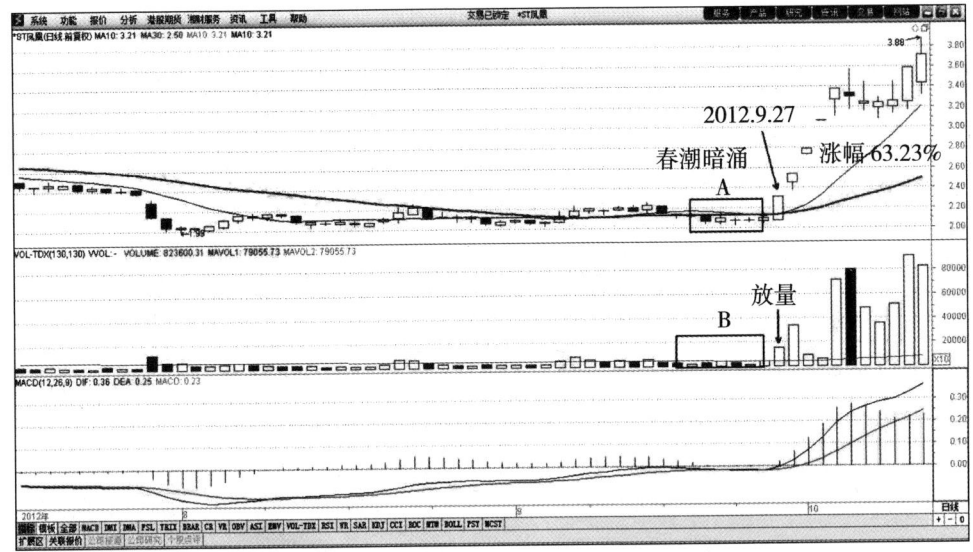

图1-3

2012年9月27日，该股以放量涨停的方式突破了30日均线。由于该股在早盘快速封上了涨停，所以成交量虽然放大，但并不是很大。大家要注意，早盘快速封上涨停的股票，成交量越小越好。成交量越小，说明市场抛盘越少。

该股突破30日均线后，在短短的11个交易日内，收盘涨幅就达到了63.23%！大家一定不要轻视实战八法，实战八法一旦出现，很可能在短期内就能带来暴利。这是个连续以阳线实体涨停的案例，还有很多连续一字涨停的案例，大家可以自行查找并进行分析研判。

以前有几位学员问笔者，突破之前横盘需要多长时间？横盘时间没有固定标准，少则四五日，多则数十日，都是可以的，大家只需要在股价放量突破30日均线的时候及时跟进即可。

千万不要自作聪明，提前埋伏进去。提前买进后如果迟迟不突破，不是在浪费宝贵的时间吗？还有一种更坏的走势，就是股价根本不向上突破，而是做个假的"春潮暗涌"形态，然后就跌下去了。如果贪便宜提前埋伏进去，岂不是很麻烦？

案例3 泰禾集团（000732），如图1-4所示。

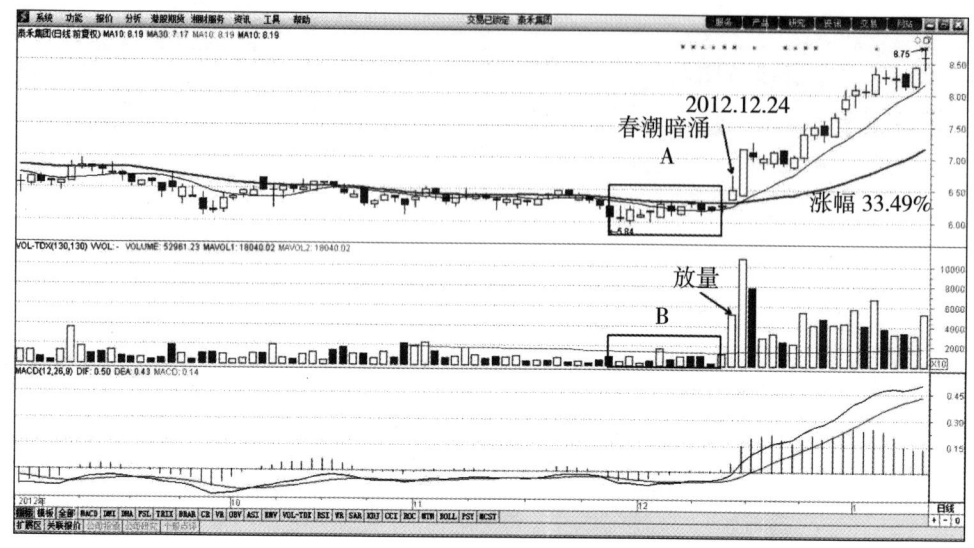

图1-4

解盘：

从图1-4中可以看到，30日均线缓慢下行。运行到A区域的时候，30日均线趋于走平。同时，在A区域中的K线，也以小阴小阳线的方式紧贴在30日均线的下方横向窄幅波动。与A区域相对应的B区域，整体上是持续的小量，间有地量。

A、B两个区域结合起来看，已经形成了"春潮暗涌"经典形态。

2012年12月14日，该股放量突破已经走平的30日均线，次日以涨停报收。之后一路振荡向上，20个交易日收盘涨幅达到33.49%！这还只是一个波段的利润。该股波段见顶后，调整的后半段，又出现了"一箭穿心"经典形态。之后的一个波段又上涨了35%！后面那个波段不在本图之中。

要记住，放量突破30日均线的当天，就是进场的最佳时机。

这个案例要重点看一看12月14日突破当天的K线形态。当日该股以带较长上影线的阳线报收，部分投资者看到这种冲高回落的走势，都以为是上方压力沉重所致，买入后又想抛掉。其实，在股价中低位置，主力经常以这种冲高回落的上影线欺骗跟风盘。只要看到大形态上是实战八法形态，大家就不会被单独的一两根K线蒙骗。

出现实战八法形态的股票，都是启动波段行情的股票，没有只涨一两天的。如果能够时时以"以大定小"的眼光来判定单日K线的意图，就很容易识别主力的骗线行为了。

案例4 九安医疗（002432），如图1-5所示。

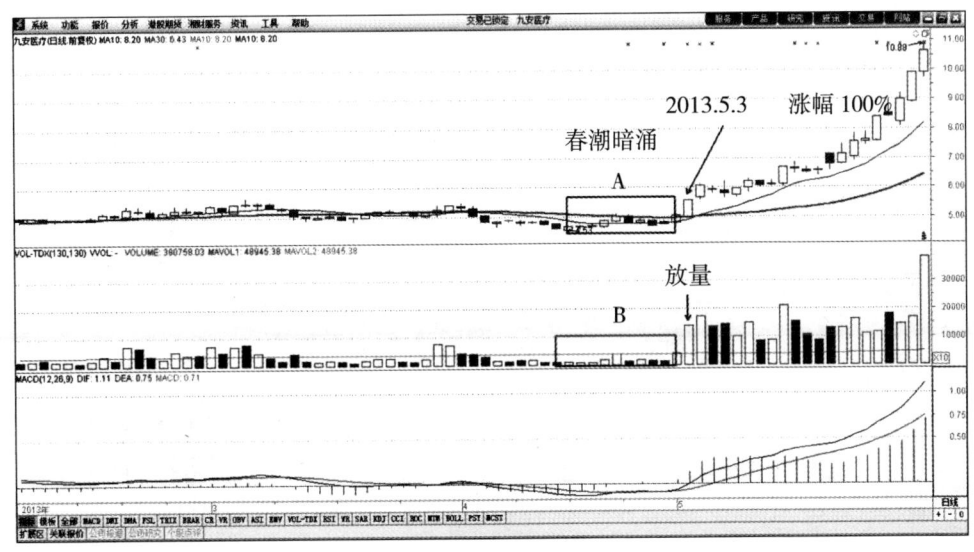

图1-5

解盘：

从图1-5中可见，30日均线缓缓下行，在A区域趋于走平。A区域内K线以小阴小阳线的形式紧贴着30日均线做横向窄幅波动。与A区域相对应的B区域，成交量已经呈现持续的地量状态。

A、B两区域合参，该股已经形成了经典的"春潮暗涌"形态。

2013年5月3日，该股放量突破已经走平的30日均线，当日以涨停板报收，强势尽显。随后该股一路振荡上涨，短短20来个交易日股价就已翻倍！5月3日放量突破30日均线的当日，就是进场的最好时机。

不要看着眼馋，与其临渊羡鱼，不如退而结网。只要真正掌握了实战八法，这样的盈利机会比比皆是！

有时候，很多符合实战八法形态的股票会以涨停板突破30日均线，如果发现得晚，就会错失当日进场的机会。这就要求平日复盘的时候，要把已经具备实战八法雏形的股票放到自选股里。某日一旦发现有放量突破的动作，就应立即跟进。即便当日追高也不要担心，因为我们要的是一个波段的收益，而不是这一天的利润。

案例5 中原特钢（002423），如图1-6所示。

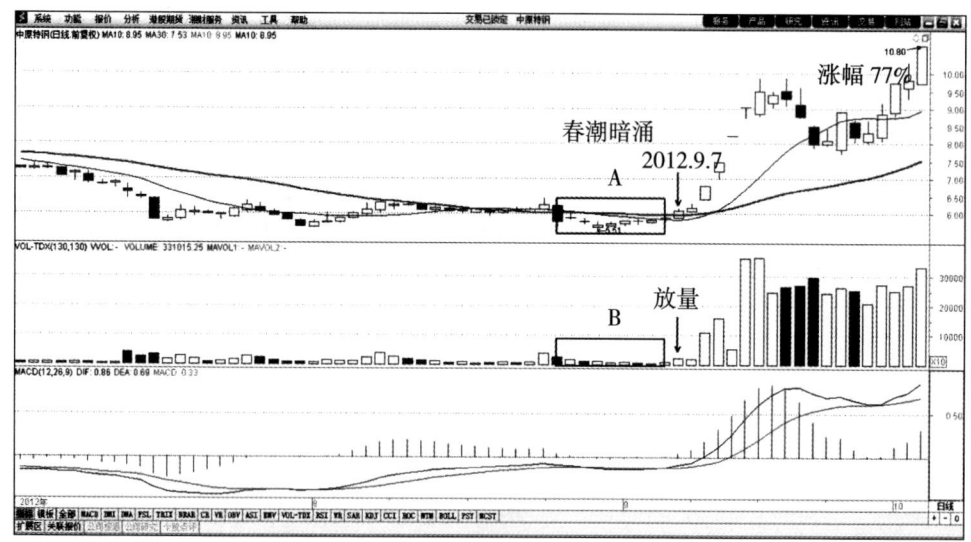

图1-6

解盘：

从图1-6中可见，该股经过较长时间的下跌，30日均线在A区域内趋于走平，其间K线也以小阴小阳线的形式横向窄幅波动。与A区域相对应的B区域，呈现出持续地量态势。

A、B两个区域合参，该股已经形成经典的"春潮暗涌"形态。

2012年9月7日，该股放量突破30日均线，随后一路涨停。之后调整数日后再次上涨，19个交易日涨幅达到77%！9月7日放量突破，就是最佳进场时机。

该股走势最显著的特点是突破前持续地量。前文说过，横盘期间成交量越小越好。正因为该股前期整理得非常充分，才有后面的连续涨停。

可能有人会说，9月7日股价突破30日均线当天，成交量并未显著放大。其实那只是视觉偏差，当日量能实际上是以前地量的4倍。只是因为后面的成交量太大，所以使得突破当日的量能被掩盖了。

案例6 金麒麟（603586），如图1-7所示。

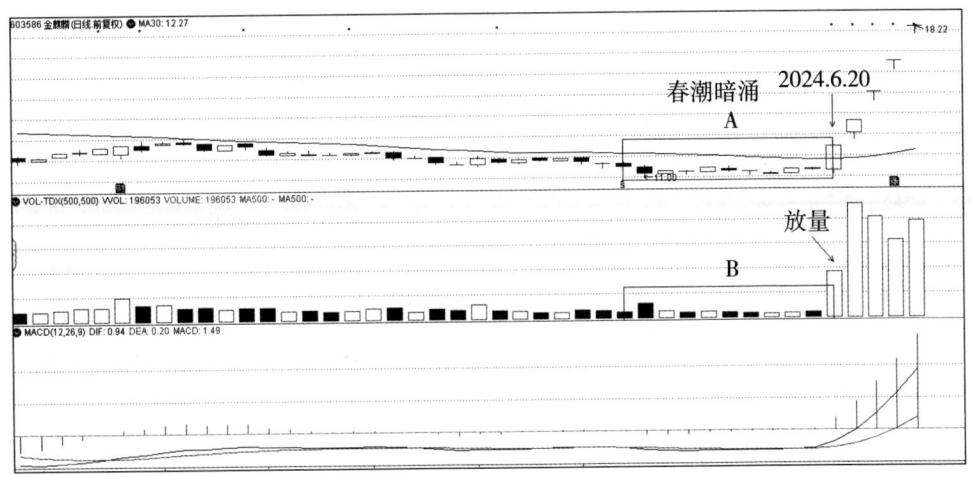

图1-7

解盘：

从图1-7中可见，30日均线经过漫长的整理，在A区域内已经趋于走平，且在A区域中，K线表现为连续的小阴小阳，紧贴着30日均线，在其下方横向窄幅波动。

再看与A区域相对应的B区域，成交量呈现出持续的小量，其中不乏地量。此时，无论是K线的走势，还是成交量的状态，都显得弱不禁风，这正是主力刻意营造的疲弱氛围，目的是为了逼迫跟风盘因无利可图而放弃手中的筹码。

综合A、B两个区域中的30日均线、K线和成交量的状态，该股已经完美地具备了"春潮暗涌"的全部技术特征。

2024年6月20日，该股终于放量涨停突破了30日均线的压制，从此，该股连续五天涨停！

在临盘中，应当在6月20日放量突破30日均线时勇敢跟进，与主力分享这段丰厚的利润。

案例7　漳州发展（000753），如图1-8所示。

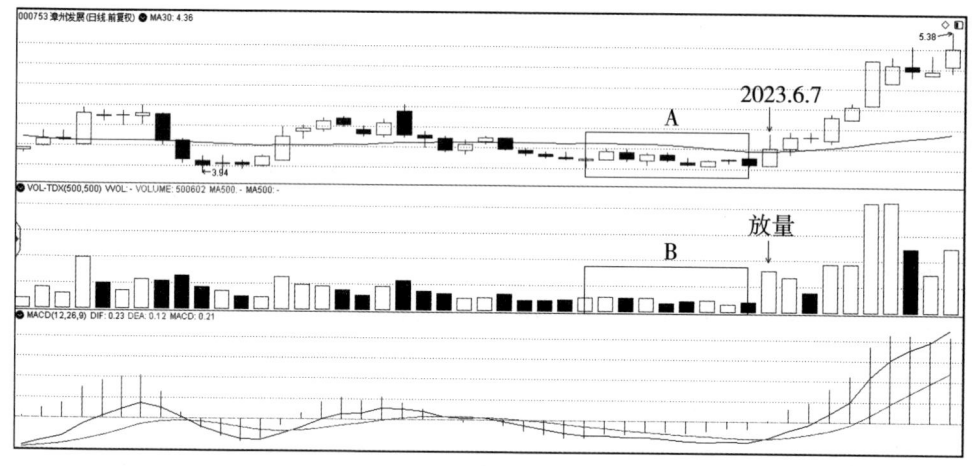

图1-8

解盘：

从图1-8中可见，该股30日均线经过较长时间的下跌，在A区域内趋于走平，其间的K线也以小阴小阳的形式横向窄幅波动。

与A区域相对应的B区域，呈现出持续地量态势。A、B两个区域合参，已经形成经典的"春潮暗涌"形态。

2023年6月7日，该股放量突破30日均线，随后一路振荡上涨。

在该股6月7日放量突破的时候，就是投资者的进场时机。

四、一箭穿心

1. 核心技术特征

（1）均线：30日均线走平或趋于走平。

（2）K线：一段时间以来的K线呈现横向窄幅波动，30日均线像穿糖葫芦一样，将这段时间的K线整体上横向贯穿。注意：并不是每一根K线都要被贯穿，K线最好是小阴小阳线。

（3）成交量：在K线被横向贯穿的这段时间，最好保持小成交量或持续地量水平。

2. 买入时机

某日股价一旦放量上涨，向上脱离30日均线，应果断跟进。

3. 释名

该形态中，30日均线就像一支利箭贯穿了众多K线，所以名为"一箭穿心"。

4. 止损时机

股价形成"一箭穿心"形态并放量脱离30日均线后，如果很快又以实体阴线跌破30日均线，则当日应止损出局。

在实战八法形态中,股价突破(或脱离)30日均线后又很快跌破30日均线,称为"破位"。破位后要及时止损,这是保护资金安全最有效的方法。

案例1　泛海建设(000046),如图1-9所示。

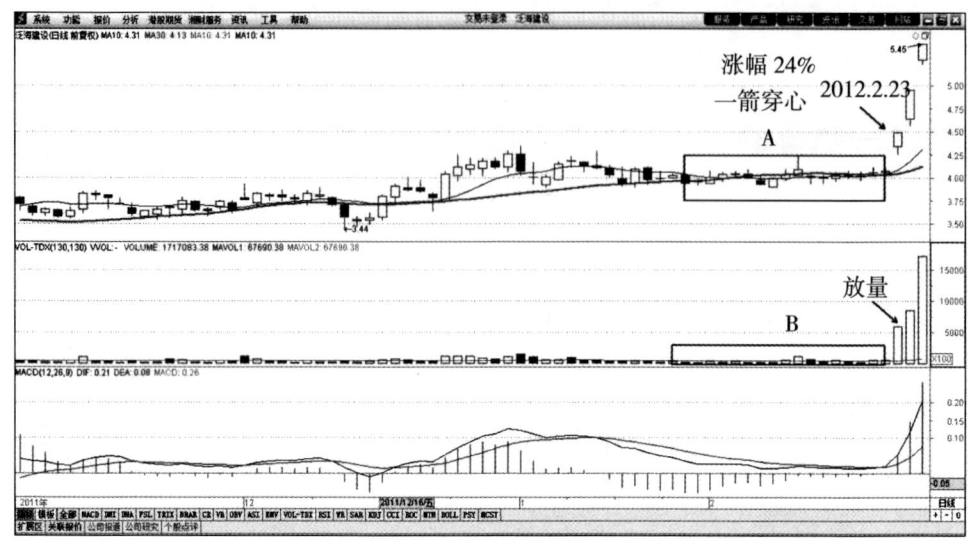

图1-9

解盘：

从图1-9中可以看到,在A区域30日均线基本走平,并将一段时间以来横向窄幅振荡的K线整体贯穿。与A区域相对应的B区域,呈现持续的地量,这种量能是最好的状态。

A、B两个区域合参,该股呈现非常经典的"一箭穿心"形态。

2012年2月23日,该股脱离30日均线放量强劲上涨,3个交易日内连续收出3个涨停板。如果以起涨日的开盘价计算,短短3天的时间,涨幅高达24%!这一数字,已经超越巴菲特的平均年收益率!

注意：该股在2月23日大幅高开,已经表明了主力启动拉升的态度。在开盘前,就应该高挂买进。很多人惧怕高开,尤其是大幅高开,其实不必。在实战八法形态已经形成的前提下,股价高开就是明确的买进信号。

案例2 兴业银行（601166），如图1-10所示。

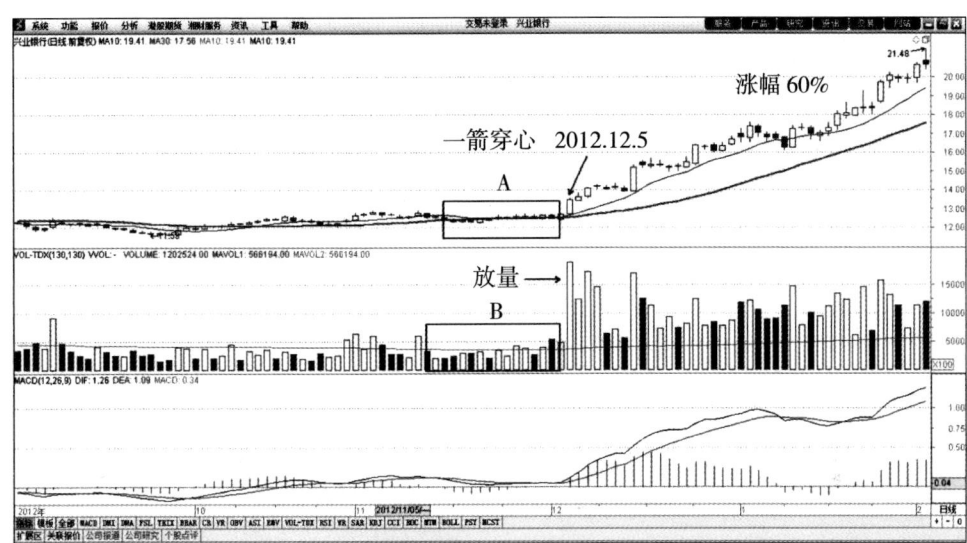

图1-10

解盘：

从图1-10中可以看到，30日均线在A区域已经走平，并将一段时间以来横向窄幅振荡的K线整体贯穿。A区域，K线保持窄幅振荡，这其实就是整理过程。主力将股价振幅控制在很小的区间，使得短线投资者无利可图，并使所有的跟风盘失去方向。与A区域对应的B区域，成交量虽然不是持续地量，却是持续的小量水平。

注意：不是持续地量也没关系，但至少应该是持续的小量。如果此阶段量能很大，那么只能说明主力震仓洗盘的过程还没有完成，跟风盘众多，那样的股票应该放弃。

该股在2012年12月5日开始放量脱离30日均线，随后股价一路振荡上行。仅一个波段，股价涨幅就高达60%！该股第一买点就是12月5日。该股的拉升过程并不是很快，因为它是超级大盘股，难以身轻如燕。

回顾案例1的泛海建设，其流通市值远远小于该股，能连拉3个涨停板。

总之，要想拉得快，就得市值小。

注意：笔者一直以来说的都是流通市值，而不是流通盘。

案例3 万科A（000002），如图1-11所示。

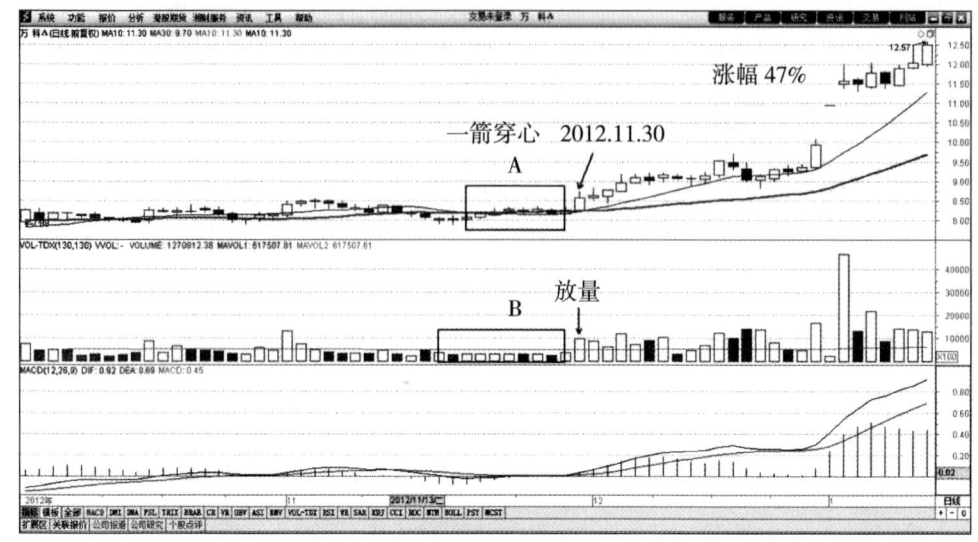

图1-11

解盘：

从图1-11中可以看到，30日均线在A区域中已经走平，并将一段时间以来横向窄幅振荡的K线整体贯穿。与A区域相对应的B区域呈现持续的地量，这种量能状态是最好的。

A、B两个区域合参，该股呈现出非常经典的"一箭穿心"形态。

2012年11月30日，该股放量脱离30日均线，之后一路振荡上行，短短26个交易日涨幅高达47%！在该股放量脱离30日均线的那一天，就是最佳的进场点。

这里要说一说"一箭穿心"形态的横盘时间。与"春潮暗涌"形态一样，"一箭穿心"形态横盘的时间也不是固定的，短则四五天，多则数十天。要注意的是，不要自作聪明提前埋伏进去，以防不涨反跌。尤其是新手，一定要在出现明确买入信号后才能操作，小心欲速则不达。

本节中的兴业银行和万科A都是超级大盘股。大盘股不是不能涨，相反一旦选择上涨，就不会轻易回头，这一点强于小盘股。但是超级大盘股上涨一般很缓慢，不会出现连续大阳线甚至涨停板。选择这种股票操作，一定要有耐心，懂得以时间换空间。

案例4　中海科技（002401），如图1-12所示。

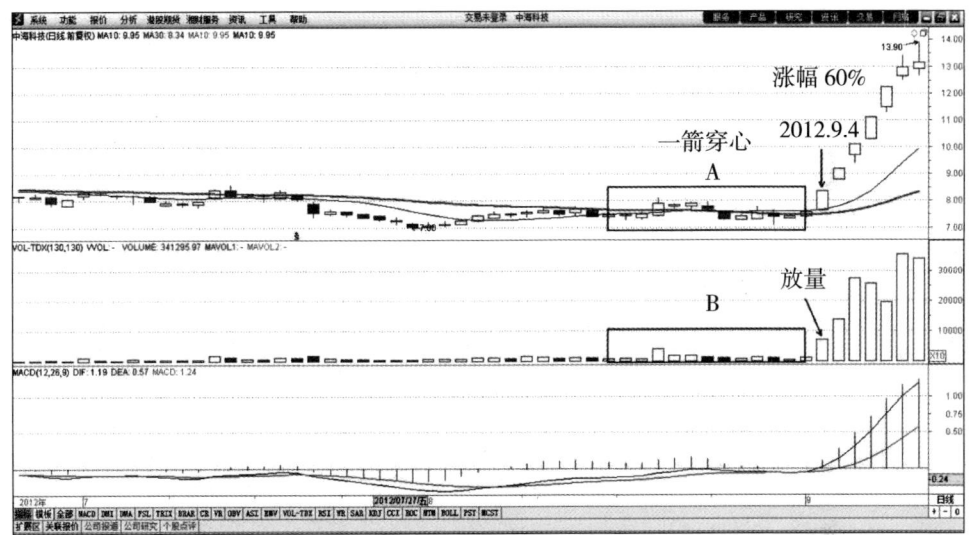

图1-12

解盘：

从图1-12中可以看到，30日均线在A区域中已经基本走平，并将一段时间以来横向窄幅振荡的K线整体贯穿。与A区域相对应的B区域中，成交量呈现持续的小量水平。

A、B两个区域合参，该股呈现出非常经典的"一箭穿心"形态。

2012年9月4日，该股放量涨停脱离30日均线，其后连续涨停，短短7个交易日涨幅高达60%！

为什么该股能连续涨停呢？很简单，就是因为它是小盘股！所以笔者一直主张做小盘股。

案例5 金瑞科技（600390），如图1-13所示。

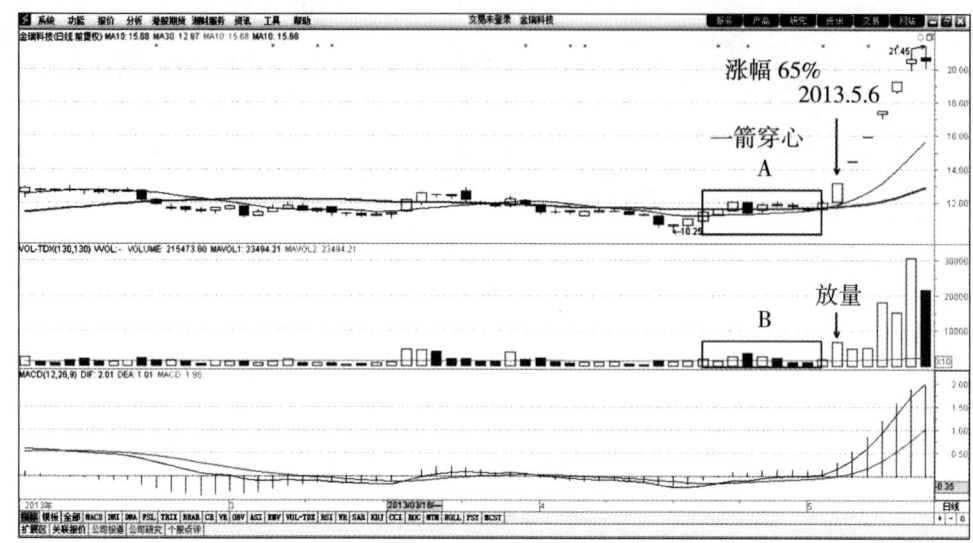

图1-13

解盘：

从图1-13中可以看到，30日均线在A区域中已经基本走平，并将一段时间以来横向窄幅振荡的K线整体贯穿。与A区域相对应的B区域中，成交量呈现持续的小量水平。

A、B两个区域合参，该股呈现出非常经典的"一箭穿心"形态。

2013年5月6日，该股放量脱离30日均线，之后一路涨停，仅仅6天时间，涨幅高达65%！

为什么该股也能连续涨停呢？很简单，因为它也是小盘股。

市场不断扩容，每天把所有股票翻一遍都会累个半死。其实要想快速获利，只要盯住小盘股就可以了。

案例6 毅昌科技（002420），如图1-14所示。

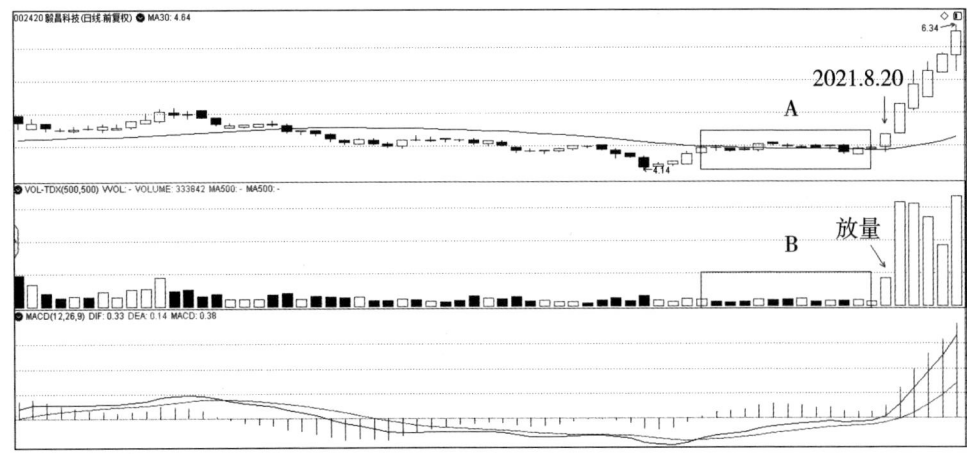

图1-14

解盘：

从图1-14中可以看到，在A区域中，30日均线基本走平，并将一段时间以来横向窄幅振荡的K线整体贯穿。

与A区域相对应的B区域，呈现持续的地量。

A、B两个区域合参，该股呈现非常经典的"一箭穿心"形态。

2021年8月20日，该股放量脱离30日均线放量上涨，出现了放量六连阳的走势，短期利润可观。

在该股放量脱离30日均线那一天，就是我们的进场点。

案例7 珠江股份（600684），如图1-15所示。

解盘：

从图1-15中可以看到，30日均线在A区域中已经基本走平，并将一段时间以来横向窄幅振荡的K线整体贯穿。

与A区域相对应的B区域中，成交量呈现持续的小量水平。

A、B两个区域合参，该股呈现出非常经典的"一箭穿心"形态。

2023年7月24日，该股放量涨停脱离30日均线，其后开始了振荡上涨。

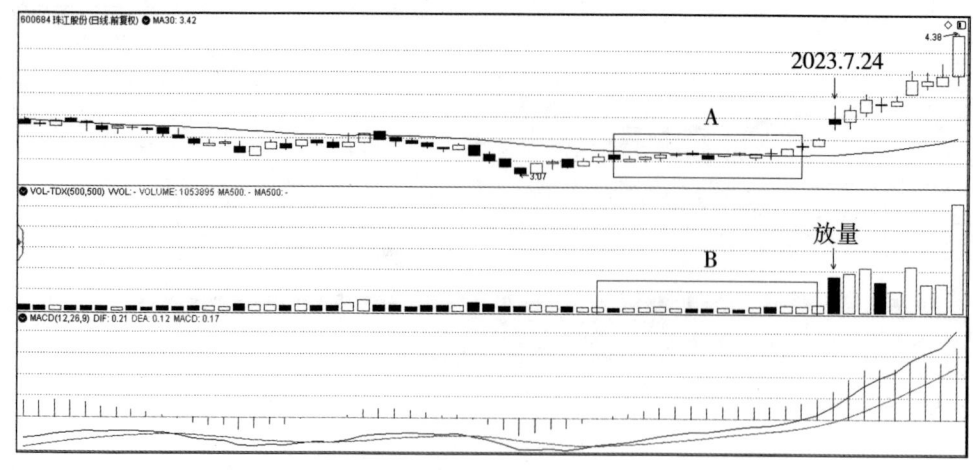

图1-15

在该股放量脱离30日均线那一天，就是我们的进场点。那一天是假阴真阳，我们应该看清它的本质是放量上涨。

五、水漫金山

1. 核心技术特征

（1）均线：30日均线走平或即将走平。

（2）K线：股价突破30日均线后没有马上上涨，而是趴在30日均线上方横向窄幅波动，此时的K线最好是小阴小阳线。

（3）成交量：横盘过程中保持较小的成交量。

2. 买入时机

在横盘过程中，某日出现地量时，要格外小心，这往往是即将上涨的前兆。当随后明显放量上涨时，应果断跟进。

3. 释名

由于股价突破30日均线后没有马上上涨，而是趴在30日均线上方横向窄幅运动，形如水之流动，故名"水漫金山"。

4. 止损时机

股价形成"水漫金山"形态并向上放量突破后，如果很快又以实体阴线跌破30日均线，则当日止损出局。

在实战八法形态中，股价突破30日均线后又很快跌破30日均线，称为"破位"。破位后要及时止损，这是保护资金安全最有效的办法。

案例1 中航地产（000043），如图1-16所示。

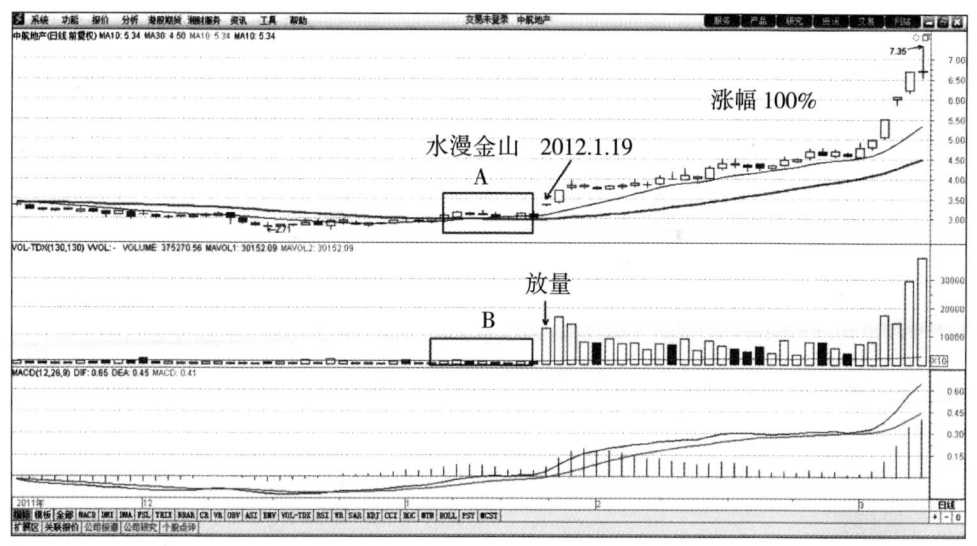

图1-16

解盘：

从图1-16中可以看到，该股30日均线运行到A区域时已经趋于走平，股价趴在30日均线之上做横向窄幅振荡。与A区域相对应的B区域，成交量保持持续小量。

A、B两个区域合参，该股呈现非常经典的"水漫金山"形态。

2012年1月19日，该股放量涨停，随后一路稳健上涨。仅仅30个交易日，该股涨幅就高达100%！该股1月19日放量涨停的那一天，就是最佳进场时机。当日走势并不是一字板，盘中曾经打开涨停，给了大家进场的机会。只可惜涨停板打开时，未必有几个人敢进去。

如果懂得实战八法形态，就知道这里股价只是刚刚启动，后面还有更大的上涨空间。

案例2　上海新梅（600732），如图1-17所示。

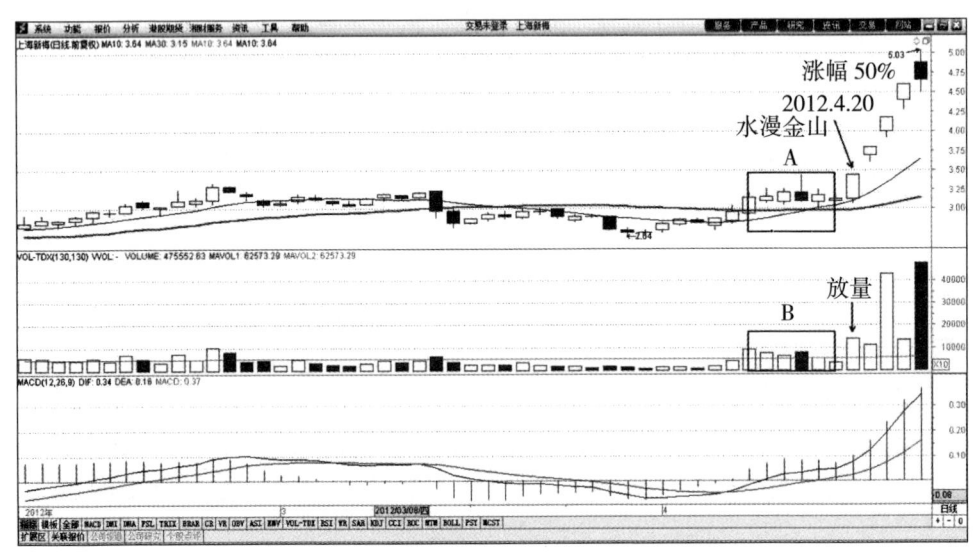

图1-17

解盘：

从图1-17中可以看到，该股30日均线运行到A区域时已经趋于走平，股价趴在30日均线之上做横向窄幅振荡。与A区域对应的B区域，成交量保持持续小量。

A、B两个区域合参，该股呈现出非常经典的"水漫金山"形态。

2012年4月20日，该股放量启动，居然连拉4个涨停板。短短5个交易日，涨幅达到50%！这就是实战八法的魅力！只要你识得它，它就会给你丰厚的回报！理论上，4月20日就是最佳进场点。

仔细看4月19日，即起涨前一天，出现了非常明显的地量，这通常是起涨的前兆。一旦出现这种情况的"水漫金山"形态，一定要高度关注。盘感好的成熟投资者，可以在此时进场。新手识别能力差，还是等放量上涨时再进为好。

案例3 长源电力（000966），如图1–18所示。

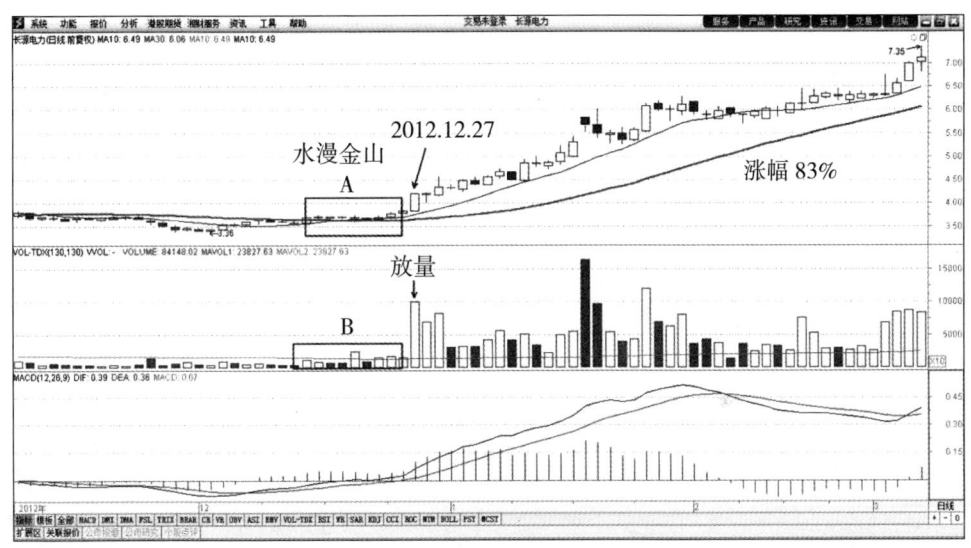

图1–18

解盘：

从图1–18中可以看到，该股30日均线运行到A区域时已经趋于走平，股价趴在30日均线之上做横向窄幅振荡。与A区域对应的B区域，成交量保持持续小量。

A、B两个区域合参，该股呈现出非常经典的"水漫金山"形态。

2012年12月27日，该股以放量涨停板启动，吹响了上攻的号角。之后该股一路稳健上行，波段涨幅高达83%！12月27日放量上涨当天，就是最佳进场点。放量表明了主力启动上攻的态度。

案例4 北斗星通（002151），如图1-19所示。

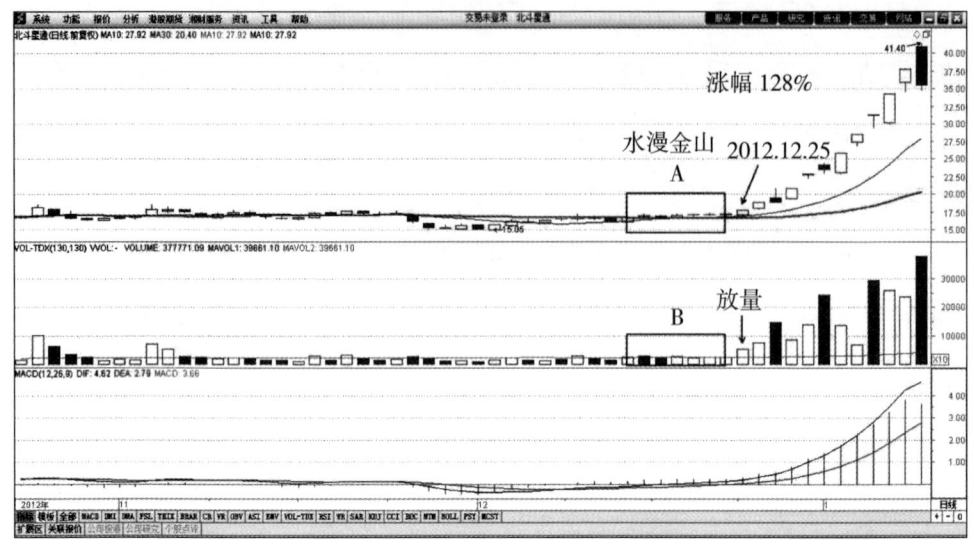

图1-19

解盘：

从图1-19中可以看到，该股30日均线运行到A区域时已经趋于走平，股价趴在30日均线之上做横向窄幅振荡。与A区域对应的B区域，成交量保持持续小量。

A、B两个区域合参，该股呈现出非常经典的"水漫金山"形态。

2012年12月25日，该股放量上攻。随后边拉高边洗盘，整体上呈现大角度上攻的态势，连个像样的调整都没有，这充分表明了主力急切上攻的心情。该股仅用了12个交易日，涨幅就高达128％，真是难得的超级黑马！12月25日股价启动当天，涨幅虽然仅仅3％，但是量能已经明显放大，这一天就是最佳的进场点。

人人都在找黑马，但大都不得其法。其实只要把实战八法形态研究透了，按图索骥，自然能识得黑马。

案例5　隆基股份（601012），如图1-20所示。

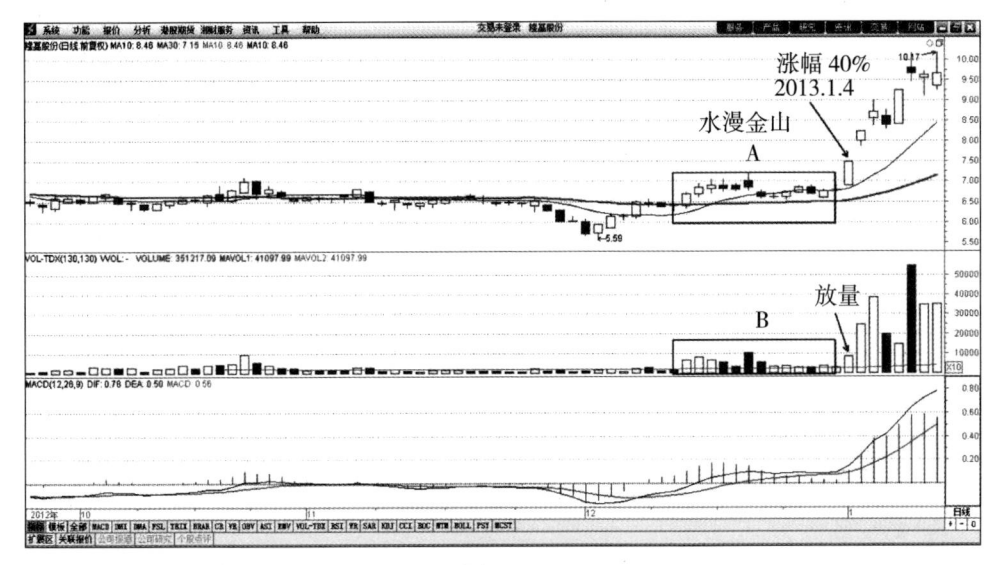

图1-20

解盘：

从图1-20中可以看到，该股30日均线运行到A区域时已经趋于走平，股价趴在30日均线之上做横向窄幅振荡。与A区域对应的B区域，成交量保持持续小量，尤其是后半段。

A、B两个区域合参，该股呈现了非常经典的"水漫金山"形态。

2013年1月4日，该股放量涨停，之后快速拉升，6个交易日涨幅就达到了40%！认识了实战八法形态，寻找黑马何难之有啊？该股在1月4日涨停之前也出现了地量，这就是起涨的信号。

案例6　联名股份（603006），如图1-21所示。

解盘：

从图1-21中可以看到，该股的30日均线运行到A区域时，已经趋于走平，后半段还出现轻微上翘，股价趴在30日均线之上，做横向窄幅振荡。

与A区域相对应的B区域，成交量保持持续小量。

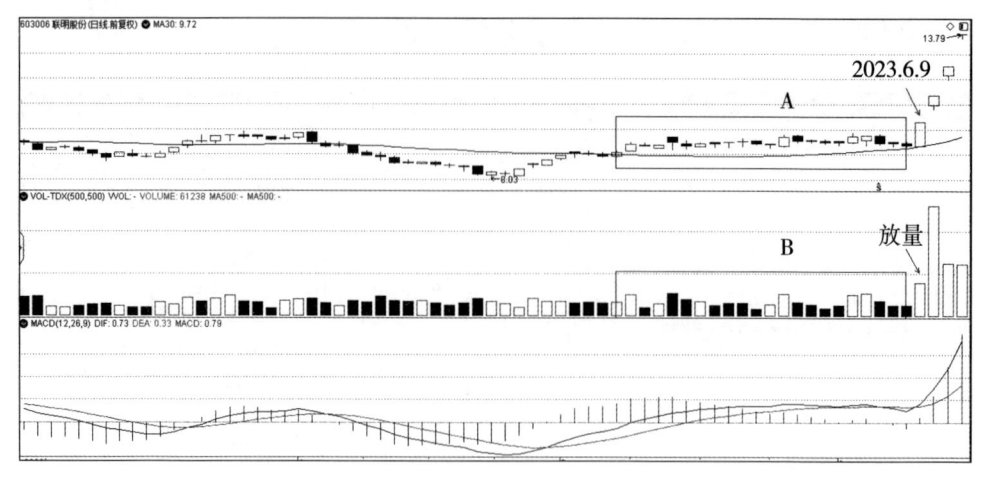

图1-21

A、B两个区域合参，该股呈现了非常经典的"水漫金山"形态。

2023年6月9日，该股放量涨停，随后一路放量涨停，短期利润丰厚。

该股6月9日放量涨停的那一天，就是最佳进场时机，当日并不是一字板，早盘振荡上涨，有很多时间让大家从容进场，可如果投资者不懂"水漫金山"形态，那时未必敢进去。

案例7 中马传动（603767），如图1-22所示。

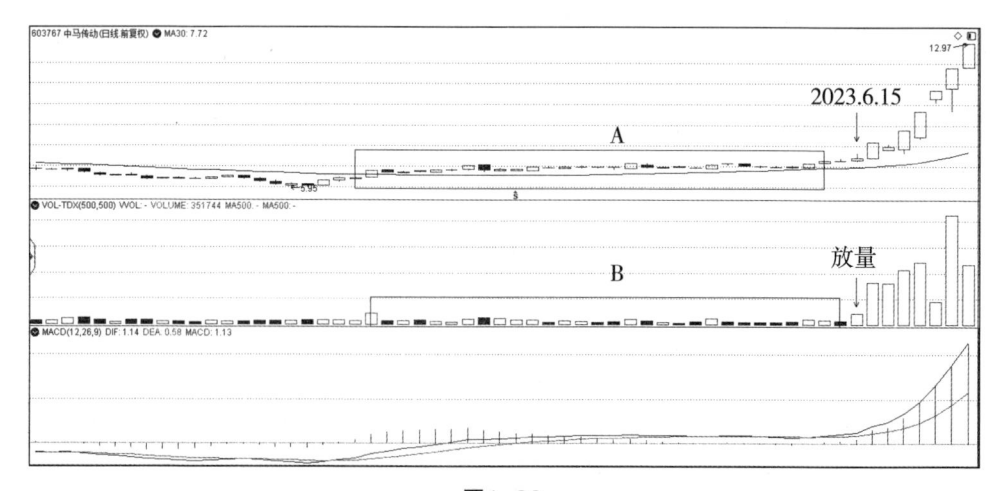

图1-22

解盘：

从图1-22中可以看到，该股的30日均线运行到A区域时，已经趋于走平，后半段也出现轻度上翘，股价趴在30日均线之上，做横向窄幅振荡。

与A区域相对应的B区域，成交量保持持续小量。

A、B两个区域合参，该股呈现了非常经典的"水漫金山"形态。

2023年6月15日，该股放量启动，后面更是连续涨停，短期非常可观。这就是八法的魅力！只要投资者研究透了，它就会带来丰厚的回报！

2023年6月15日，放量启动那一天，就是最佳进场点。

六、回眸一笑

1. 核心技术特征

（1）均线：30日均线走平或趋于走平；10日均线上扬。

（2）K线：股价突破30日均线后并未连续上涨，而是缩量向10日均线回靠。

（3）成交量：在股价突破30日均线之前，成交量必须呈现持续小量或地量水平；股价突破30日均线之后，在回靠到10日均线附近时，成交量必须大幅萎缩，最好是地量。

2. 买入时机

股价回靠到10日均线附近并大幅缩量时，可果断介入。

3. 口诀

该法有一句口诀，叫"大坑小坑落均线"。用该口诀能快速识别"回眸一笑"形态。

"大坑"是指股价突破30日均线之前，必须要有一个大的"量坑"。"小坑"是指股价突破30日均线后，回踩10日均线时，成交量大幅萎缩，出现了"小量坑"。

4. 释名

该形态中，股价突破30日均线后，理应上涨但没有上涨，而是缩量向正在上扬的10日均线回靠。待缩量回靠到10日均线附近时，再次展开上涨。

股价刚刚回靠到10日均线附近就开始重新上涨，不给人考虑的时间。就好像倾国倾城的倩女，本已移步，却又忽然回眸一笑。当众生尚在神思恍惚间，倩女已飘然远走。因这种形态最容易犹豫错过，故以此名之。

5. 止损时机

形成"回眸一笑"后，如果股价很快以实体阴线跌破30日均线，则当日止损出局。在实战八法形态中，股价突破30日均线后又很快跌破30日均线，称为"破位"。破位后要及时止损，这是保护资金安全最有效的方法。

案例1 大连电瓷（002606），如图1-23所示。

解盘：

"回眸一笑"形态中，首先要求30日均线走平或趋于走平，10日均线上扬。关于这一点，只在本案例中重点提示一下，以后的案例中不再重复。

从图1-23中A区域可以看到，该股在突破30日均线之前，成交量保持持续的地量水平。持续地量是最好的，其次是持续小量。

该股突破30日均线后，先形成了"水漫金山"形态。小涨后回落，又形成了"回眸一笑"形态。从B区域可以看到，30日均线（粗线）已经走平（实际上是微微上翘，上翘比走平更好），同时10日均线上扬。股价回落并浅破10日均线（细线）后，随即迅速上涨。在C区域，股价回靠10日均线

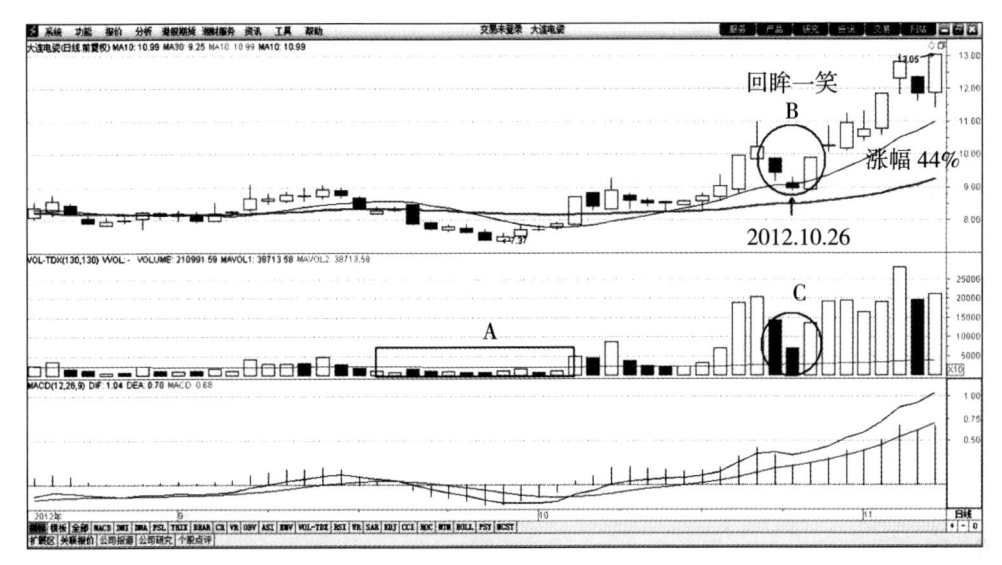

图1-23

时，当日的成交量大幅萎缩。

综合A、B、C三个区域分析，该股已经完全具备了"回眸一笑"的全部技术特征。

如果以"大坑小坑落均线"的口诀来衡量该股，那么A区域成交量的量坑是"大坑"，C区域的大幅缩量是"小坑"，B区域股价回靠10日均线的当天就是"落均线"。当"大坑""小坑""落均线"三个关键点全部具备，就形成了经典的"回眸一笑"形态。

2012年10月26日，该股形成"回眸一笑"形态，之后快速上涨，8个交易日涨幅高达44%！股价缩量回靠10日均线当天，就是进场时间，只要当天成交量大幅缩量就不用怕。回落时大幅缩量，表明主力没有出逃。主力都没跑，跟风的跑什么！

请仔细体会本法的这个案例，以后的案例中不再赘述。

案例2 银邦股份（002606），如图1-24所示。

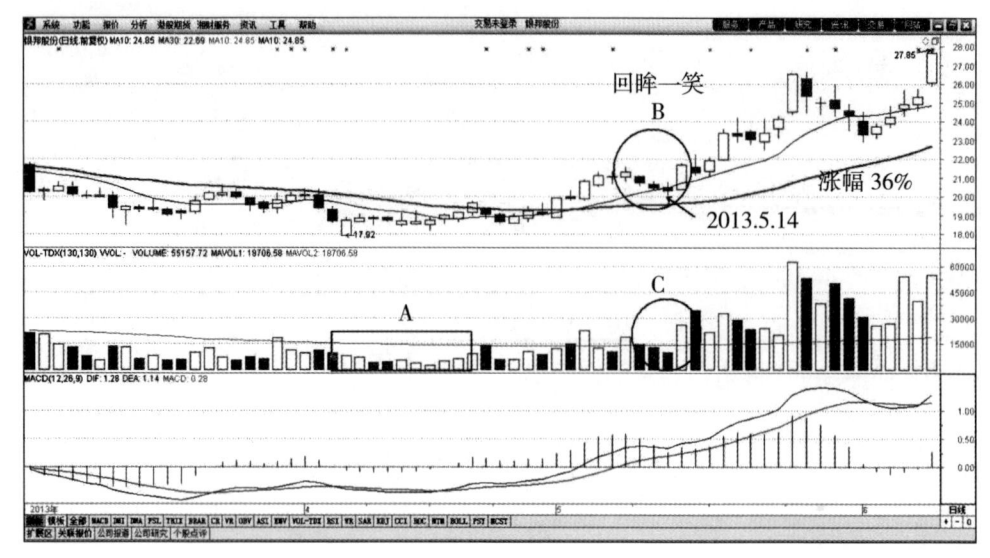

图1-24

解盘：

从图1-24中可见，在股价突破30日均线之前，A区域持续呈现地量水平，出现了量能"大坑"。在B区域，股价突破30日均线后向10日均线回靠。C区域，股价回靠到10日均线当日，成交量大幅萎缩。

A、B、C三个区域合参，已经出现了"大坑小坑落均线"的经典走势，完美地呈现出"回眸一笑"经典形态。

2013年5月14日，该股出现"回眸一笑"形态后，股价一路振荡上行，十几个交易日涨幅达36%。该股在5月14日虽然跌破了10日均线，但当日成交量大幅萎缩，说明跌不下去了。实盘中，可以在股价跌破10日均线的当天先行观望，等次日肯定收阳时再进也可以。

案例3 嘉事堂（002462），如图1-25所示。

解盘：

从图1-25中可以看到，该股突破30日均线之前的A区域出现了成交量"大坑"。B区域，股价回靠了10日均线。C区域，成交量大幅萎缩，出现了量能"小坑"。

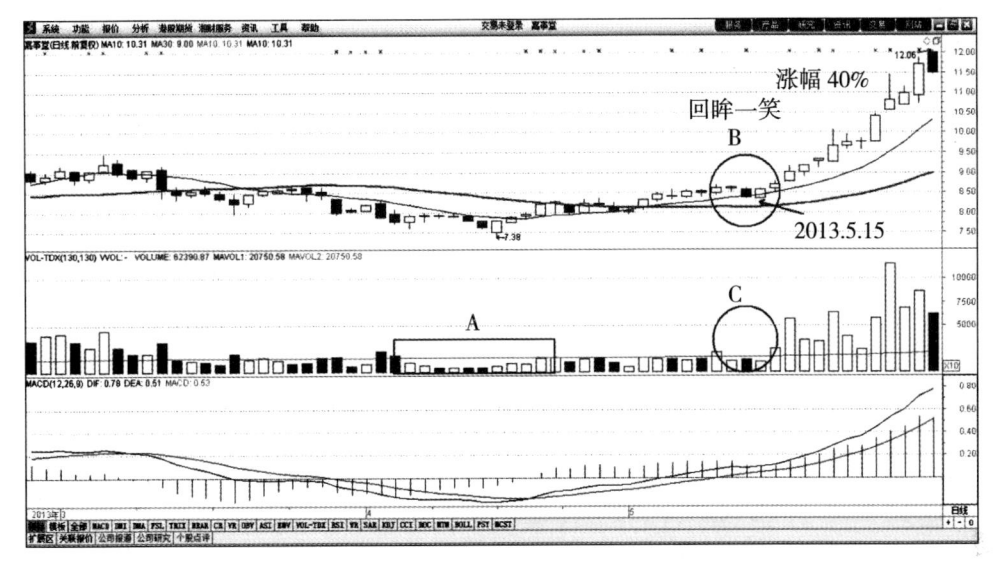

图1-25

A、B、C三个区域合参,已经出现了"大坑小坑落均线"的经典走势,完美地呈现出"回眸一笑"的经典形态。

该股在2013年5月15日出现"回眸一笑"形态后,一路稳健上涨,十几个交易日涨幅就达到40%!

注意:在股价回靠到10日均线附近时,很多时候收出的是缩量阴线。如果当天实在不敢进场,那么待次日收阳时再进场也不迟。

案例4 锦州港(600190),如图1-26所示。

解盘:

从图1-26中可以看到,该股突破30日均线之前的A区域出现了成交量"大坑"。B区域,股价回靠了10日均线。C区域,成交量连续3天大幅萎缩,出现了量能"小坑"。

A、B、C三个区域合参,已经出现了"大坑小坑落均线"的经典走势,完美地呈现出"回眸一笑"的经典形态。

该股在2013年5月15日出现"回眸一笑"形态后,一路稳健上涨,波段涨幅达到36%!

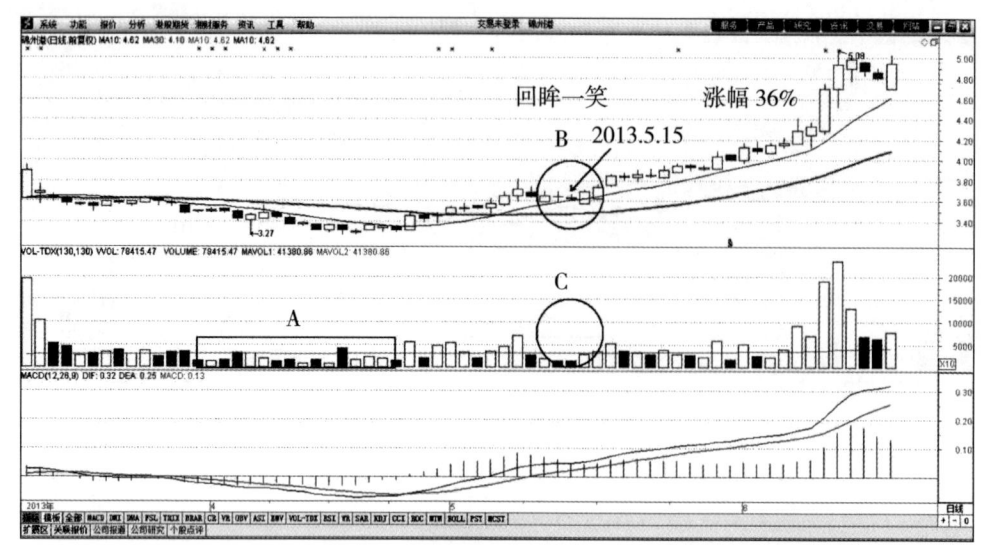

图1-26

该股在5月16日出现的是低开小阳线，现在来看不用担心，其实在不知道后面走势的当时，还是有些吓人的。

其实，只要看到前面连续3天出现地量，就应该知道这里不会再跌下去了。如果实在害怕，就不要在收阴线时买进，等到次日收阳线时再进场也可以。

案例5 珠江实业（600684），如图1-27所示。

解盘：

该股是一个连续涨停的案例。

从图1-27中可以看到，该股突破30日均线之前的A区域出现了成交量"大坑"。B区域，股价回靠了10日均线。C区域，成交量连续3天大幅萎缩，出现了量能"小坑"。

A、B、C三个区域合参，已经出现了"大坑小坑落均线"的经典走势，完美地呈现出"回眸一笑"的经典形态。

该股在2012年10月17日企稳后，先是不动声色地小幅上涨，之后连续涨停，十几个交易日涨幅高达79％！

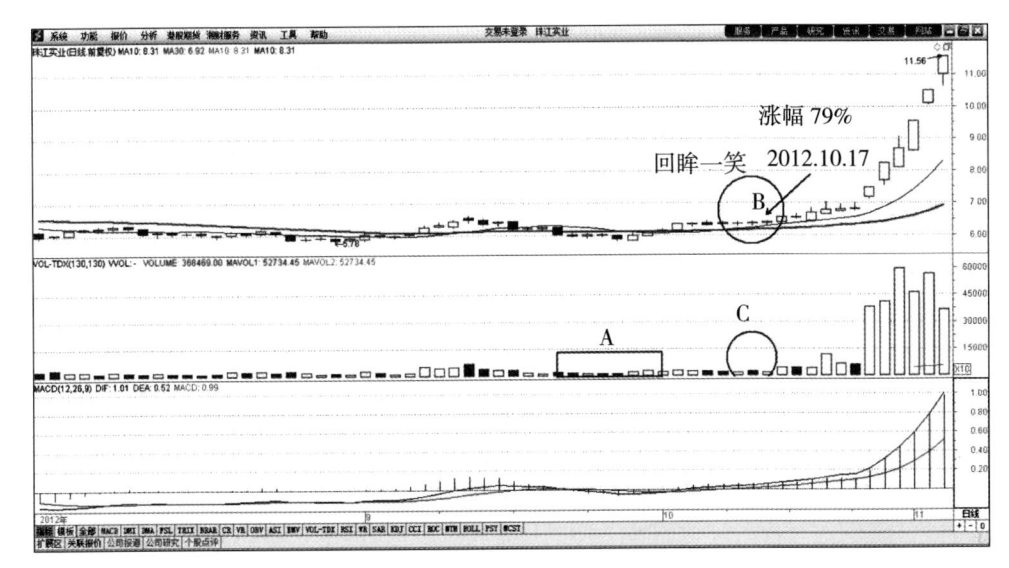

图1-27

大家对该股的走势形态可能有些疑惑，怀疑B区域的走势是"水漫金山"。其实这只是视觉差异。打开该股这个时段的走势图细看，会发现该股是在股价回靠了10日均线后才开始连续上涨的。

其实是哪一种形态都不要紧，因为不管是"水漫金山"还是"回眸一笑"，都是实战八法形态和起涨形态。在不好分辨的时候，无须分辨，只需要知道它是实战八法形态即可。

有时候在同一只股票上，会先后出现两种实战八法形态，其实这样的股票更好。出现两次实战八法形态，就等于是双重确认。双重八法，就是双重确认，就是双保险，投资者一定要记住这个本质意义。

案例6 瑞泰科技（002066），如图1-28所示。

解盘：

从图1-28中可见，在股价未突破30日均线之前，A区域呈现持续地量水平，出现了量能的"大坑"；在B区域中，股价突破30日均线后向10日均线回靠；C区域中，股价回靠到10日均线之前，成交量大幅萎缩，随后小幅放量最后一砸，但是恰好回踩到正在上行的10日均线上。

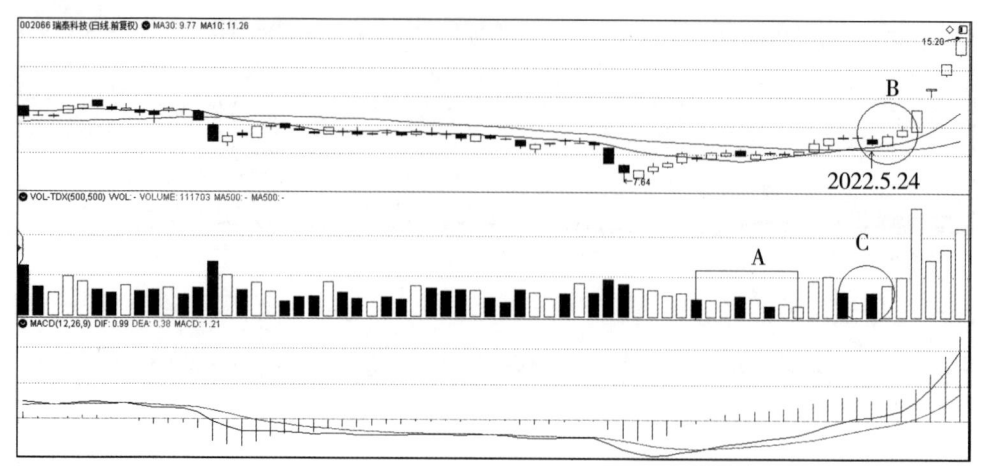

图1-28

综上，A、B、C三个区域合参，已经出现了"大坑小坑落均线"的经典走势，完美地呈现出"回眸一笑"的经典形态。

2022年5月24日，该股出现"回眸一笑"形态后，股价先是小涨两天，然后是连续涨停，短期利润非常可观。

2022年5月24日之后的那根带量的阳线，就是最佳进场点。

注意：在股价回靠到10日均线附近时，很多时候是阴线，如果投资者实在不敢进场，那么就等次日收阳时再进也不迟。

案例7 财信发展（000838），如图1-29所示。

解盘：

从图1-29中可以看到，该股突破30日均线之前的A区域中，出现了成交量的"大坑"；B区域中，股价回靠了10日均线；C区域中，成交量大幅萎缩，出现了量能的"小坑"。

综上，A、B、C三个区域合参，已经出现了"大坑小坑落均线"的经典走势，完美地呈现出"回眸一笑"的经典形态。

该股在2021年11月19日出现了"回眸一笑"的次日，立刻收出了止跌阳线，随后连续涨停。

11月19日之后的那根阳线，就是最佳进场点。

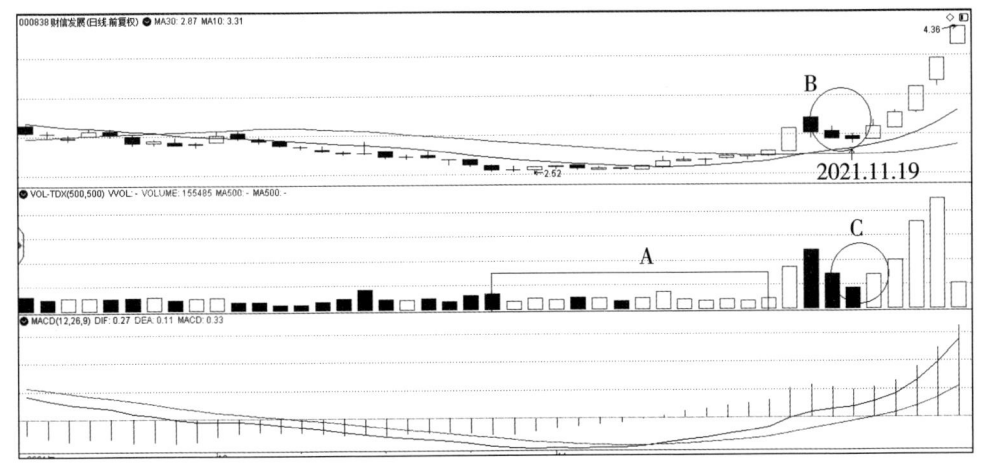

图1-29

七、弱柳扶风

1. 核心技术特征

（1）均线：30日均线走平或趋于走平，20日均线上扬。

（2）K线：股价突破30日均线后并没有连续上涨，而是向正在上行的20日均线回靠。

（3）成交量：股价突破30日均线之前，成交量必须呈持续地量或持续小量水平。股价突破30日均线后，向20日均线回靠过程中，成交量必须萎缩，最好呈现地量水平。

2. 买入时机

股价回靠到20日均线附近并大幅缩量时，可果断介入。

3. 口诀

该法也有口诀，同样是"大坑小坑落均线"。该口诀亦可用来快速识别"弱柳扶风"形态。"大坑"是指股价突破30日均线之前，必须要有一个大的"量坑"。"小坑"是指股价突破30日均线后，在回靠20日均线时，成交量大幅萎缩，出现小的"量坑"。

这一特征与"回眸一笑"形态大同小异，只是回靠的均线不同。

4. 释名

该形态中，股价突破30日均线后并未连续上涨，而是缩量向20日均线附近回靠。当股价回靠到20日均线附近时，再次展开上涨。

"弱柳扶风"一词出自《红楼梦》中曹雪芹对林黛玉的一段描写："闲静时如姣花照水，行动处似弱柳扶风。"

在回靠20日均线过程中，股价表现得有气无力，摇摇摆摆，犹如体力虚弱的女子，所以该形态以"弱柳扶风"命名之。

5. 止损时机

形成"弱柳扶风"形态后，如果股价很快以实体阴线跌破30日均线，则当日止损出局。在实战八法形态中，股价突破30日均线后又很快跌破30日均线，称为"破位"。破位后要及时止损，这是保护资金安全最有效的方法。

案例1 华银电力（600744），如图1-30所示。

解盘：

从图1-30中可见，股价突破30日均线前的A区域，成交量呈现持续地量，也就是出现了"大坑"。在B区域，股价两度回靠20日均线。在C区域，股价两次回靠到20日均线时，成交量都出现了大幅萎缩。尤其是第二次回靠，成交量呈现出了地量，这是抛盘枯竭的表现。这两次回靠时的缩量，

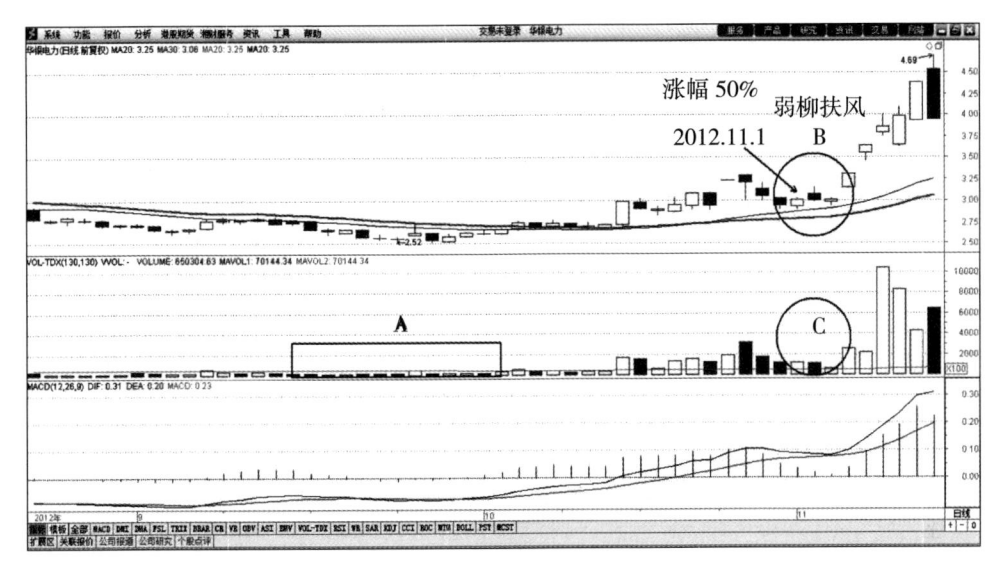

图1-30

就是所谓的"小坑"。

A、B、C三个区域合参,该股出现了"大坑小坑落均线"的经典走势,是经典的"弱柳扶风"形态。

2012年11月1日,该股形成"弱柳扶风"形态后,仅仅不到10个交易日,股价涨幅就高达50%!

案例2 南大光电(300346),如图1-31所示。

解盘:

从图1-31中可见,股价突破30日均线前的A区域,成交量呈现持续小量,也就是出现了"大坑"。在B区域,股价回靠20日均线。在C区域,股价回靠到20日均线时,成交量出现了大幅萎缩,这就是所谓的"小坑"。

A、B、C三个区域合参,该股出现了"大坑小坑落均线"的完美走势,这是经典的"弱柳扶风"形态。

2013年5月2日,该股在回靠20日均线后,一路振荡上涨,十几个交易日涨幅达到43%!

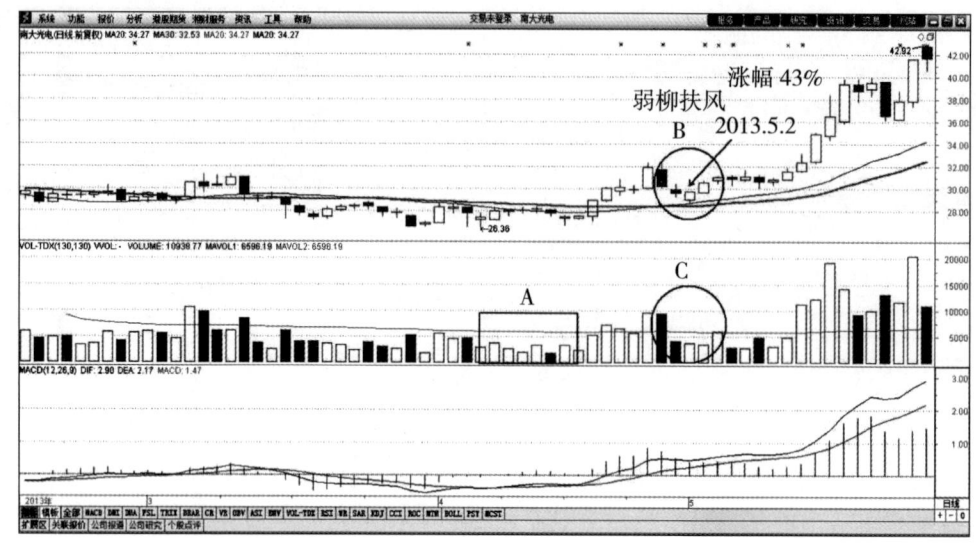

图1-31

借着这个案例说一下：股价回靠到20日均线时，若是当日收出阴线，可等次日收出阳线，确认股价止跌后再进场。若是当日收出阳线，那么当日就应该进场，千万不要前怕狼后怕虎。

案例3　恒信移动（300081），如图1-32所示。

解盘：

从图1-32中可见，股价突破30日均线前的A区域，成交量呈现持续小量，也就是出现了"大坑"。在B区域，股价回靠20日均线并呈现探底回升态势。在C区域，股价回靠到20日均线时，成交量出现了大幅萎缩，并且出现地量，这就是所谓的"小坑"。

A、B、C三个区域合参，该股出现了"大坑小坑落均线"的美完走势，这是经典的"弱柳扶风"形态。

2013年4月16日，该股首次出现"弱柳扶风"形态后，曾小涨数日。其后短线回落，再次出现"弱柳扶风"形态。之后走势不再犹豫，股价连拉5个涨停板，15个交易日涨幅高达73%！该股第二次回踩20日均线的时候，成交量极度萎缩，所以持股者当时根本不必出局。

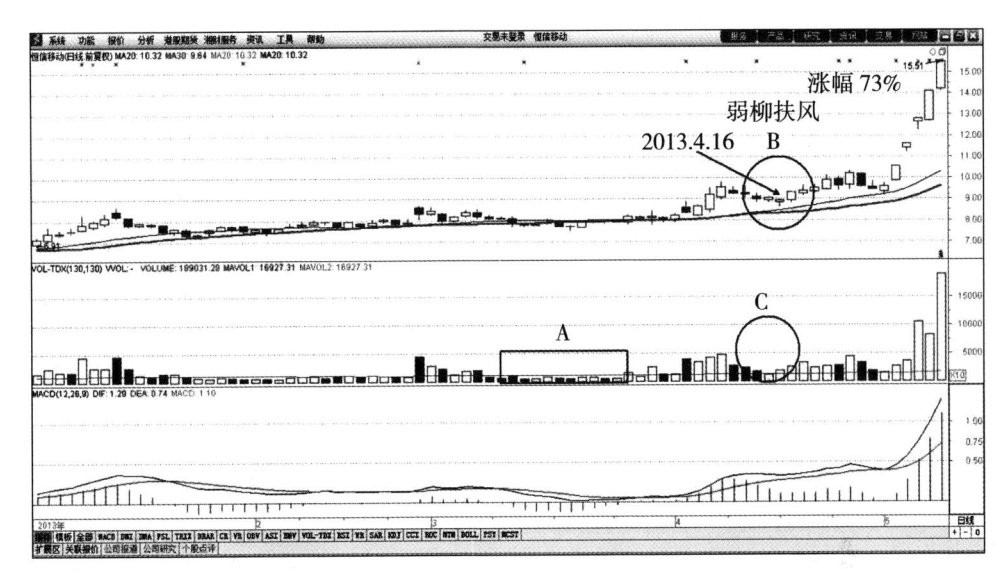

图1-32

案例4 华力创通（300045），如图1-33所示。

解盘：

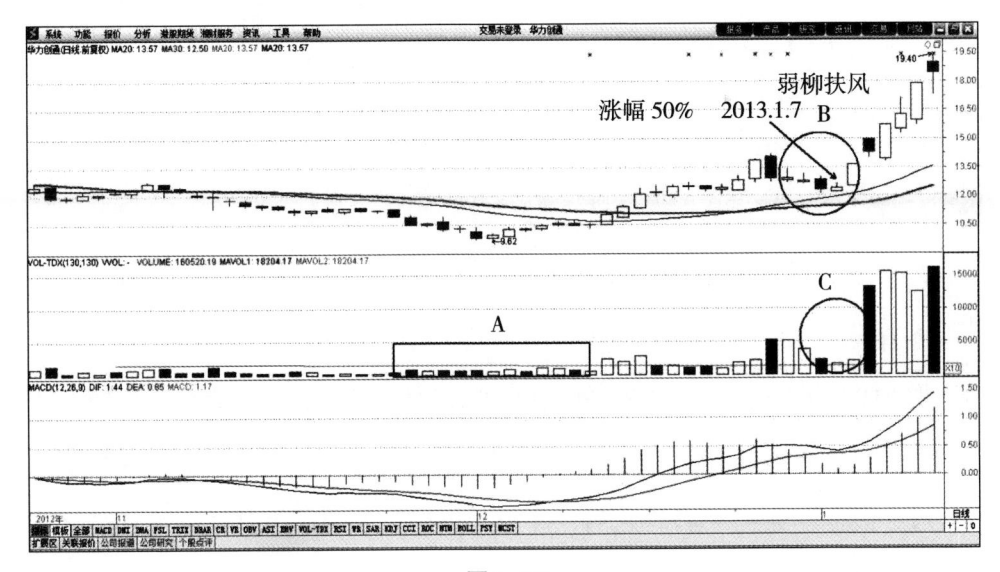

图1-33

从图1-33中可见，股价突破30日均线前的A区域，成交量呈现持续小量，也就是出现了"大坑"。在B区域，股价回靠20日均线并呈现止跌态势。在C区域，股价回靠到20日均线时，成交量出现了大幅萎缩，并且出现地量，这就是所谓的"小坑"。

A、B、C三个区域合参，该股出现了"大坑小坑落均线"的完美走势，这是经典的"弱柳扶风"形态。

2013年1月7日，该股出现"弱柳扶风"形态后快速上涨，7个交易日涨幅高达50%！

案例5 仁智油服（002629），如图1-34所示。

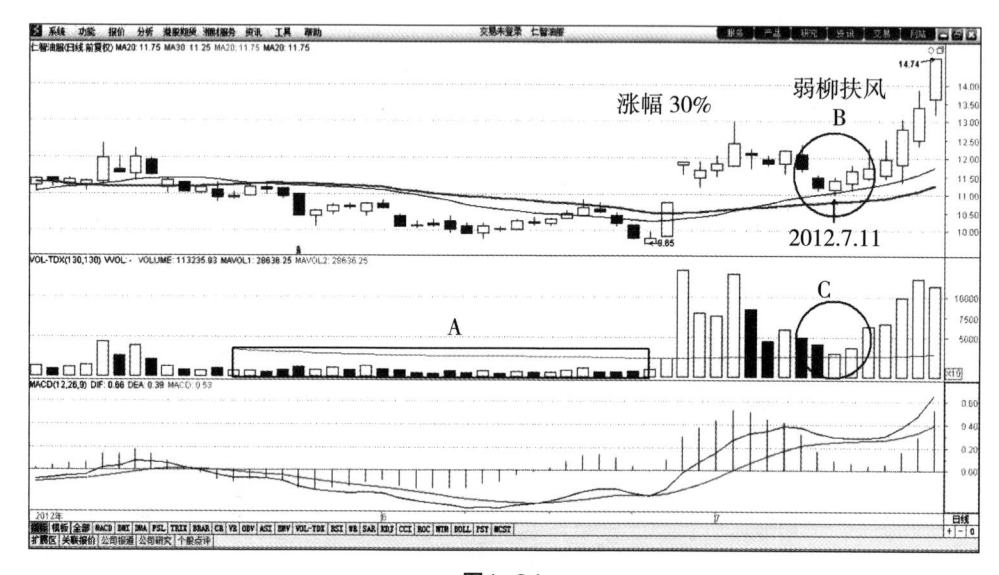

图1-34

解盘：

从图1-34中可见，股价突破30日均线前的A区域，成交量呈现持续小量和地量，也就是出现了"大坑"。在B区域，股价回靠20日均线并企稳。在C区域，股价回靠到20日均线时，成交量出现了大幅萎缩并呈地量，这就是所谓的"小坑"。

A、B、C三个区域合参，该股出现了"大坑小坑落均线"的完美走势，这是经典的"弱柳扶风"形态。

2012年7月11日，该股出现"弱柳扶风"形态后，一路连阳上涨，7个交易日涨幅达到30%！

案例6 勤上股份（002638），如图1-35所示。

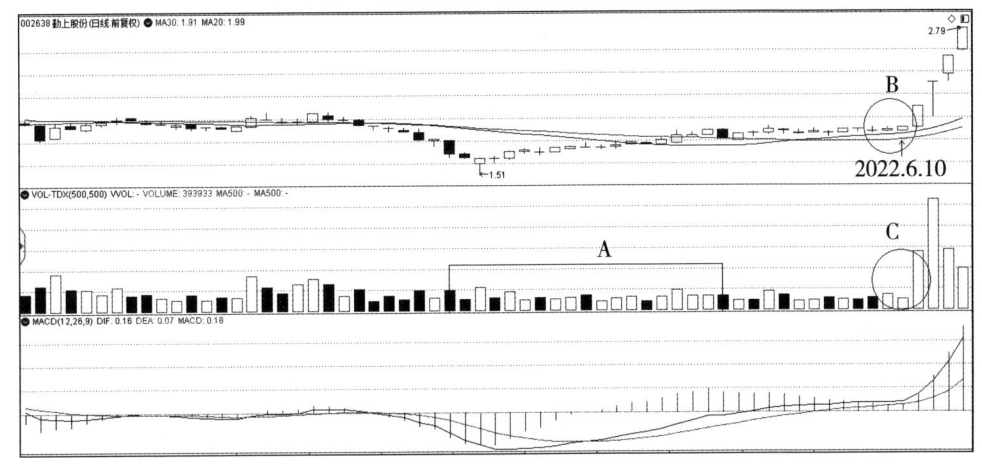

图1-35

解盘：

从图1-35中可以看到，该股突破30日均线之前的A区域中，出现了成交量的"大坑"；B区域中，股价回靠了20日均线；C区域中，成交量单日地量，出现了量能的"小坑"。

综上，A、B、C三个区域合参，已经出现了"大坑小坑落均线"的经典走势，完美地呈现出"弱柳扶风"的经典形态。

该股在2022年6月10日，出现"弱柳扶风"形态后，连续涨停。

6月10日后的放量涨停就是最佳进场点，当日虽然涨停，但早盘有充足的时间可以进场。

案例7 东安动力（600178），如图1-36所示。

解盘：

从图1-36中可见，股价突破30日均线前的A区域中，成交量呈现持续小量，也就是出现了"大坑"；在B区域中，股价两度回靠20日均线；在C区

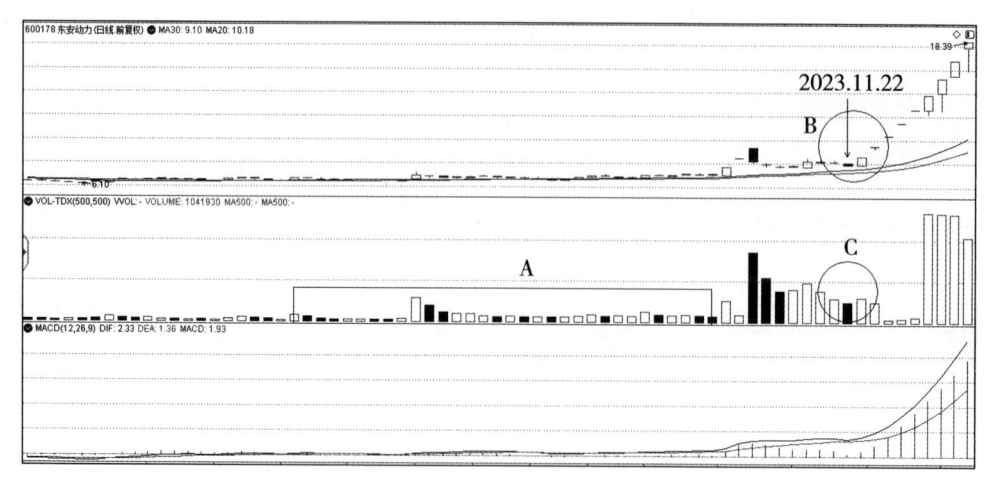

图1-36

域中，股价第二次回靠到20日均线时，成交量呈现了地量，这是抛盘枯竭的表现，回靠20日均线时的缩量，就是"小坑"。

A、B、C三个区域合参，该股出现了"大坑小坑落均线"的经典走势，这是经典的"弱柳扶风"形态。

2023年11月22日，该股形成"弱柳扶风"形态后，连续9个交易日都是涨停，短期涨幅超过一倍！

11月22日放量拉升的时候就是最佳进场点，早盘如果犹豫，就会失去这次获得盈利的机会。很多盈利的机会就是错失在临场不够果断上。所以，平时应该熟练掌握实战八法，以免事到临头犹豫不决。

八、乍暖还寒

1. 核心技术特征

（1）均线：30日均线走平或微微上扬。

（2）K线：股价突破30日均线后并未连续上涨，而是向30日均线回踩确认。

（3）成交量：股价突破30日均线之前，成交量必须呈持续地量或持续小量水平。股价突破30日均线后，回踩到30日均线附近时，成交量必须萎缩，保持小量或地量水平。

2. 买入时机

股价回踩到30日均线附近并大幅缩量时，可果断介入。

3. 口诀

该法也有口诀，同样是"大坑小坑落均线"，该口诀亦可用来快速识别"乍暖还寒"形态。

"大坑"是指股价突破30日均线之前，必须要有一个大的"量坑"。"小坑"是指股价突破30日均线后，再次回踩30日均线时，成交量需大幅萎缩，出现小的"量坑"。

这一特征与"弱柳扶风"大同小异，只是回靠的均线不同。

4. 释名

该形态中，股价突破30日均线后并未连续上涨，而是缩量向30日均线回踩。待股价回踩到30日均线附近时，再次转身上涨。

"乍暖还寒"一词出自著名词人李清照的《声声慢》。词中这样写道："乍暖还寒时候，最难将息。三杯两盏淡酒，怎敌他、晚来风急？"

这里用"乍暖还寒"一词形容股价刚刚开始转强，但不久又回落到前期上涨价位附近的走势。这种走势让人摸不着头脑，好像股价又要开始阴跌，给人一种"倒春寒"的感觉。

5. 止损时机

形成"乍暖还寒"形态后，股价很快又以实体阴线跌破30日均线，则当日止损出局。在实战八法形态中，股价突破30日均线后又很快跌破30日均线，称为"破位"。破位后要及时止损，这是保护资金安全最有效的办法。

案例1　福建金森（002679），如图1-37所示。

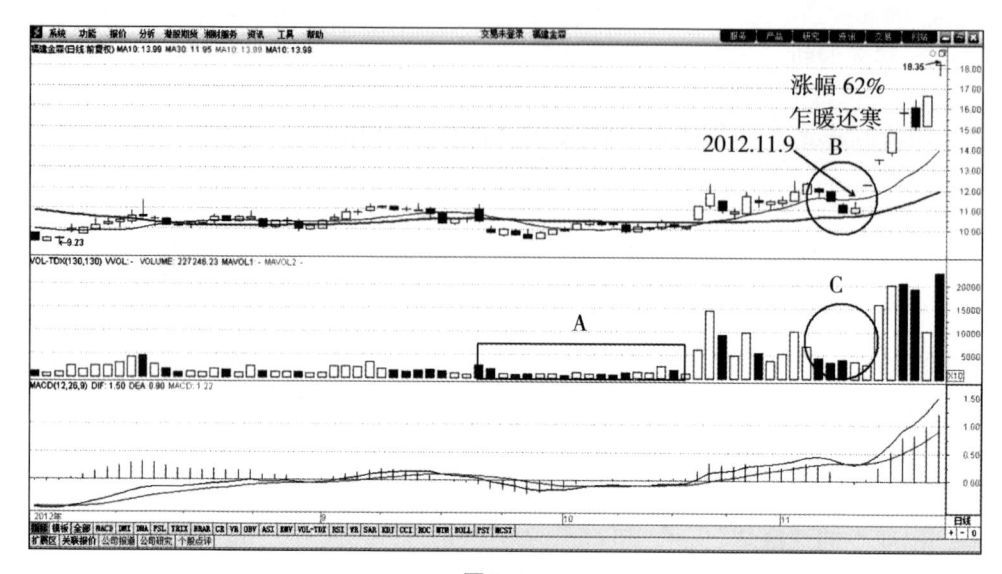

图1-37

解盘：

从图1-37中可见，A区域，在股价突破30日均线之前，呈现持续的地量水平，这就是口诀里所说的成交量"大坑"。大坑是指维持地量或小量的时间比较长。B区域，股价回踩到30日均线后止跌企稳。C区域，对应股价回踩到30日均线附近之时，成交量萎缩成一个量坑，这就是口诀中所说的"小坑"。小坑是指维持地量或小量的时间较短，通常只有1~3天。

A、B、C三个区域合参，股价呈现了"大坑小坑落均线"的经典走势，这就是"乍暖还寒"形态。当股价回落到30日均线并企稳的时候，就是进场低吸的最佳时机。

2012年11月9日，该股出现"乍暖还寒"形态后，一路陡峭上攻，仅仅8个交易日，涨幅就高达62%！

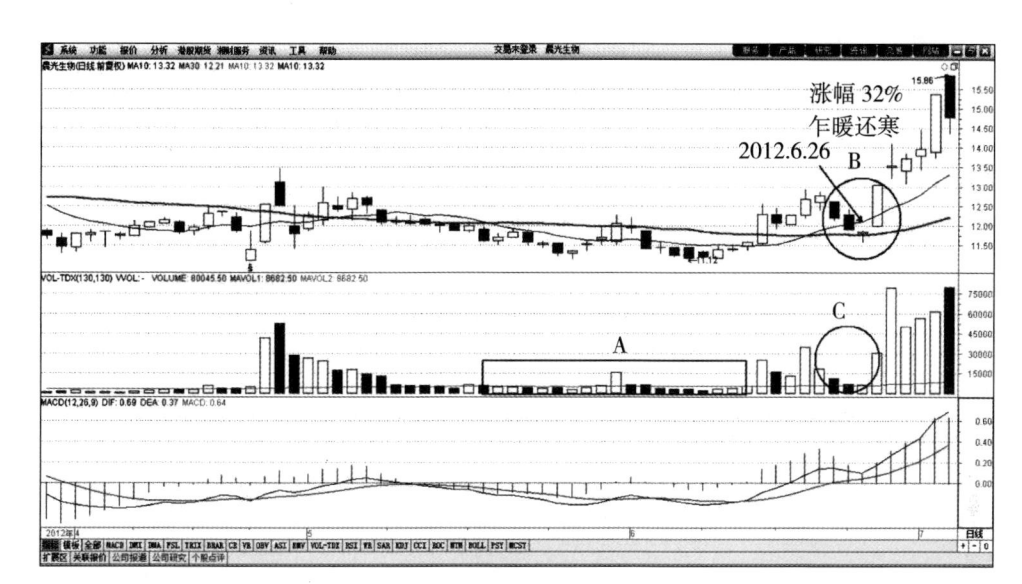

案例2　晨光生物（300138），如图1-38所示。

图1-38

解盘：

从图1-38中可见，A区域，在股价突破30日均线之前，交易呈现持续地量水平，这就是口诀里说的成交量"大坑"。B区域，股价回踩30日均线后止跌企稳。C区域，对应股价回踩到30日均线附近时，成交量萎缩成一个量坑，这就是口诀中所说的"小坑"。

A、B、C三个区域合参，呈现了"大坑小坑落均线"的经典走势，这就是"乍暖还寒"形态。当股价回落到30日均线并企稳的时候，就是进场低吸的最佳时机。

2012年6月26日，该股出现"乍暖还寒"形态后，股价一路凌厉上攻，仅仅6个交易日，涨幅就高达32%！6月26日该股回踩30日均线时，30日均线曾经被踩漏。但由于当日收盘价收在了30日均线之上，同时当日呈现地量，由此可知这里只是假装破位。

以后凡是遇到盘中跌破30日均线的情况，重点要看成交量。如果是很小的成交量，基本是假破位。也可以等收盘前再看，如收盘价收上了30日均线，就不是真正的破位。

该股假破位后，次日以跳空高开的涨停板形式上攻，意在不给跟风盘低吸的机会。

案例3　天泽信息（300209），如图1-39所示。

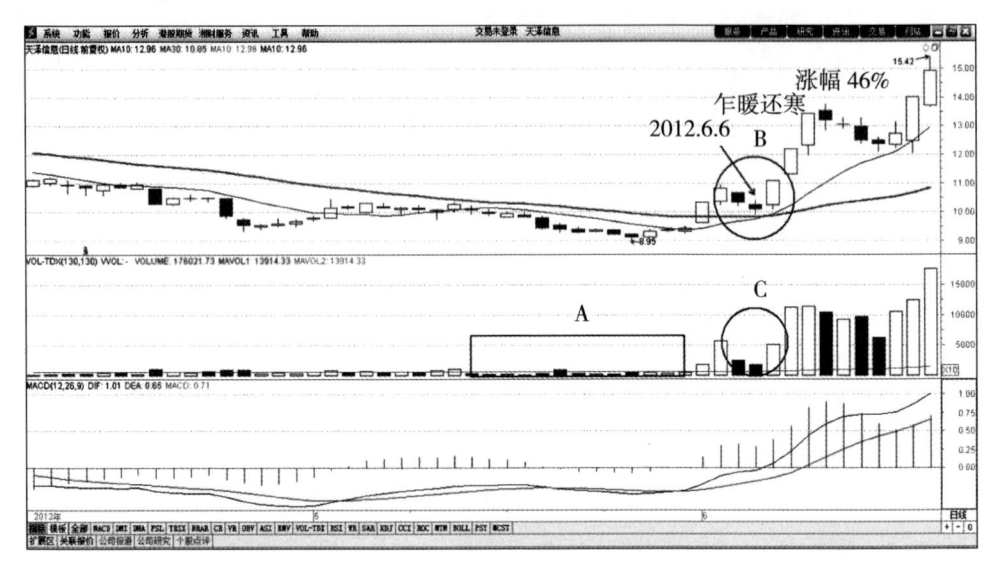

图1-39

解盘：

从图1-39中可见，A区域，在股价突破30日均线之前，呈现持续的地量水平，这就是口诀里说的成交量"大坑"。B区域，股价回踩到30日均线后止跌企稳。C区域，对应股价回踩到30日均线附近时，成交量萎缩成一个量坑，这就是口诀中所说的"小坑"。

A、B、C三个区域合参，呈现了"大坑小坑落均线"的经典走势，这就是"乍暖还寒"形态。当股价回落到30日均线并企稳的时候，就是进场低吸的最佳时机。

2012年6月6日，该股出现"乍暖还寒"形态后，马上出现连续涨停。股价一路凌厉上攻，仅仅10个交易日，涨幅就高达46%！

案例4　安凯客车（000868），如图1-40所示。

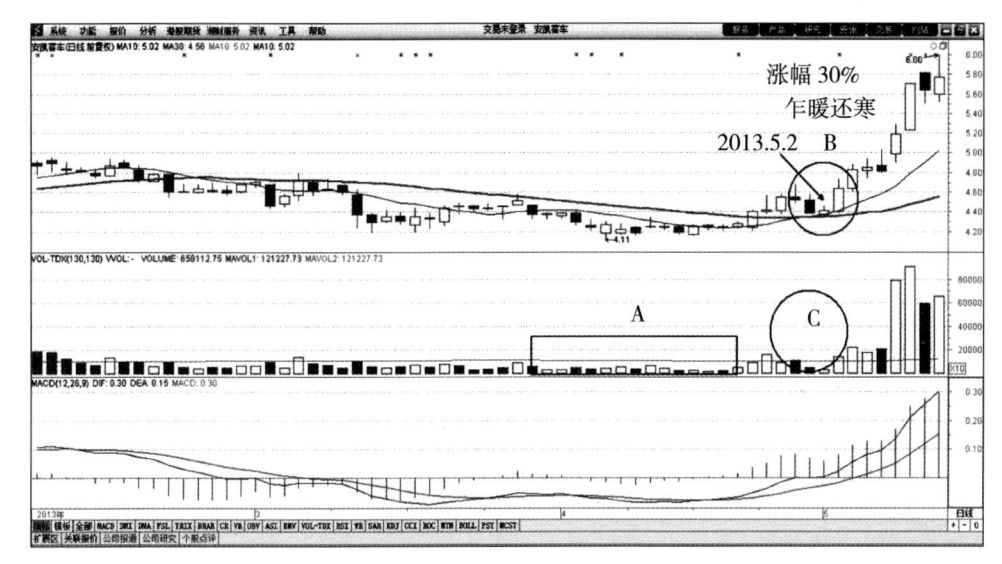

图1-40

解盘：

从图1-40中可见，A区域，在股价突破30日均线之前，呈现持续的地量水平，这就是口诀里说的成交量"大坑"。B区域，股价回踩到30日均线后止跌企稳。C区域，对应股价回踩到30日均线附近之时，成交量萎缩成一个量坑，这就是口诀中所说的"小坑"。

A、B、C三个区域合参，呈现了"大坑小坑落均线"的经典走势，这就是"乍暖还寒"形态。当股价回落到30日均线并企稳的时候，就是进场低吸的最佳时机。

2013年5月2日，该股出现"乍暖还寒"形态后，股价一路陡峭上攻，仅仅8个交易日，涨幅就高达30%！

案例5　ST南化（600301），如图1-41所示。

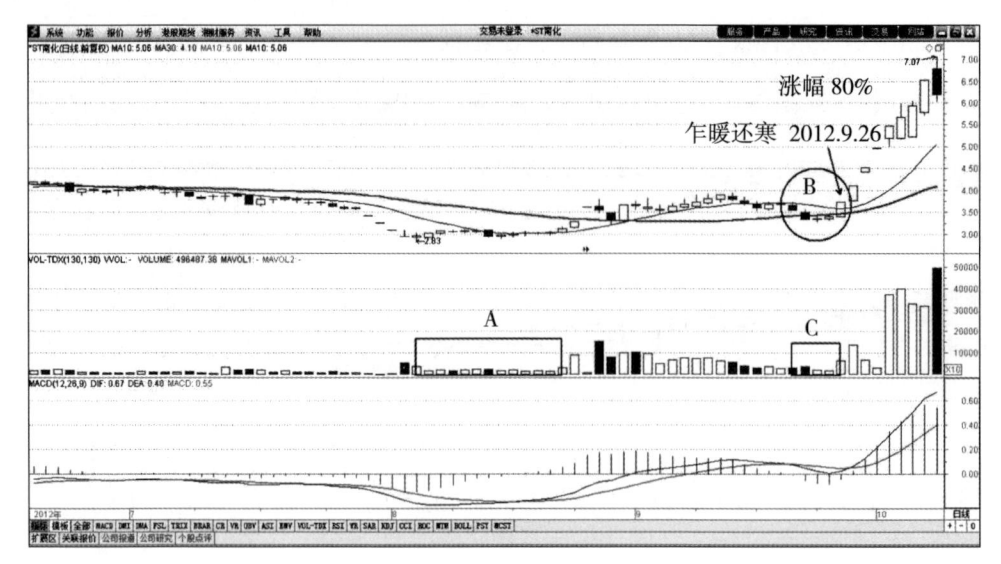

图1-41

解盘：

从图1-41中可见，A区域，在股价突破30日均线之前，呈现持续的小量水平，这就是口诀里说的成交量"大坑"。B区域，股价故意踩漏30日均线后止跌企稳。C区域，对应股价回踩到30日均线附近之时，成交量萎缩成一个量坑，这就是口诀中所说的"小坑"。

A、B、C三个区域合参，呈现了"大坑小坑落均线"的经典走势，这就是"乍暖还寒"形态。当股价回落到30日均线并企稳的时候，就是进场低吸的最佳时机。

2012年9月26日，该股出现"乍暖还寒"形态并企稳后，一路凌厉上攻，频频涨停，仅仅9个交易日，涨幅就高达80%！

注意：该股是故意踩漏30日均线。其实踩漏不要紧，关键是踩漏时是否大幅缩量。如果大幅缩量，待股价重上30日均线后，即可确认是假破位。同时，收上30日均线的当天，也正是最佳的进场点。

案例6 英特集团（000411），如图1-42所示。

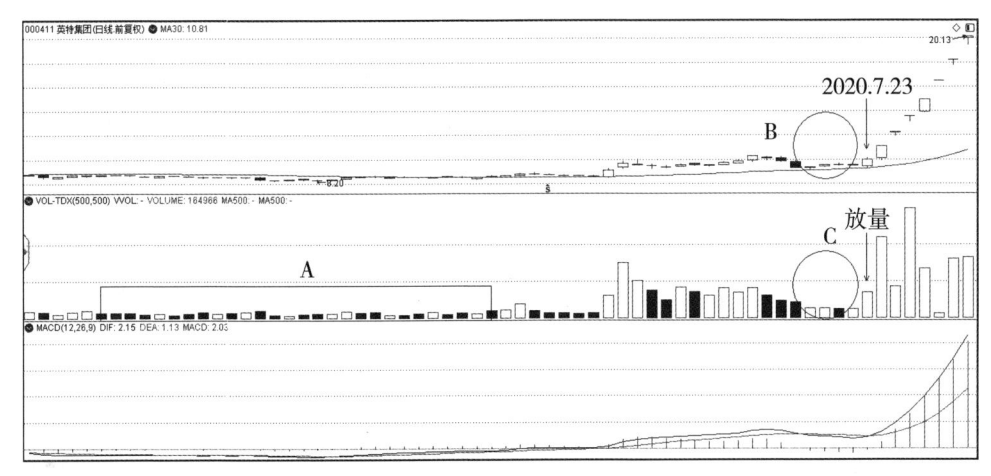

图1-42

解盘：

从图1-42中可见，A区域中，可以看到在股价突破30日均线之前，呈现持续的小量水平，这就是口诀里说的成交量的"大坑"。

B区域中，可以看到股价回踩到30日均线后止跌企稳。

C区域中，对应股价回踩到30日均线附近之时，成交量萎缩成一个量坑，这就是口诀中的"小坑"。

A、B、C三个区域合参，呈现了"大坑小坑落均线"的经典走势，这就是"乍暖还寒"形态。当股价回落到30日均线并企稳的时候，就是进场低吸的最佳时机。

2020年7月23日，该股出现"乍暖还寒"形态后，次日放量收阳，之后一路连续7个涨停，短短时间内，股价翻倍！

7月23日放量上涨那一天，就确定了调整结束，也是最佳进场点。

案例7 电广传媒（000917），如图1-43所示。

解盘：

从图1-43中可见，A区域中，可以看到在股价突破30日均线之前，呈现持续的地量水平，这就是口诀里说的成交量的"大坑"。

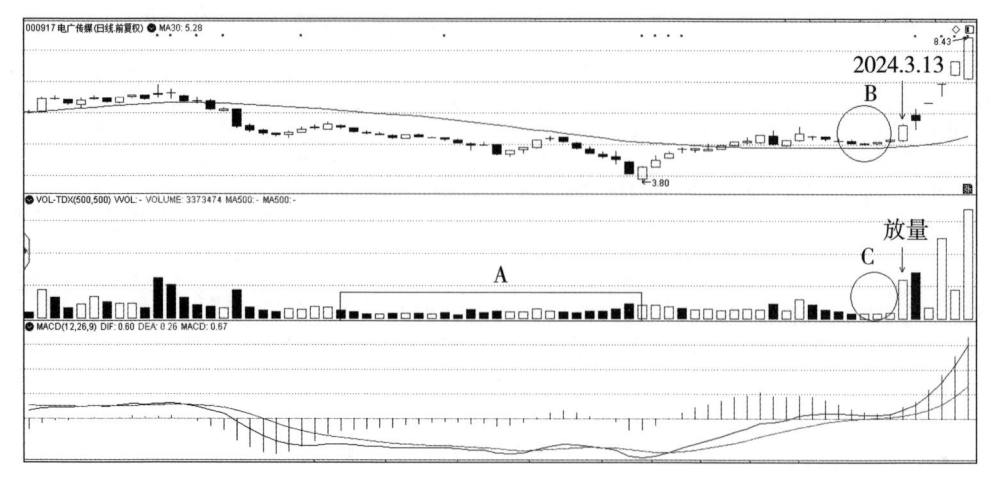

图1-43

B区域中，可以看到股价回踩到30日均线后止跌企稳。

C区域中，对应股价回踩到30日均线附近之时，成交量萎缩成一个量坑，这就是口诀中的"小坑"。

A、B、C三个区域合参，呈现了"大坑小坑落均线"的经典走势，这就是"乍暖还寒"形态。当股价回落到30日均线并企稳的时候，就是进场低吸的最佳时机。

2024年3月13日，该股放量上涨，一路陡峭上攻，短期利润可观。

九、水涨船高

1. 核心技术特征

（1）均线：30日均线走平或趋于走平。

（2）K线：股价在30日均线下方窄幅波动，某日在10日均线的助涨下突破30日均线，突破时10日均线必须呈一定角度上扬。

（3）成交量：在股价突破30日均线之前，成交量必须在一段时间内呈现持续小量或持续地量水平。突破30日均线当日，因有10日均线的助涨，所以可以不用放量。

2. 买入时机

当10日均线以一定角度托着股价突破30日均线时，可果断介入。

3. 释名

此形态看似与"春潮暗涌"相似，其实不同。"春潮暗涌"注重的是K线形态，"水涨船高"注重的是10日均线的运行角度。此形态以10日均线比喻为水，以K线比喻为船，"船"之上涨全靠"水"之上托，故名"水涨船高"。

4. 止损时机

形成"水涨船高"形态后，如果股价很快以实体阴线跌破30日均线，则当日止损出局。在实战八法形态中，股价突破30日均线后又很快跌破30日均线，称为"破位"。破位后要及时止损，这是保护资金安全最有效的办法。

案例1 宝莫股份（002476），如图1-44所示。

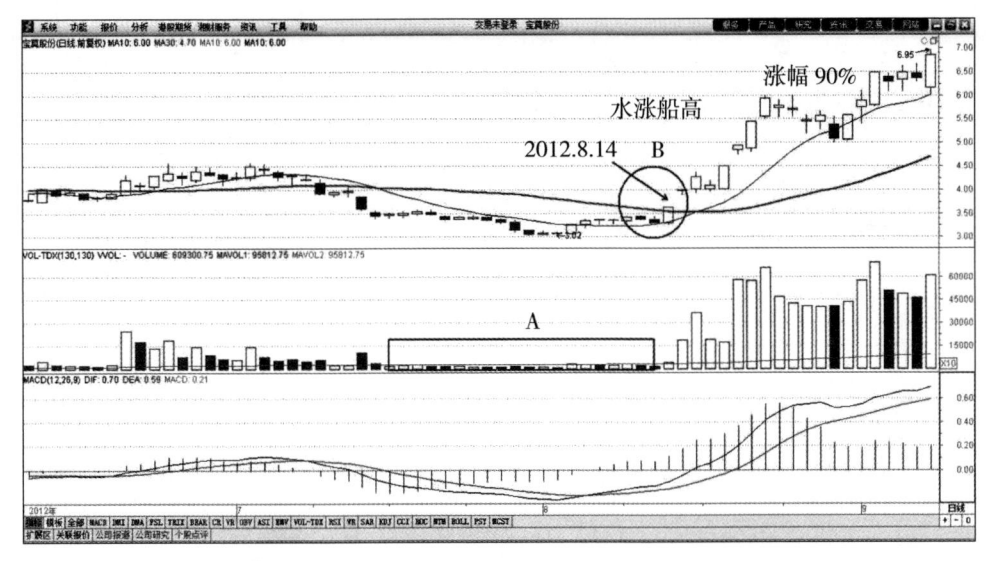

图1-44

解盘：

从图1-44中可以看到，A区域成交量非常小，且持续时间比较长，这是最经典的案例。股价突破30日均线前的长时间缩量，是未来股价上涨的必要条件，应引起高度重视。从B区域可以看到，2012年8月14日，该股在10日均线的助涨下，股价突破了30日均线。由于有10日均线的助涨，突破时并不需要明显放量。

该股形成"水涨船高"形态后，一路振荡上涨，波段涨幅高达90%！

案例2 长方照明（300301），如图1-45所示。

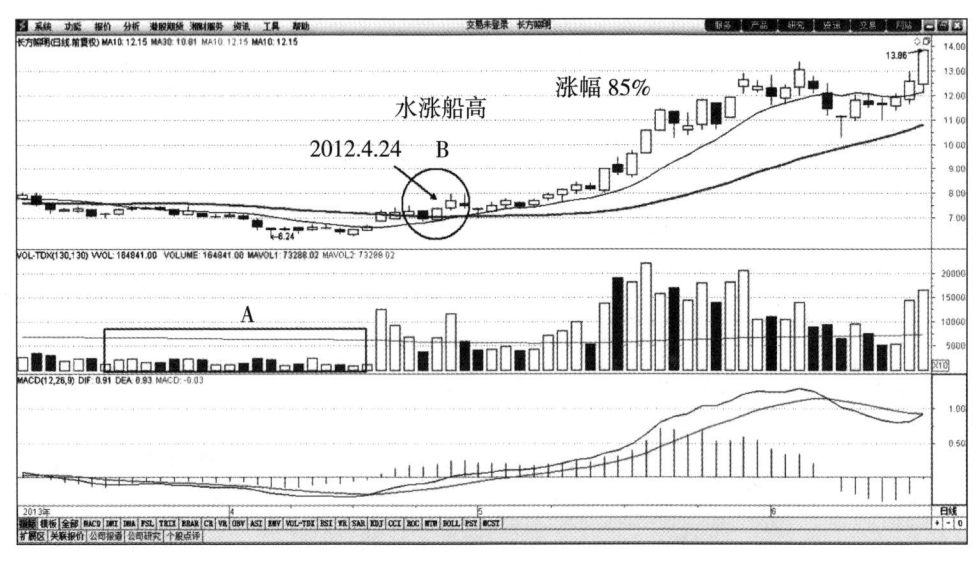

图1-45

解盘：

从图1-45中可以看到，A区域成交量呈现持续的小量，且持续时间比较长。股价突破30日均线前的长时间缩量，是未来股价上涨的必要条件，应引起高度重视。从B区域可以看到，2012年4月24日，该股在10日均线的助涨下，股价突破了30日均线。

该股形成"水涨船高"形态后，一路稳健上涨，波段涨幅高达85%！由于截图时该股上涨走势尚未结束，后期走势还有上涨空间。

从图1-45中可以看到，该股在形成"水涨船高"形态之前，也形成了"一箭穿心"形态。前面的案例已经讲过，双重实战八法形态就等于双保险，看到这种形态应坚决买进。

案例3 理邦仪器（300206），如图1-46所示。

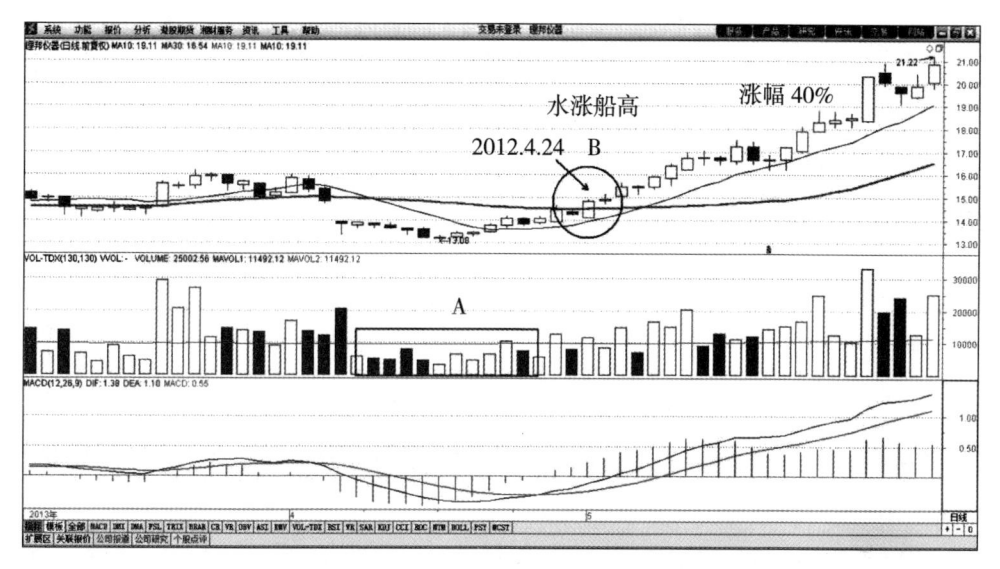

图1-46

解盘：

从图1-46中可以看到，A区域成交量呈现持续的小量。B区域可以看到，2013年5月2日，该股在10日均线的助涨下，股价突破了30日均线。

综合A、B两个区域，该股形成了"水涨船高"形态。该股形成"水涨船高"形态后，一路稳健上涨，波段涨幅高达40%！

该股突破30日均线前的量能状态不是很好，表现为量能萎缩不到位，且持续时间较短，后面的走势既不凌厉，也不持久。

通常情况下，如果前面的形态不经典，后面的上涨空间也就相对较小。

案例4 富春通信（300299），如图1-47所示。

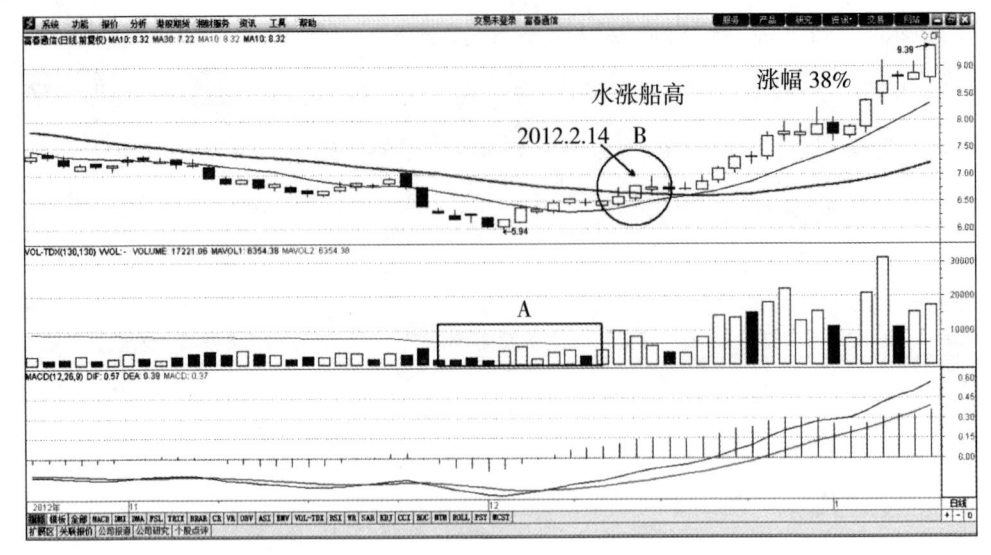

图1-47

解盘：

从图1-47中可以看到，A区域成交量呈现持续的小量和地量水平。从B区域可以看到，2012年12月14日，该股在10日均线的助涨下，股价突破了30日均线。

综合A、B两个区域，该股形成了"水涨船高"形态。形成"水涨船高"形态后，该股一路稳健上涨，波段涨幅达到38%！

由于该股突破前的量能情况不是太理想，后面的波段涨幅也不是很大。

案例5 首航节能（002665），如图1-48所示。

解盘：

从图1-48中可以看到，A区域成交量呈现持续的小量和地量水平。从B区域可以看到，2013年4月24日，该股在10日均线的助涨下，股价突破了30日均线。

综合A、B两个区域，该股形成了"水涨船高"形态。形成"水涨船高"形态后，该股一路稳健上涨，波段涨幅达到56%！

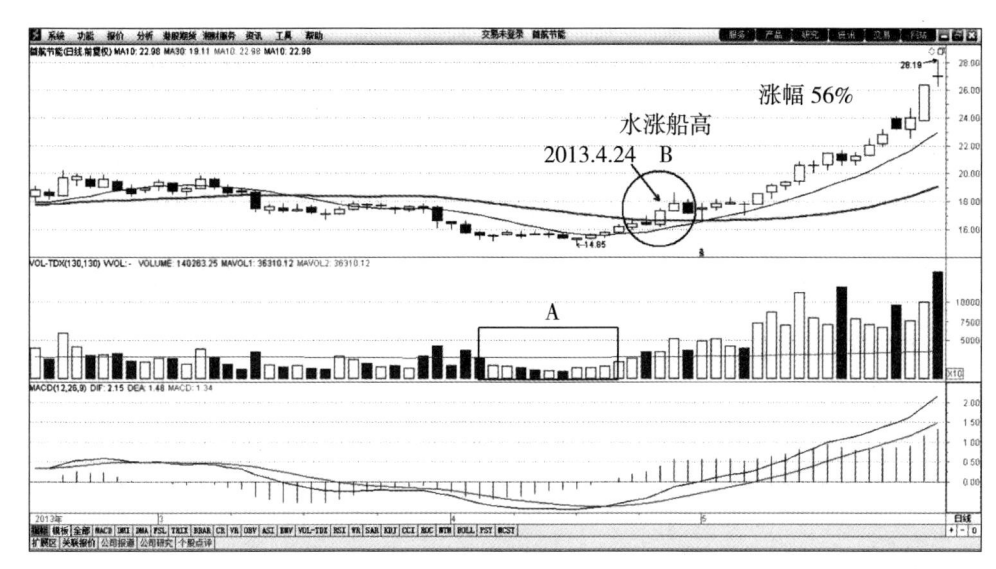

图1-48

案例6 艾艾精工（603580），如图1-49所示

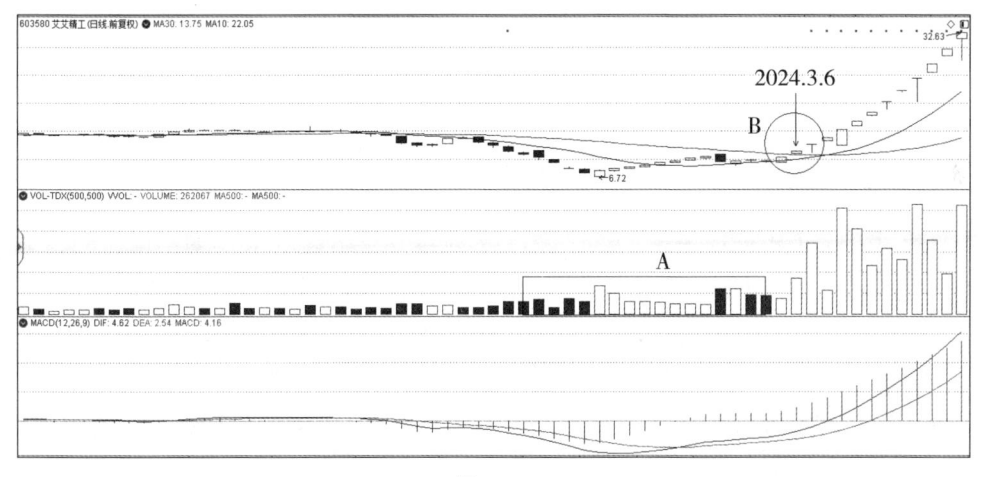

图1-49

解盘：

从图1-49中可以看到，A区域成交量连续小量，且持续时间比较长。

从B区域可以看到，该股于2024年3月6日，在10日均线的助涨下，股价突破了30日均线。由于有10日均线的助涨，突破时并不需要太大的放量，当然放量也好。

该股形成"水涨船高"形态后，一路连续涨停，短时间内股价涨了两倍！

3月6日带量突破30日均线时，就是最佳进场点。

案例7 传智教育（003032），如图1-50所示。

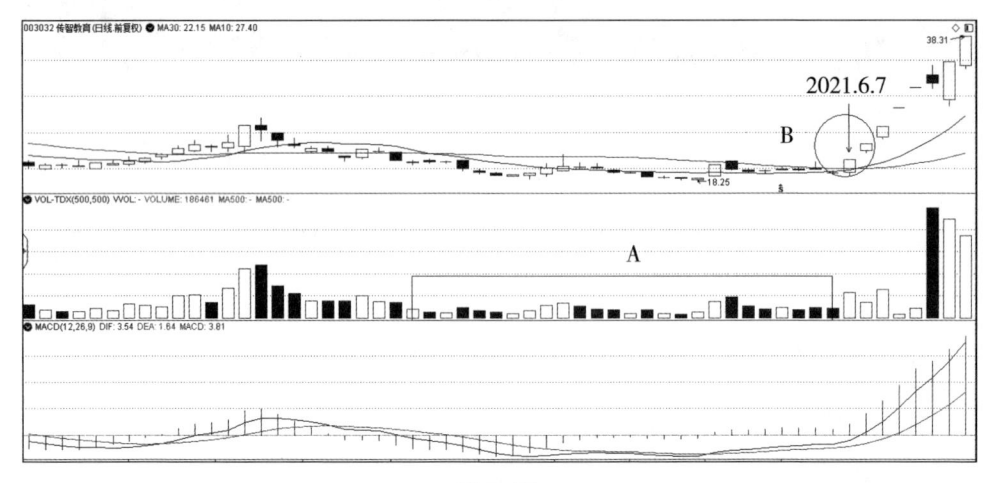

图1-50

解盘：

从图1-50中可以看到，A区域可以看到成交量呈现持续的小量，且持续时间比较长。

从B区域可以看到，该股于2021年6月7日，在10日均线的助涨下，股价突破了30日均线。

该股形成"水涨船高"形态后，一路连续涨停。

6月7日带量突破30日均线时，就是最佳进场点。

十、鱼跃龙门

1. 核心技术特征

（1）均线：30日均线走平或即将走平。

（2）K线：股价在30日均线下方窄幅波动，某日突然放量跳空跃过30日均线开盘，当日收盘价也收在30日均线上方。

（3）成交量：在股价跃过30日均线之前，成交量必须保持连续小量或地量水平。

2. 买入时机

当股价跳空跃过30日均线并肯定在30日均线上方收盘时，可果断介入。

3. 释名

股价跳空跃过30日均线开盘，并在30日均线上方收盘，此动作有"鱼跃龙门"之象，故以此命名之。

4. 止损时机

形成"鱼跃龙门"形态后，某日股价如以实体阴线跌破30日均线，则当日止损出局。在实战八法形态中，股价突破30日均线后又很快跌破30日均线，称为"破位"。破位后要及时止损，这是保护资金安全最有效的办法。

案例1 浙江东日（600113），如图1-51所示。

解盘：

从图1-51中可以看到，在A区域，成交量呈现持续的地量水平。在B区域，股价于2012年3月29日以一字板形式跳空跃过30日均线，出现了经典的"鱼跃龙门"形态。随后股价一路陡峭上攻，仅仅16个交易日，累计涨幅高达182%！

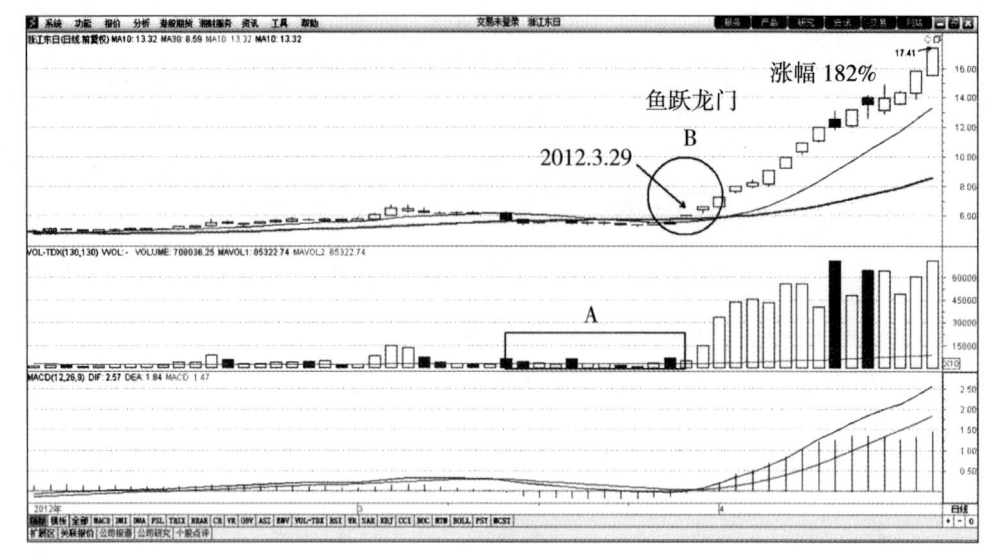

图1-51

3月29日基本上没有进场的机会，但到次日一定要抓住机会抢进。

本案例中，3月29日股价跳空跃过30日均线时并未放量，似乎与该形态的要求不符。其实任何事情都应灵活看待，当日没有放量的原因，是因为该股开盘就涨停，既然是这么凶悍的涨停走势，还会有人傻到非要在当日卖出吗？主力不卖出，跟风盘也不卖出，没人卖出，想买进的就买不到，当然就没有什么成交量了！

投资者要牢记，低位无量（量非常小的意思）涨停是最强势的涨停，代表市场各方参与者一致看多。

当然，该股能涨得这么突出，还跟它是当时的市场龙头股有密切关系。

案例2　达刚路机（300103），如图1-52所示。

解盘：

从图1-52中可以看到，在A区域，成交量呈现持续的地量水平。在B区域，股价于2012年12月5日以涨停形式跳空跃过30日均线，出现了经典的"鱼跃龙门"形态。

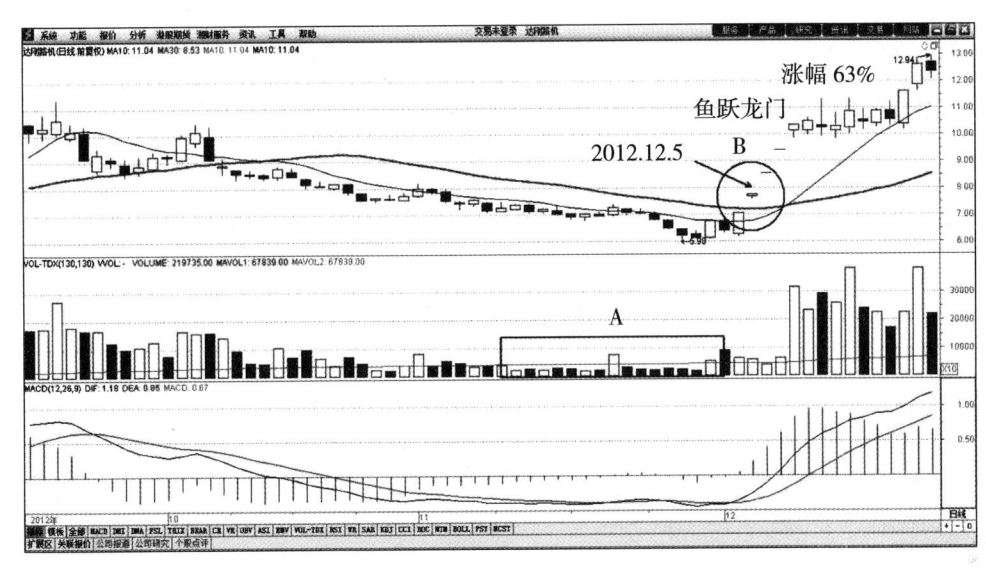

图1-52

随后股价连续涨停，之后经过短暂的横盘后再创新高。仅仅14个交易日，累计涨幅高达63%！

注意：由于该股以涨停突破30日均线，所以当日没有什么成交量。

案例3 星河生物（300143），如图1-53所示。

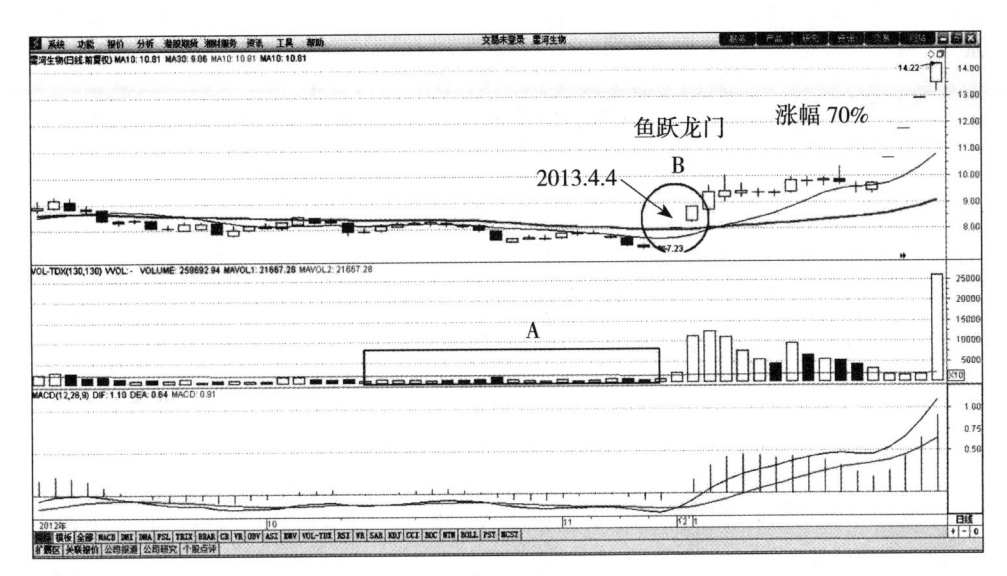

图1-53

解盘：

从图1-53中可以看到，在A区域，成交量呈现持续的地量水平。在B区域，股价于2013年4月4日以一字板形式跳空跃过30日均线，出现了经典的"鱼跃龙门"形态。

该股小涨后经过横盘振荡，再次以涨停板一路上攻，后期竟然连续出现5个涨停板。仅仅16个交易日，累计涨幅高达70％！

案例4 潜能恒信（300191），如图1-54所示。

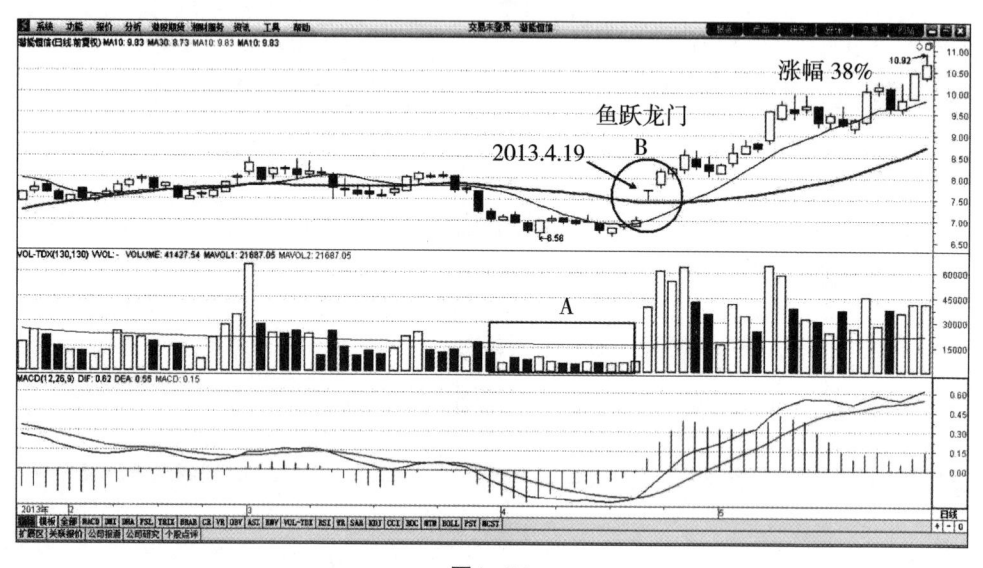

图1-54

解盘：

从图1-54中可以看到，在A区域，成交量呈现持续的地量水平。在B区域，股价于2013年4月19日以涨停形式跳空跃过30日均线，出现了经典的"鱼跃龙门"形态。

随后一路振荡上行，波段涨幅达到38％！

观察该股跳空跃过30日均线当日的成交量，出现了明显的放量。同样是涨停，为什么该股的成交量就这么大呢？这是因为该股上午振荡了半天的时间，下午才封上涨停板。这里放出的成交量，是清洗跟风盘的结果。

尽管该股是放量涨停，但其后走势远远不及前面的三个案例。很多人认为只有放量上涨才是比较强劲的走势，其实这是一个大误区！

案例5 宝利沥青（300135），如图1-55所示。

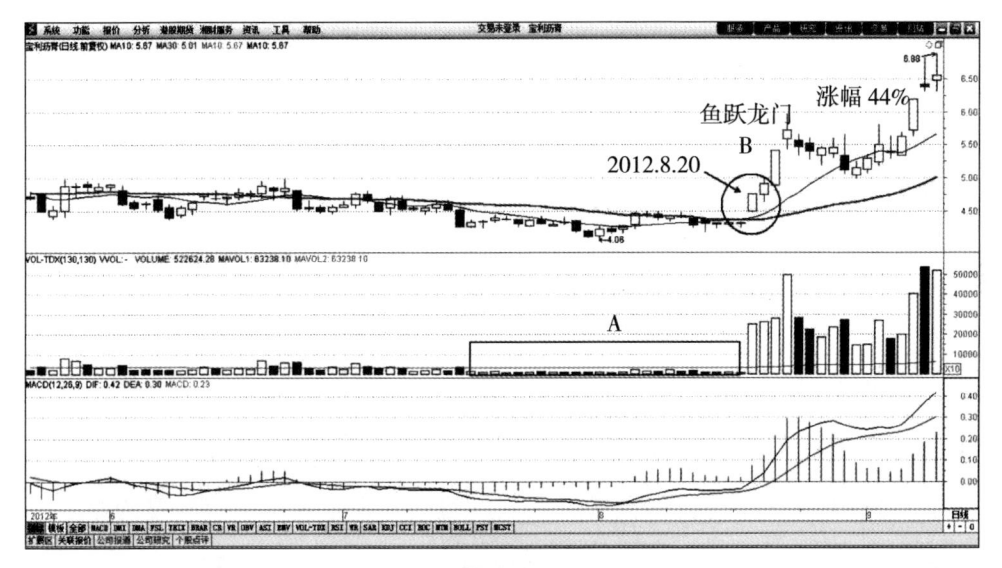

图1-55

解盘：

从图1-55中可以看到，在A区域，成交量呈现持续的地量水平。在B区域，股价于2012年8月20日以涨停形式跳空跃过30日均线，出现了经典的"鱼跃龙门"形态。

随后股价一路振荡上行，累计涨幅达到44%！

细看该股走势，又是一个放量涨停跃过30日均线的案例。但该股其后的上涨过程，也没有前三个缩量涨停的案例走势强劲。

案例6 航天长峰（600855），如图1-56所示。

解盘：

从图1-56中可以看到，在A区域中，成交量呈现持续的地量水平。

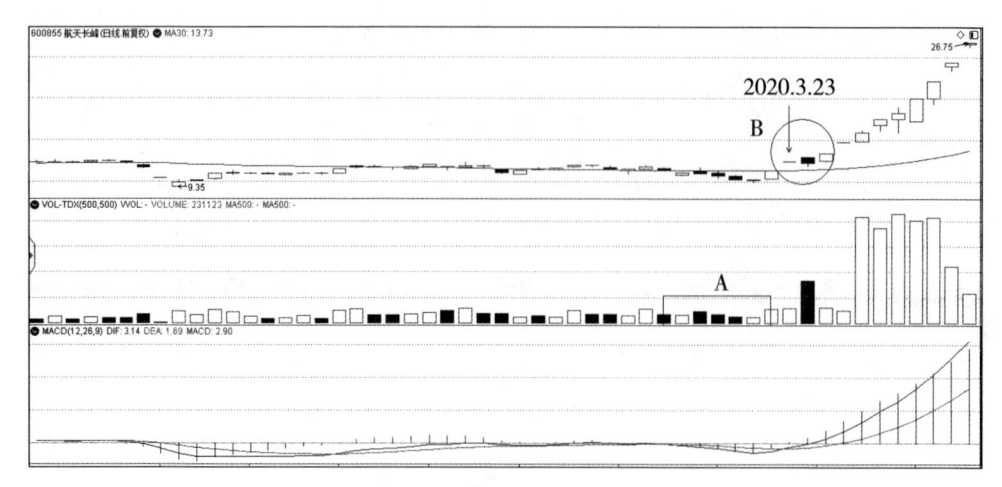

图1-56

在B区域中，股价于2020年3月23日以一字板跳空跃过30日均线，出现了经典的"鱼跃龙门"形态，随后一路陡峭上攻，仅仅10个交易日，股价翻倍！

本案例中，3月23日跳空跃过30日均线时并未放量，没有放量的原因是因为该股开盘就涨停，既然是这么凶悍地涨停，还有几个人傻到非要在当日卖出呢？没人卖，想买的就买不到，当然是没有什么量了！大家要牢记，低位无量（量非常小的意思）涨停是最强势的涨停，代表着该股的市场各方的参与者们一致看多。

3月23日没有机会进场，但到次日一定要抓住机会抢进。

案例7 屹通新材（300930），如图1-57所示。

解盘：

从图1-57中可以看到，在A区域中，成交量呈现持续的地量水平。

在B区域中，股价于2024年6月18日以涨停板跳空跃过30日均线，出现了经典的"鱼跃龙门"形态，随后一路大涨，短期涨幅可观。

该股6月18日早盘放量高开的时候就是最佳进场点，早盘不可有丝毫的犹豫。

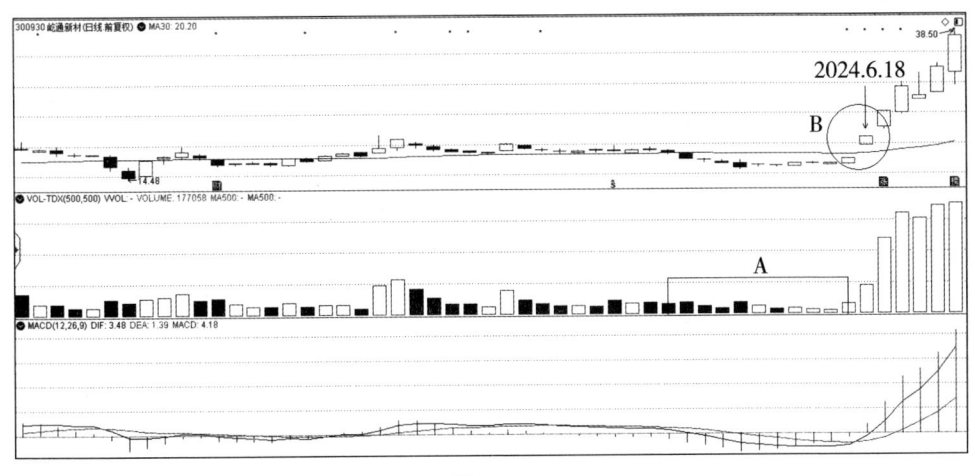

图1-57

十一、八法小结

其实，如果细分，实战八法形式有假八法、虚八法和真八法之分。

所谓假八法，是指交易者没有精研实战八法的经典形态，把根本不是实战八法的形态当成实战八法，那么交易失败是正常的。

假八法常见的错误方式有以下三种。

（1）30日均线大角度向下，并未走平或趋于走平。

（2）成交量并未按照实战八法形态要求那样出现有序的缩量和放量。

（3）30日均线既未走平或趋于走平，成交量也未呈现有序的缩放。

所谓虚八法，是指交易者精研了实战八法的经典形态，但某些时候仍然有失败的情况。这种失败，一定是在个股下跌趋势尚未结束之前发生的。实战八法是典型的右侧交易法，所以必须在个股出现大趋势拐点或大波段拐点之后才能使用。

在大拐点左侧出现的实战八法，都是虚八法。遭遇虚八法并不可怕，只要按要求及时止损即可，损失一般不会超过5%。

所谓真八法，是在个股出现大趋势拐点或大波段拐点之后形成的实战八法形态。因为研判大趋势拐点和大波段拐点技术属于"黄金战法"，所以不在本书讨论的范围之内。

最后再总结一遍：真八法就是既得其形，又得其时；虚八法是只得其形，未得其时；假八法是既无其形，也非其时。

买入股票必须讲究时机，不但要得其形，还要得其时。在此，附上笔者2007年写的一首小诗，名为《待机》，希望大家能深刻领会其中的含义。

待机

万事需待机，切莫强出头；

时来运方转，财富稳中求。

做股票一定要等待最佳进场时机，也就是必须要出现进场信号才能买入。在进场信号出现之前，千万不要自作聪明，抢先行动。

同样，进场信号出现之时，要立即进场，不可瞻前顾后，前怕狼后怕虎。有"破位止损"做截断亏损的法宝，还怕什么？

另外，出现实战八法形态后，有的股票涨幅大，有的股票涨幅小。为什么会出现这种反差，这里面其实是有规律的，但该内容不在本书的探讨范围之内，读者有兴趣的话可与笔者单独交流。

第二章
波段见顶信号

众所周知，不管是上涨趋势还是下跌趋势，都是由多个波段组成的，所以不管是在上涨趋势做波段，还是在下跌趋势做波段，都必须要能够识别波段高点。绝大多数的波段高点都是有信号出现的，这些信号统称为"波段见顶信号"。

波段见顶信号有着非常巨大的价值。认识这些信号，就会卖在波段高点，永远不会被套在高点站岗。即便是牛市的大顶，它也是由最后一个上涨波段完成的，如果能在第一时间识别出波段见顶信号，也不会被套在牛市的大顶上。综上，如果能识别波段见顶信号，那么既能卖在波段高点，也能卖在牛市大顶的高点，这就是波段见顶信号的巨大价值。

本章，笔者将揭示六大类波段见顶信号，如果学会了，所有的波段高点都能一目了然，从此将会远离套牢。

一、天量确认

天量确认形态，由两根阳K线组成。在一波上涨行情中，某日突然出现一根天量阳线，次日虽然还是收阳线，但是成交量不仅不能放得更大，反而还比天量那天小一些，同时这根阳线也不是涨停板，这样的两根阳线组合就叫天量确认形态，简称天量确认。

天量确认形态是波段见顶信号之一，出现该信号后，股价往往就是波段的高点或次高点。出现该信号后，股价要么快速A杀，要么短暂反抽后再次下杀。

下面介绍几个出现天量确认信号后A杀的案例。

（一）国脉科技（002093），2022年12月19日，该股出现天量阳线，次日出现缩量阳线，且没有涨停，这就是天量确认形态，如图2-1所示。出现天量确认形态之后，该股连续跌停，随后继续振荡下跌。如果投资者不认识这种见顶信号，就很容易因为观望而没有卖在波段高点，利润将会大幅回吐。喜欢做波段的投资者，一定要回避这样的A杀走势，但回避的前提是要懂得这是波段见顶信号。

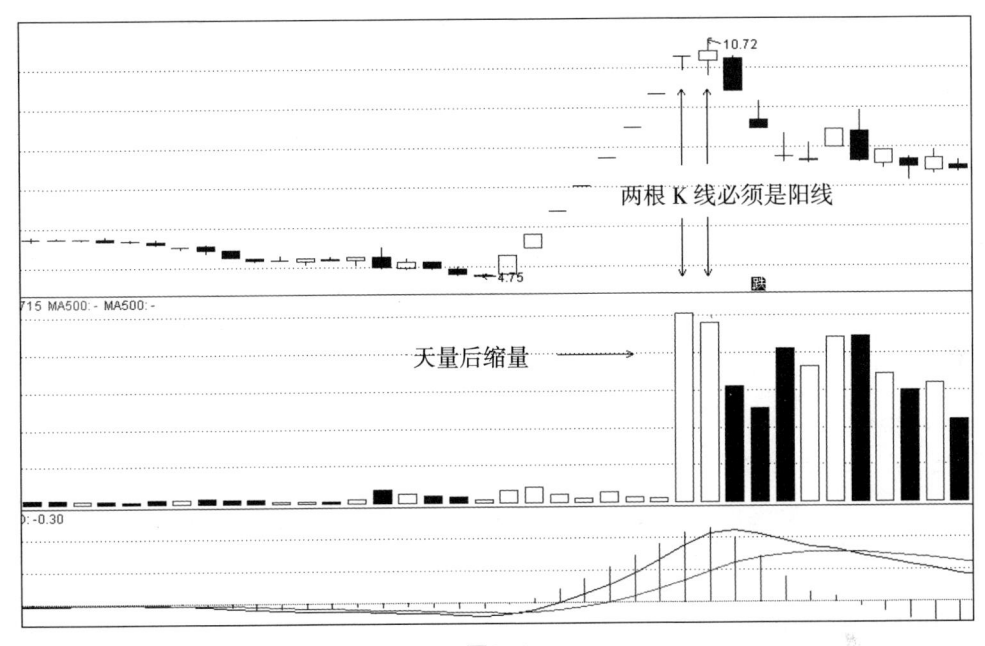

图2-1

（二）卫星化学（002648），2022年8月15日，该股出现天量阳线，次日出现缩量阳线，且没有涨停，这就是天量确认形态，如图2-2所示。天量确认形态出现后，紧跟着三连阴，快速把跟风盘套在山顶，这又是一个A杀走势。随后不久，前面的波段涨幅就全部被吞掉，由此可见，认识波段见顶信号是多么重要。

（三）麦趣尔（002719），2022年12月30日，该股出现天量阳线，次日出现缩量阳线，且不是涨停，这就是天量确认形态，如图2-3所示。随后快速A杀，横盘数日后，再度连阴暴跌。如果投资者认识天量确认形态，就会卖在波段高点。

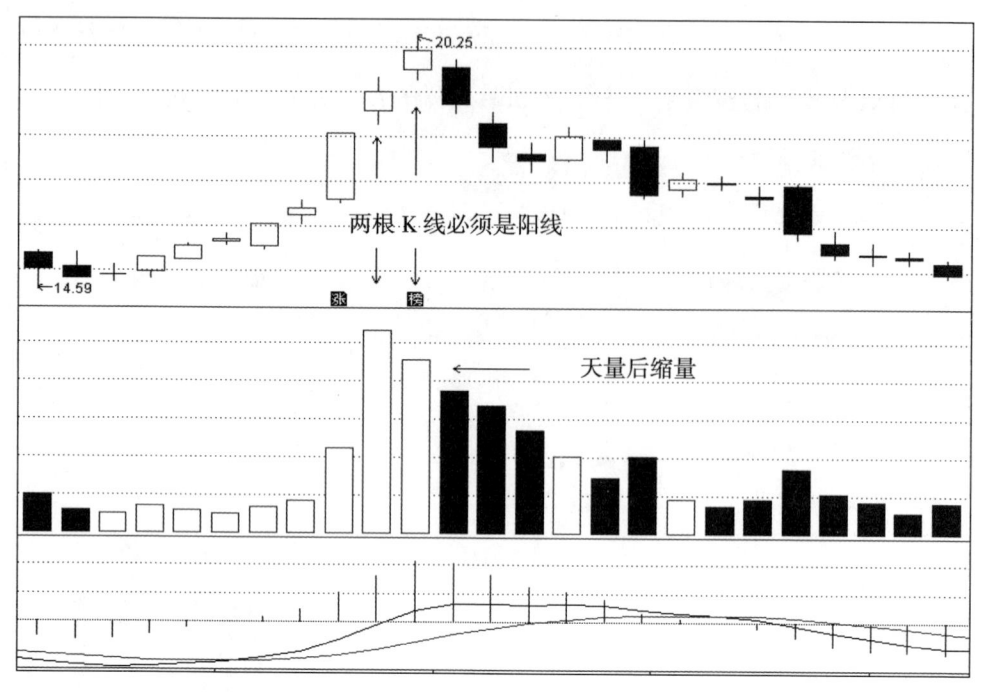

图2-2

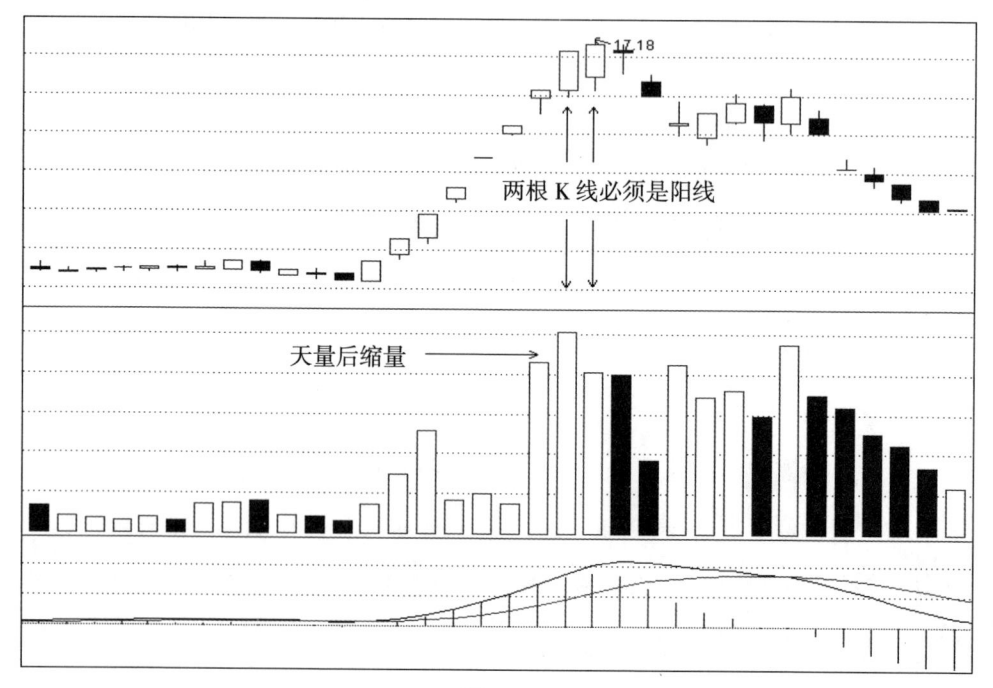

图2-3

（四）道道全（002852），2023年4月18日，该股出现天量阳线，次日出现缩量阳线，且不是涨停，这就是天量确认形态，如图2-4所示。该股出现天量确认形态后，短期内出现三浪下杀走势，这样的风险，如果投资者认识天量确认形态，是完全可以规避的。

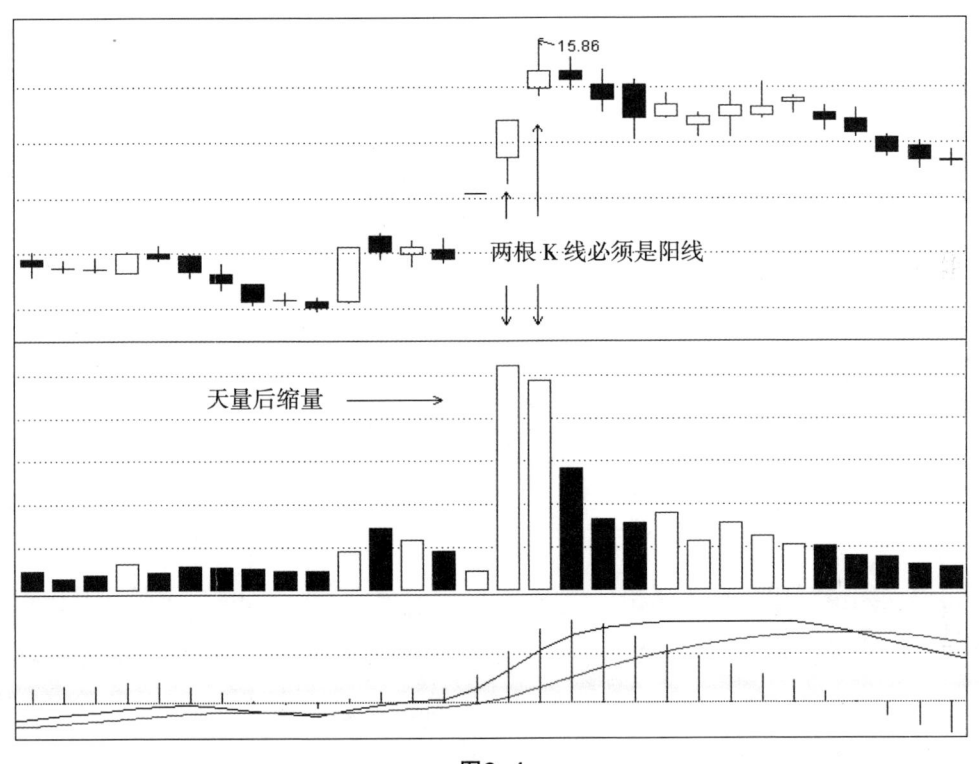

图2-4

（五）二六三（002467），2022年11月16日，该股出现天量阳线，次日出现缩量阳线，且不是涨停，这就是天量确认形态，如图2-5所示。该股出现见顶信号后，次日就跌停，然后展开凶狠的A杀。

上面所讲的，是几个出现天量确认形态后A杀的案例，下面再说几个出现信号后短暂反抽再下跌的案例。展示这样的案例，是为了告诉投资者，不要以为出现信号后没有立刻大跌就是没事，有时候需要等待空方的子弹再飞一会儿，才能看到真相。

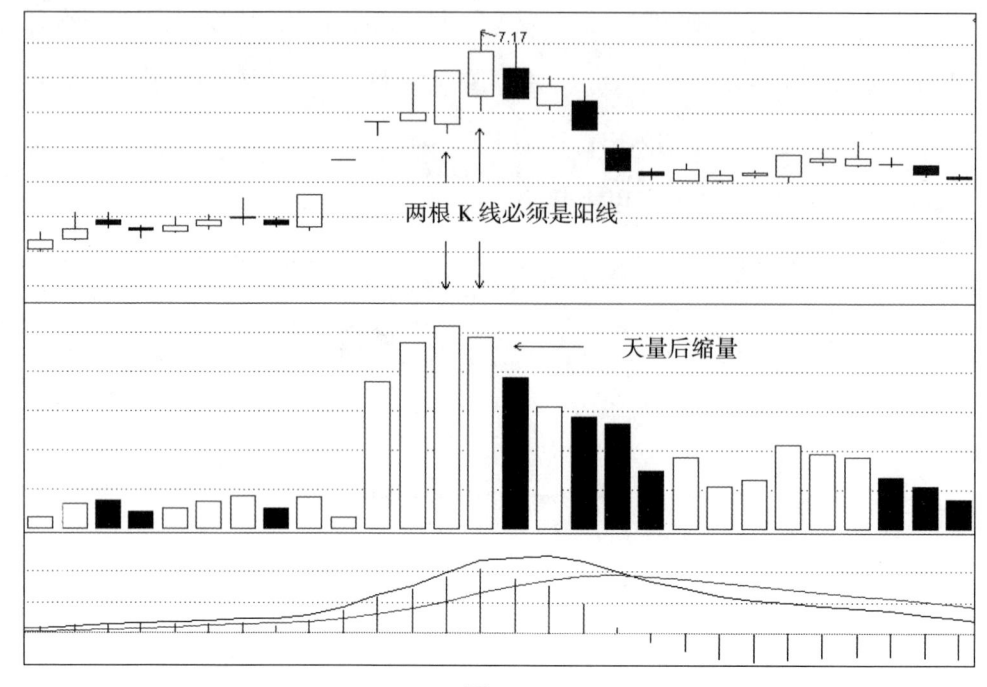

图2-5

（六）奥拓电子（002587），2023年6月9日，该股出现天量阳线，次日出现缩量阳线，且不是涨停，这就是天量确认形态，如图2-6所示。出现见顶信号后，股价小跌4天，然后出现3天的小反弹，这样的走势不过是反抽一下前高，并不代表能重拾升势，看其反抽时可怜的成交量就能识别，千万不要被迷惑。果然，该股在反抽无果后，又开始了缓慢下跌，最终，前面4根大阳创造的可观利润也化为乌有。所以，见到波段见顶信号后，卖股不可以不果断。

（七）山西路桥（000755），2022年7月15日，该股出现天量阳线，次日出现缩量阳线，且不是涨停，这就是天量确认形态，如图2-7所示。出现见顶信号后，该股没有马上大跌，而是横向振荡了5天，当投资自觉得不会跌的时候，它立刻就出现了连续跳空下杀，迅雷不及掩耳。所以，当出现见顶信号的时候，切不可以大意。大意失荆州，小心驶得万年船。

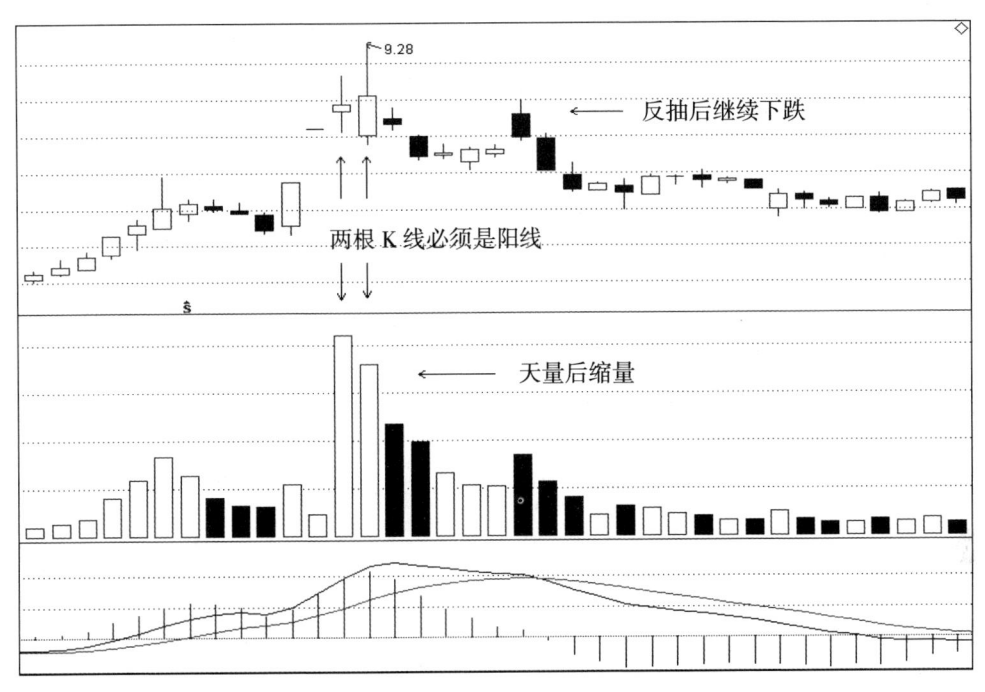

图2-6

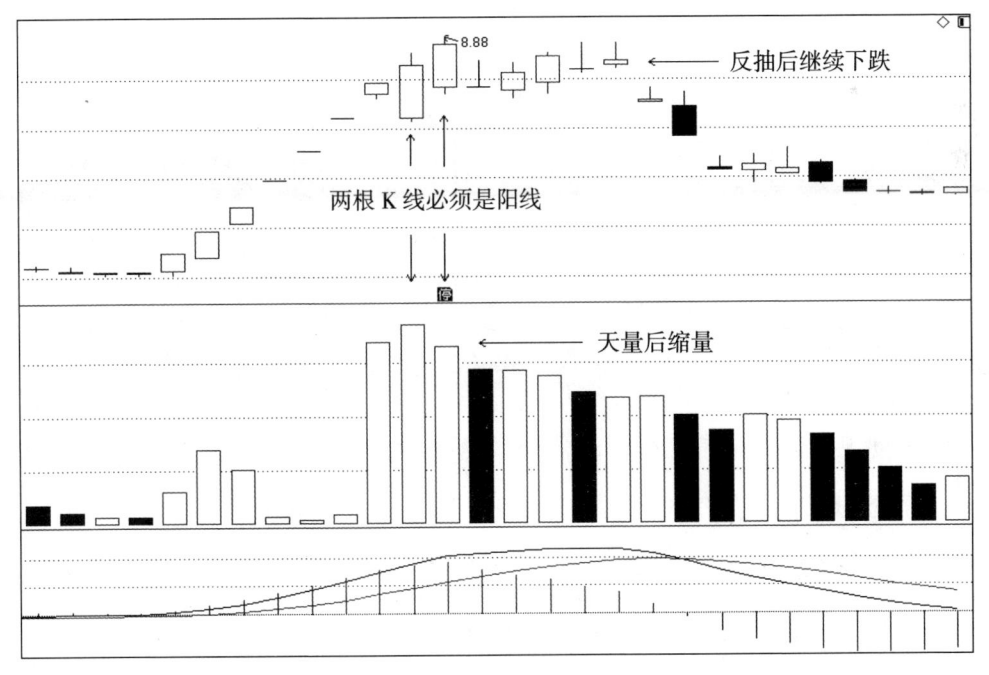

图2-7

（八）中原高速（600020），2023年5月5日，该股出现天量阳线，次日出现缩量阳线，且不是涨停，这就是天量确认形态，如图2-8所示。该股出现天量确认之后，先是小跌3天，然后出现了反弹，且还出现了一根被传统理论认为是探底回升的阳锤子线，但是倘若投资者信了它，就会被后面的八连阴教训得灰头土脸。很多人赚不到钱就是因为坐了过山车，而坐过山车的原因，就是因为不懂得波段见顶信号。

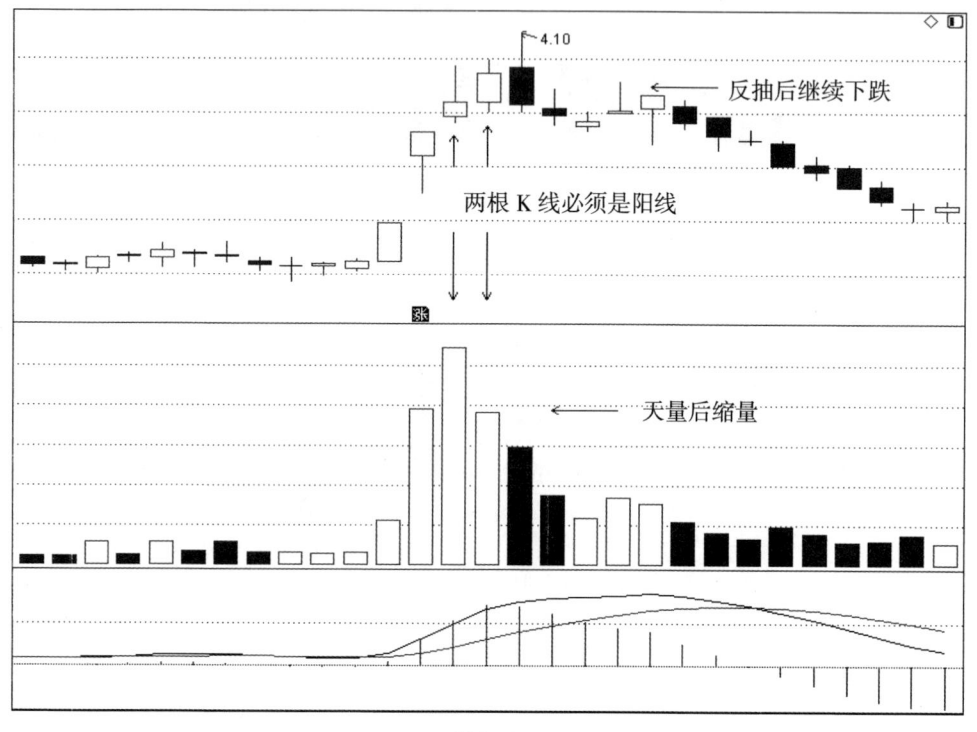

图2-8

任何见顶信号都有变异形态，天量确认形态也有一个变异形态。当天量确认形态出现以后，有的股票没有马上下跌，而是再次出现一根非涨停的阳线，这种形态叫天确延长形态，是天量确认的变异形态。其实，所有的见顶信号都有变异形态，继续往后阅读就知道了。

下面说几个天确延长形态的案例。

（九）楚天高速（600035），2023年5月5日，该股出现天量确认形态，次日股价不跌反涨，这就是天确延长形态，如图2-9所示。不要以为这样的形态不会跌，其实这是主力的诱多陷阱。该股出现天确形态后没有马上下跌，而是又拉出一根阳线，当投资者认为天量确认形态失效，而不采取卖出行动的时候，就会发现后面是让人绝望的绵绵阴跌。

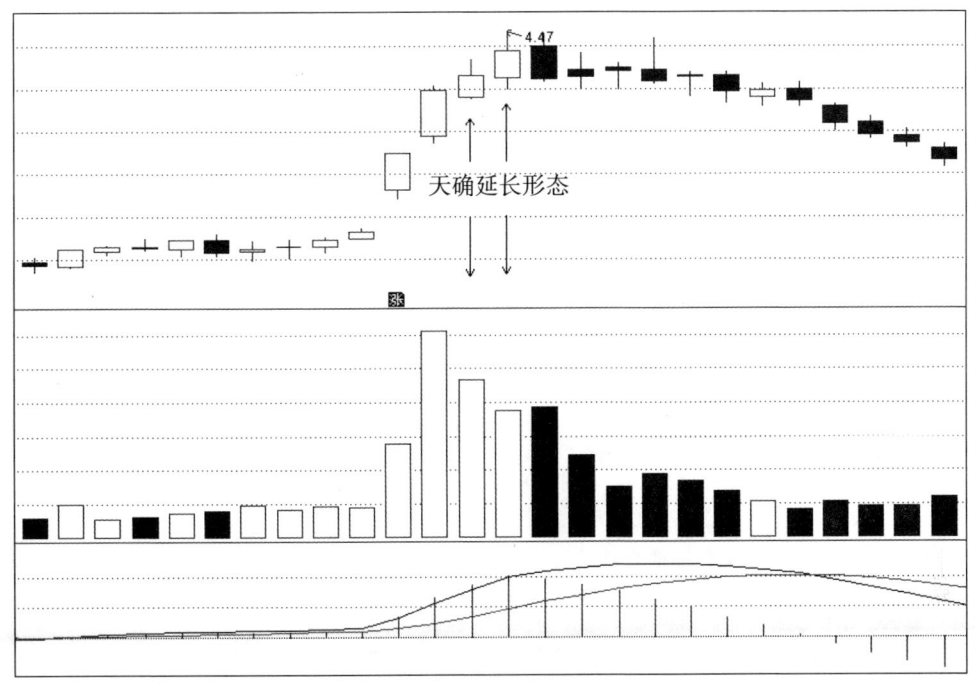

图2-9

（十）天康生物（002100），2023年4月4日，该股出现天量确认形态，但次日股价不跌反涨，这就是天确延长形态，如图2-10所示。随后出现连续杀跌，4根大阳线拉出的利润不久便化为乌有。

（十一）东方锆业（002167），2023年2月6日，该股出现天量确认形态，次日股价不跌反涨，这就是天确延长形态，如图2-11所示。随后就是熬死人的振荡阴跌，继续持股毫无意义。如果认识天确延长形态，这样的烦恼就与我们毫无关系。

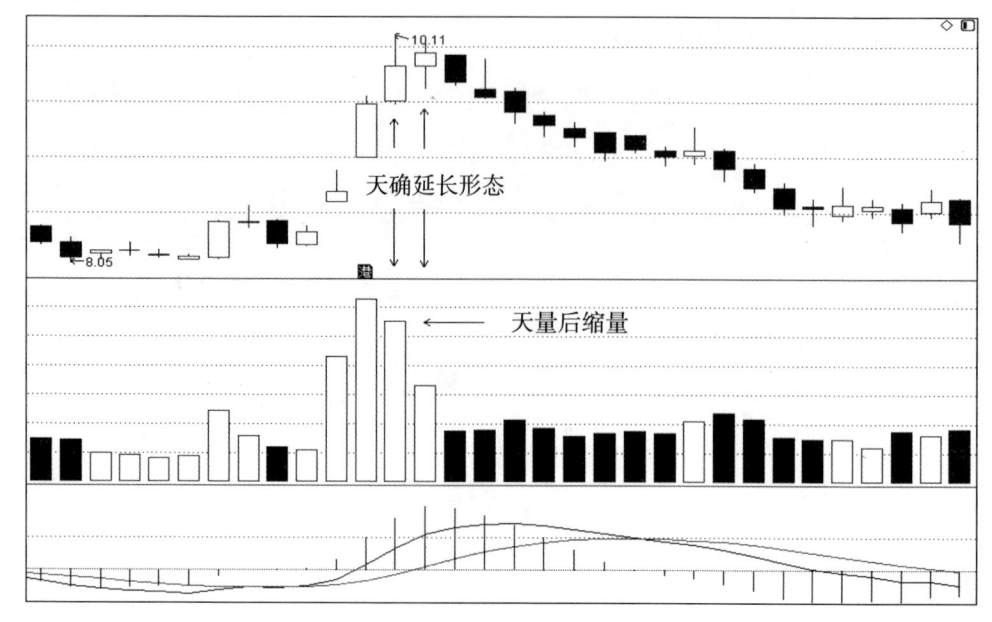

图2-10

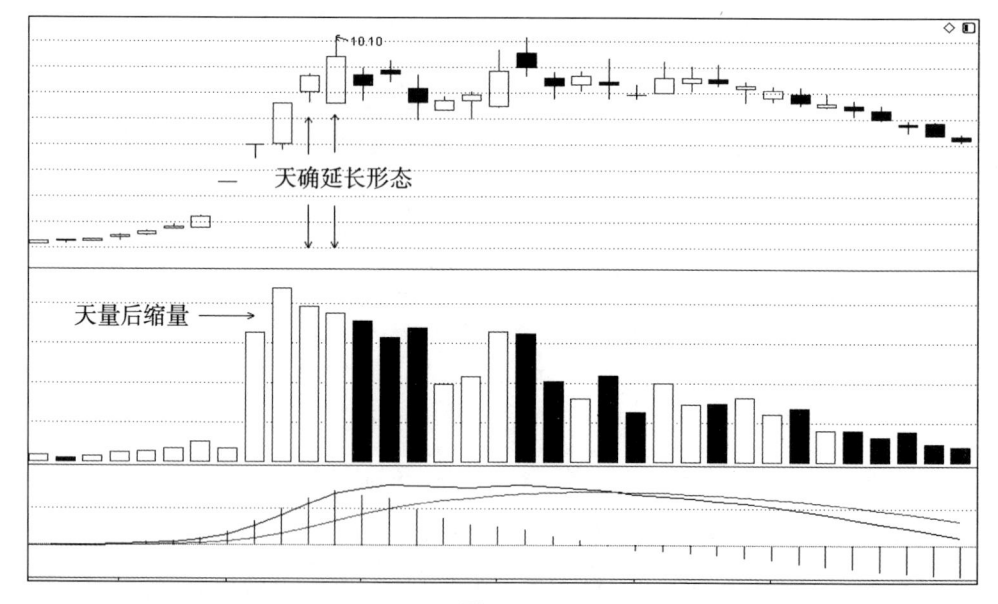

图2-11

总之，天量确认形态往往就是波段高点，成交量越大就越能确认。新手如果对天量没有明确的认识，这里不妨举个例子，比如在一大片六层高的楼房中，突然发现有一栋30层高的大厦，那么这个大厦就相当于天量。天量是与以前的成交量比较出来的，它没有固定的手数或者金额。死脑筋是炒不好股票的，要有形象思维，中国古人的思维大多数都是形象思维，炒股票更需要这种形象思维，而非精确的数学计算。

二、独立寒秋

独立寒秋是单根K线独立成为一个卖出信号，但是它需要与成交量配合。在一波上涨行情中，某日突然出现一根大幅向上跳空且高开低走的假阴线（假阴真阳），且整根K线（含上下影线）有明显的跳空缺口，有脱离行情独立存在的感觉，同时成交量巨大，也就是出现阶段性天量。这根K线看起来像飘浮在半空，脚不沾地。出现这个信号的当天，投资者要赶紧逃命，否则悔之晚矣。

下面介绍几个案例。

（一）嘉事堂（002462），在2022年12月5日，该股出现了一根向上跳空且高开低走的假阴线（假阴真阳），这根阴线就像飘浮在空中，下面对应的是阶段性天量，这就是独立寒秋，如图2-12所示。该股出现见顶信号后，次日大幅低开，且低开低走收跌停板，把散户套在高点后，又是一路绵绵阴跌。如果投资者认识这种见顶信号，就不会认为它次日会被大阳反包，而是赶紧逃命。

（二）华盛昌（002980），在2023年8月29日，该股出现了一根向上跳空且高开低走的假阴线（假阴真阳），这根阴线就像飘浮在空中，下面对应的是阶段性天量，这就是独立寒秋，如图2-13所示。该股出现见顶信号后，次日大幅向下跳空，且连续收阴，又是一次漂亮的A杀。随后的缓慢下跌把前面的利润全部吞掉。如果不卖在高点而是继续持股，很快就会一无所有。

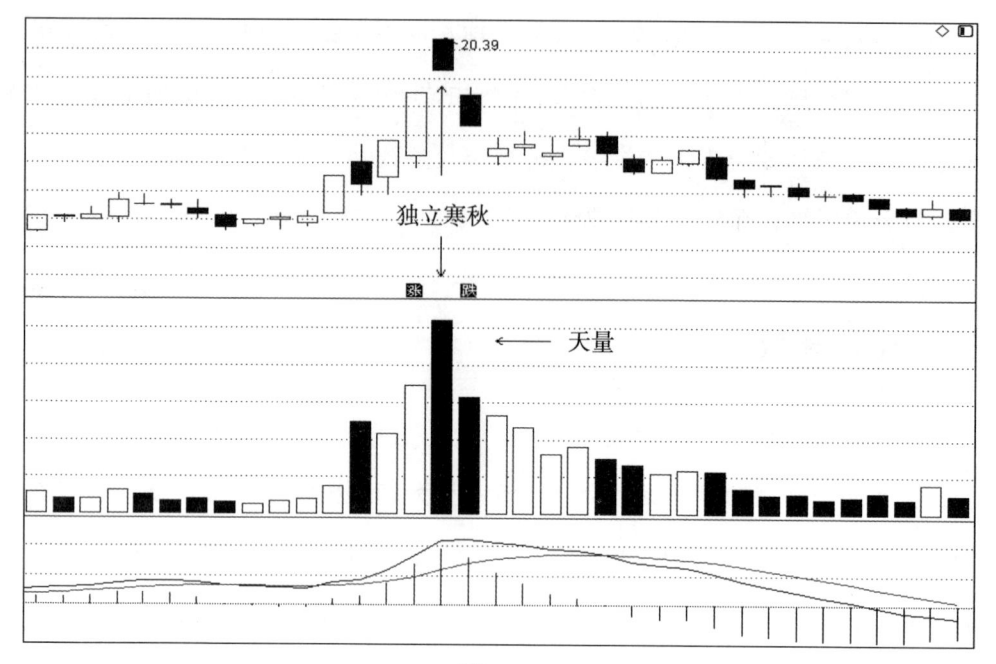

图2-12

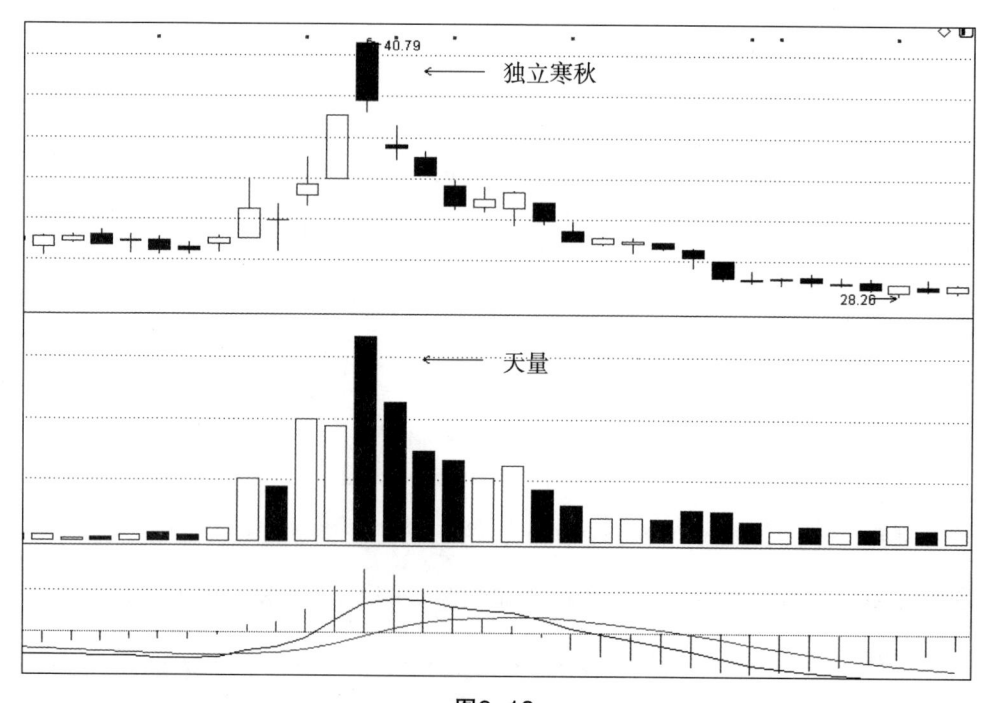

图2-13

（三）东江环保（002672），在2022年7月25日，该股出现了一根向上跳空且高开低走的假阴线（假阴真阳），这根阴线就像飘浮在空中，下面对应的是阶段性天量，这就是独立寒秋，如图2-14所示。该股出现见顶信号后，先是A杀，然后又慢慢缓跌。

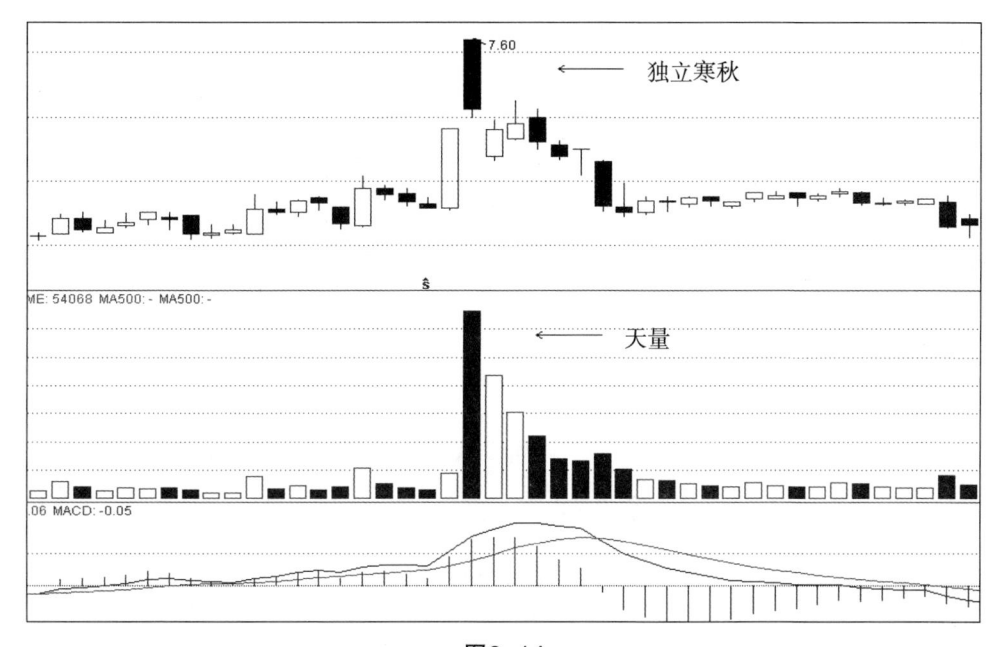

图2-14

（四）奥佳华（002614），在2022年12月29日，该股出现了一根向上跳空且高开低走的假阴线（假阴真阳），这根阴线就像飘浮在空中，下面对应的是阶段性天量，这就是独立寒秋，如图2-15所示。该股出现见顶信号后，次日大幅低开且收盘跌停，又是一次漂亮的A杀，成功套牢一大片。

（五）德联集团（002666），在2023年7月27日，该股出现了一根向上跳空且高开低走的假阴线（假阴真阳），这根阴线就像飘浮在空中，下面对应的是阶段性天量，这就是独立寒秋，如图2-16所示。该股出现见顶信号后，次日出现一根带长下影线的锤子线，当投资者以为这是止跌信号的时候，后面的走势会很快告诉你事实真相。

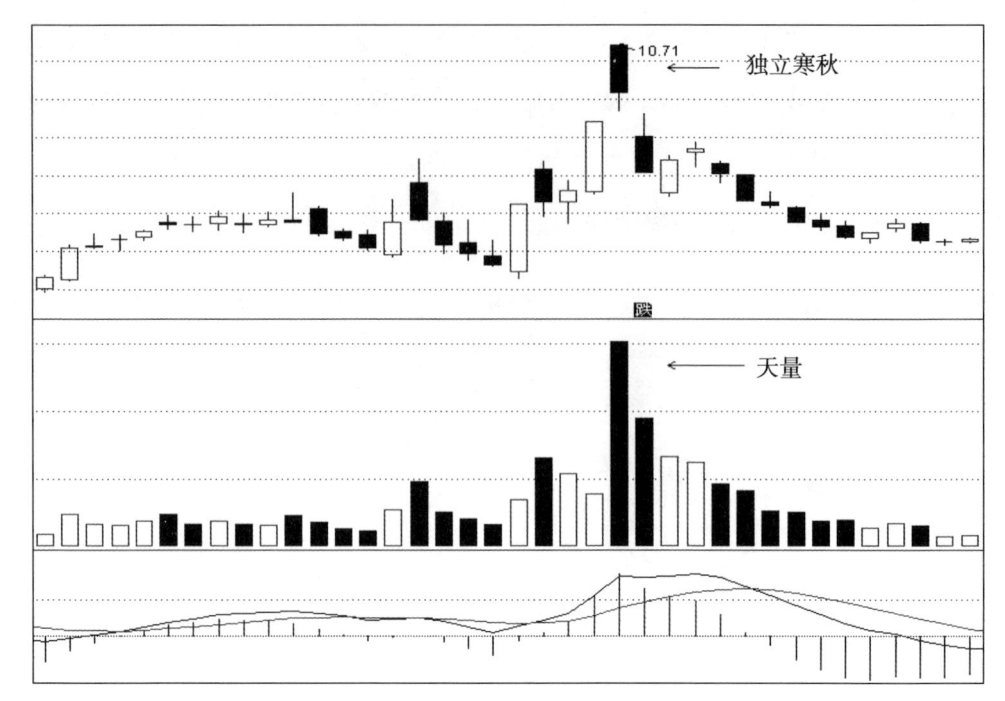

图2-15

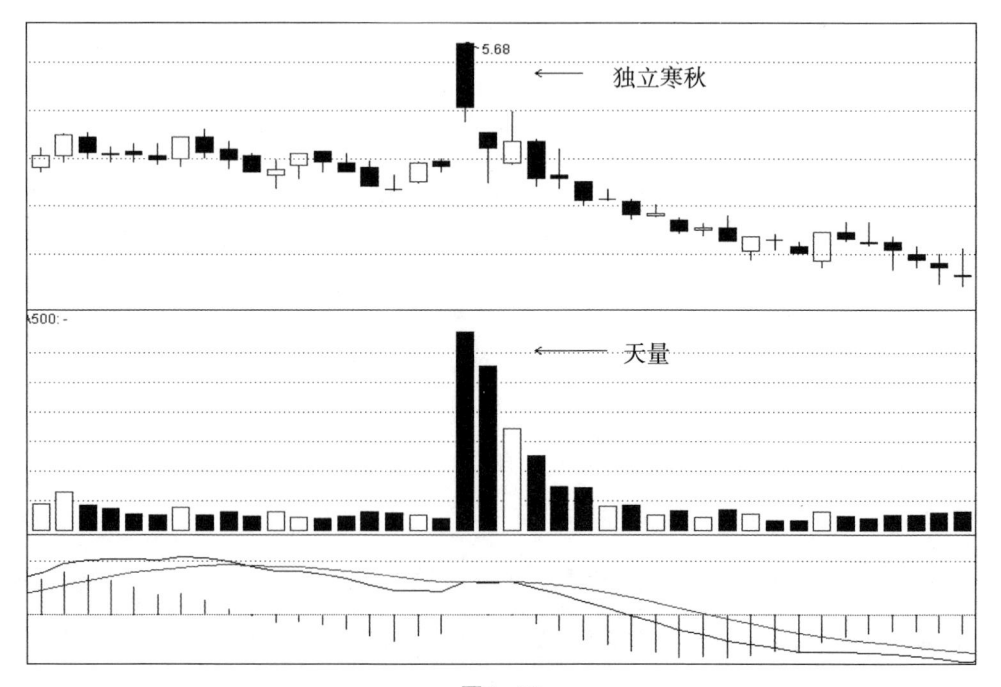

图2-16

上面几个案例都是标准的独立寒秋形态。但是前面说过，几乎任何信号都有变异形态，所以下面介绍几个不标准的变异形态。

第一种是下影线补了缺口的独立寒秋变异形态。它的特点是虽然实体仍然有跳空缺口，但是下影线伸入了前面K线实体之中。

（六）启迪药业（000590），在2024年1月8日，该股出现了一根向上跳空且高开低走的假阴线（假阴真阳），这根阴线就像飘浮在空中，但是下影线伸入了前面K线的实体之中，下面对应的是阶段性天量，这就是独立寒秋的变异形态，如图2-17所示。该股出现见顶信号后，先是A杀，后是振荡下跌，一直跌到你怀疑人生。

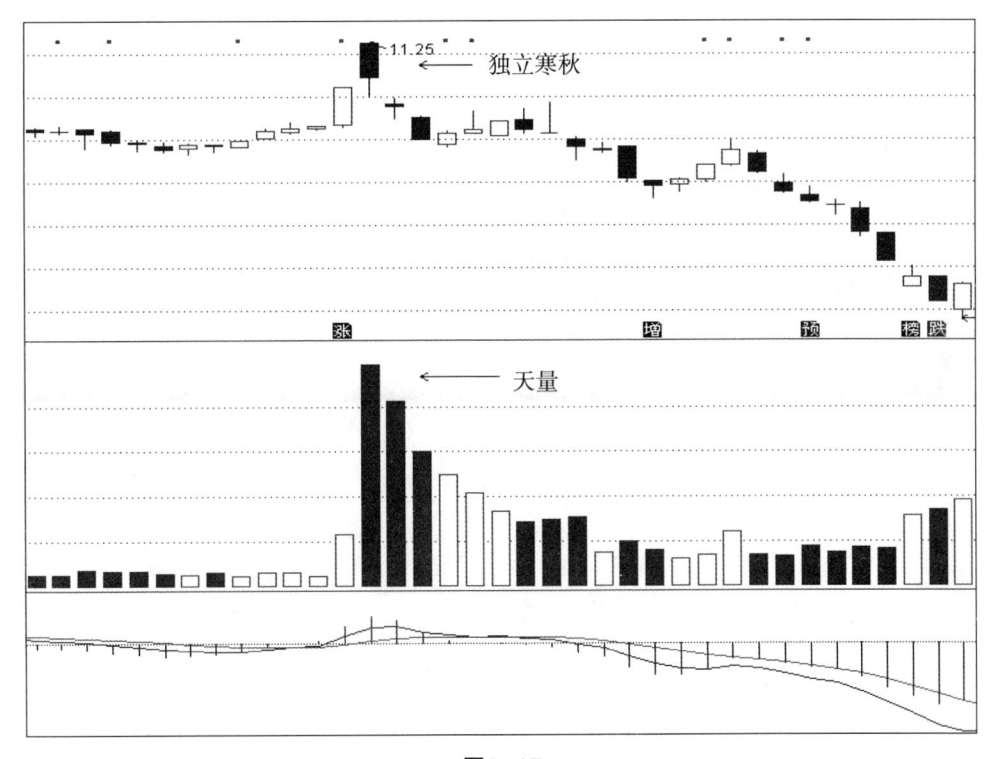

图2-17

（七）茂硕电源（002260），在2023年2月14日，该股出现了一根向上跳空且高开低走的假阴线（假阴真阳），这根阴线就像飘浮在空中，但是下影线伸入了前面K线的实体之中，下面对应的是阶段性天量，这就是独立寒秋的变异形态，如图2-18所示。该股出现见顶信号后，次日低开高走收大阳，当投资者以为没事了的时候，却不知道这只是回光返照，该股随后先是A杀，后面就是阴跌，就像把人套在这里慢慢割肉一样。

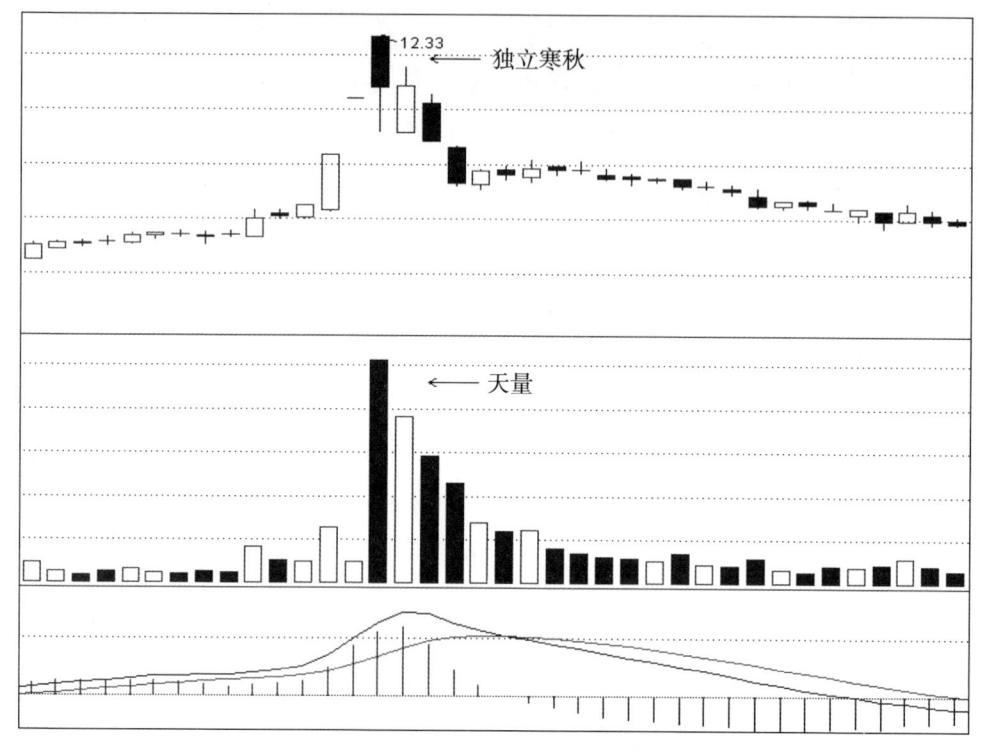

图2-18

（八）洪涛股份（002325），在2022年2月24日，该股出现了一根向上跳空且高开低走的假阴线（假阴真阳），这根阴线就像飘浮在空中，但是下影线却伸入了前面K线的实体之中，下面对应的是阶段性天量，这就是独立寒秋的变异形态，如图2-19所示。该股出现见顶信号后，次日大幅跳空低开低走，直接A杀，把跟风盘按在地板上摩擦。

上面说的用下影线补了缺口的也算是强势，还有更弱的，那就是第二种变异形态，用实体补了缺口的。下面介绍几个案例。

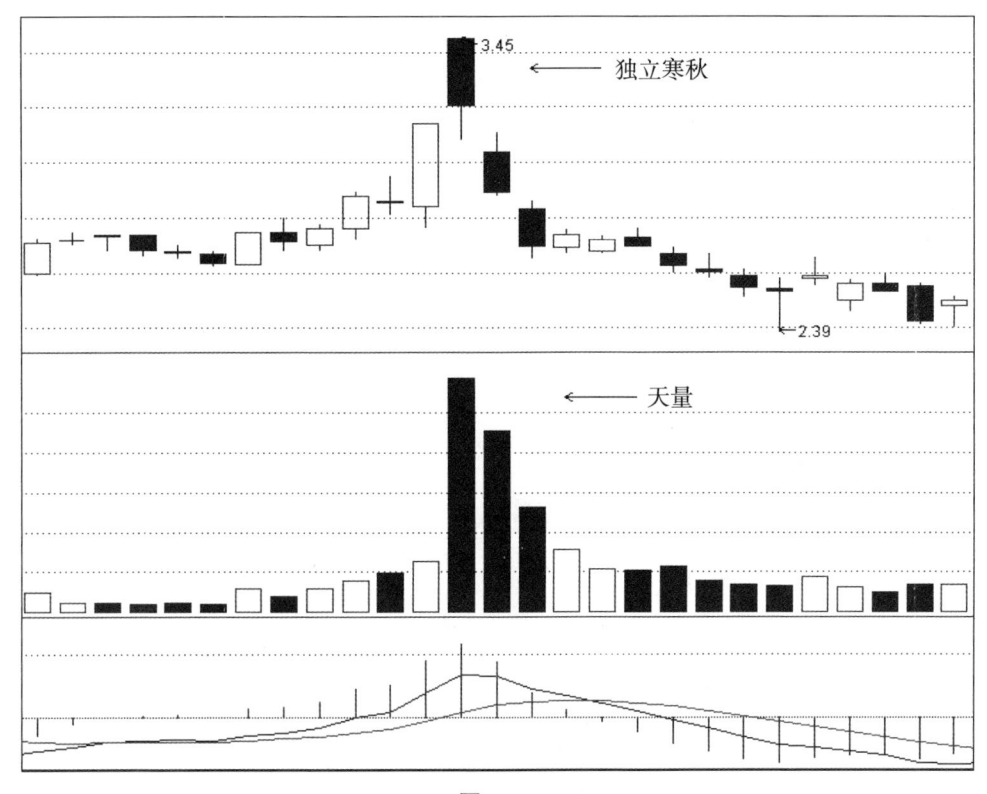

图2-19

（九）金陵药业（000919），在2023年12月14日，该股出现了一根跳空向上的高开低走的大阴线，这根阴线收盘价伸入了前面K线的实体之中，下面对应的是阶段性天量，这也是独立寒秋的变异形态，如图2-20所示。该股出现见顶信号后，直接就是破底A杀。

（十）浩物股份（000757），在2023年12月5日，该股出现了一根向上跳空的高开低走的大阴线，这根阴线收盘价伸入了前面K线的实体之中，下面对应的是阶段性天量，这就是独立寒秋的变异形态，如图2-21所示。该股出现见顶信号后，先A杀再缓跌，不给跟风盘一点高卖的机会。

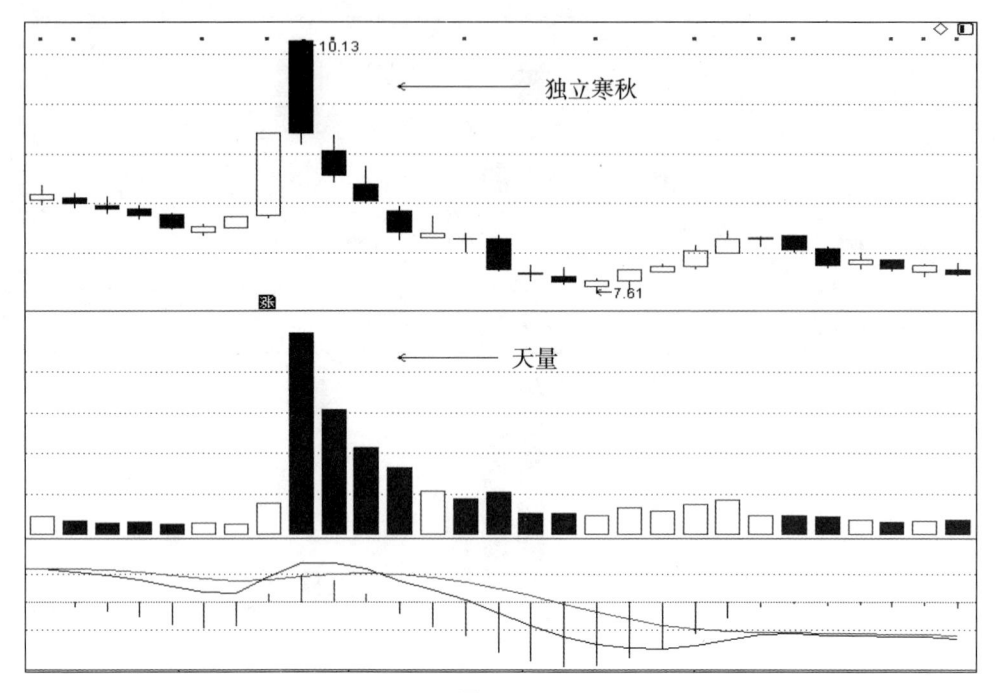

图2-20

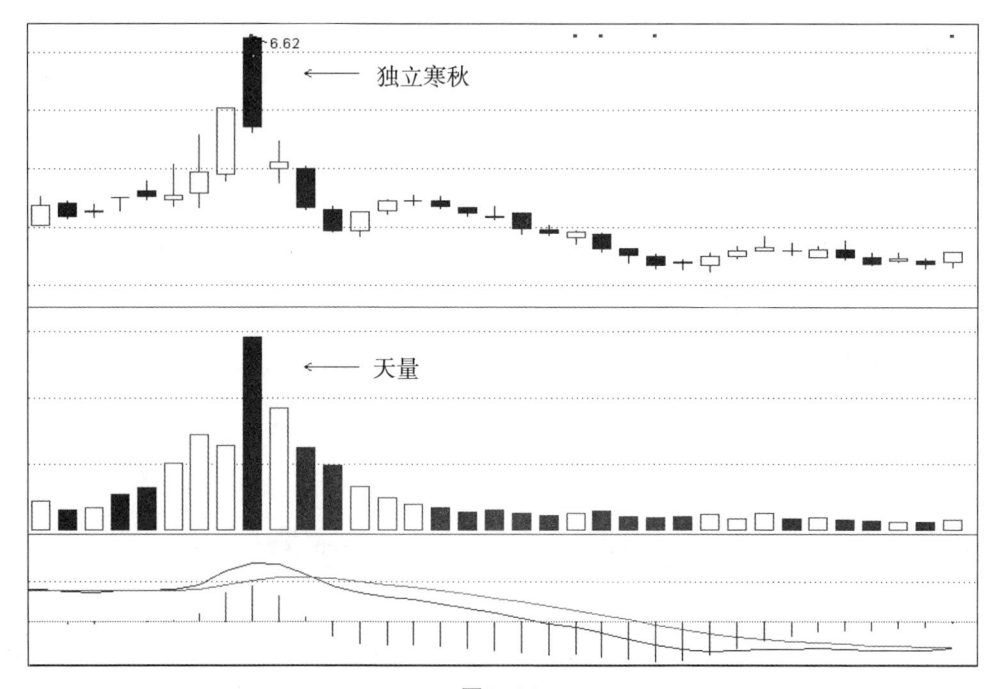

图2-21

（十一）圣阳股份（002580），在2023年10月30日，该股出现了一根跳空的高开低走的大阴线，这根阴线收盘价伸入了前面K线的实体之中，下面对应的是阶段性天量，这就是独立寒秋的变异形态，如图2-22所示。该股出现见顶信号后，次日大幅低开，完成A杀。市场如此残酷，不多学点真本事可真不行。

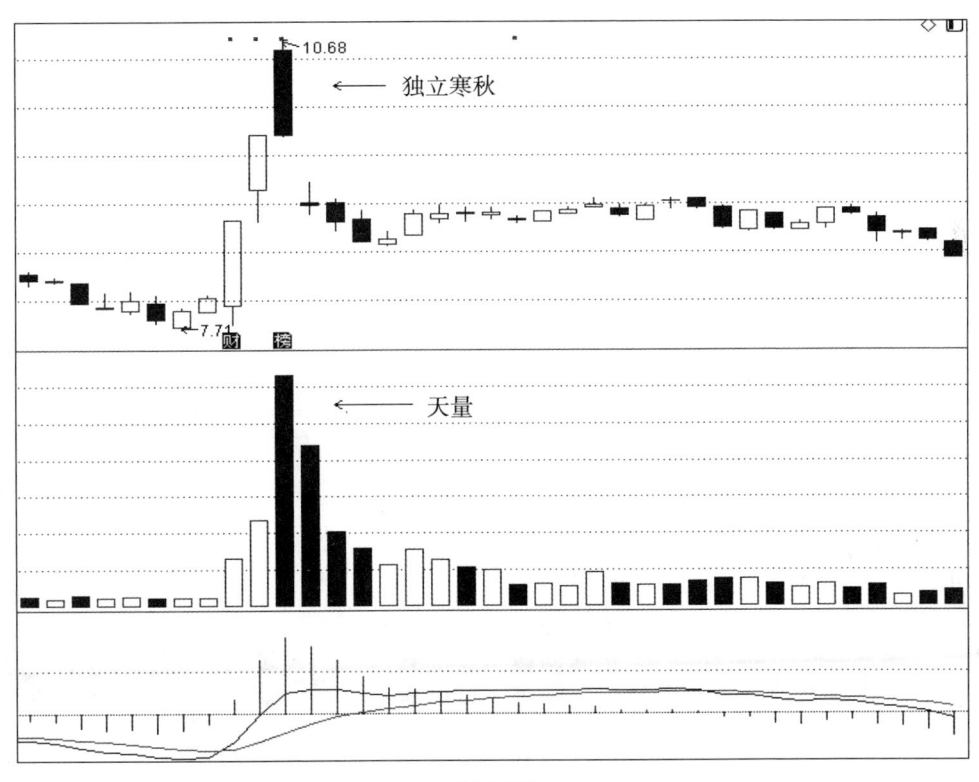

图2-22

三、夺命螺旋

夺命螺旋也是一个由形象而命名的见顶信号，顾名思义该信号就像直升机上旋转的螺旋桨，如果谁被碰到，很可能就会一刀两断。夺命螺旋是由一根K线独立而成的，它带有较长的上下影线，且上下影线的长短差不多，不过它必须要与成交量配合，也就是出现夺命螺旋时，必须同时出现天量。标准的夺命螺旋，K线实体要有向上跳空缺口。

下面介绍几个标准夺命螺旋见顶信号的案例。

（一）史丹利（002588），该股在2023年8月2日出现了一根跳空向上的、带有长上下影线的假阴线（假阴真阳），假阴线实体与前一个交易日的K线有一个明显的缺口，下面对应着阶段性天量，这就是标准的夺命螺旋见顶信号，如图2-23所示。该股出现见顶信号后，一路振荡下跌。

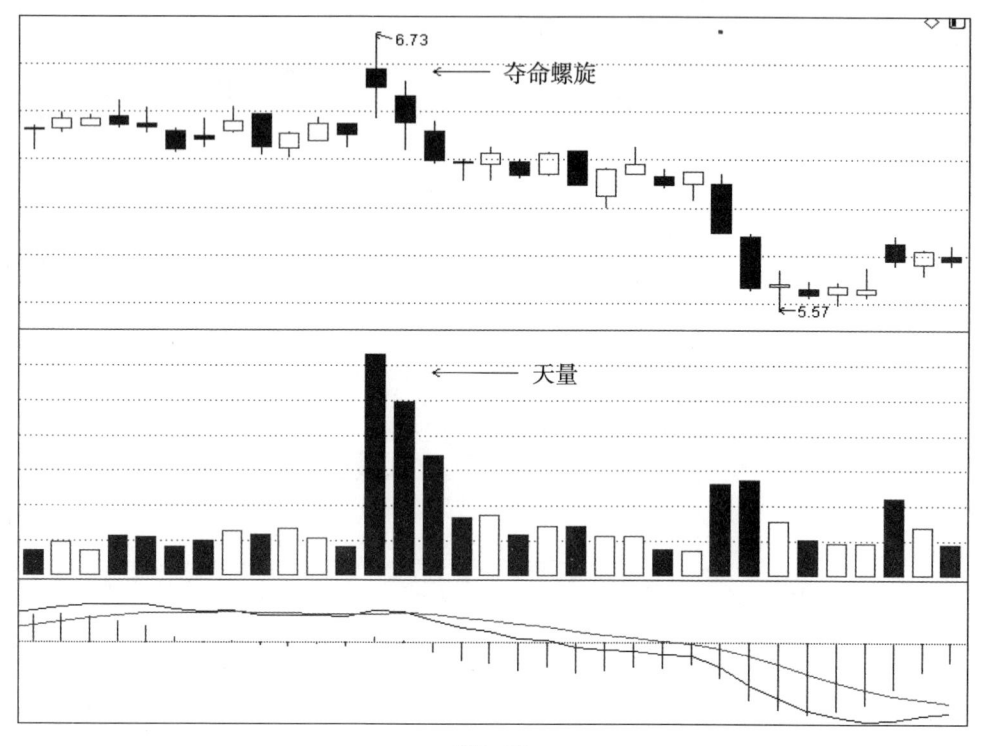

图2-23

（二）芯瑞达（002983），该股在2023年11月20日出现了一根跳空向上的、带有长上下影线的假阴线（假阴真阳），假阴线实体与前一个交易日的K线有一个明显的缺口，下面对应着阶段性天量，这就是标准的夺命螺旋见顶信号，如图2-24所示。该股出现见顶信号后，一路振荡下跌。

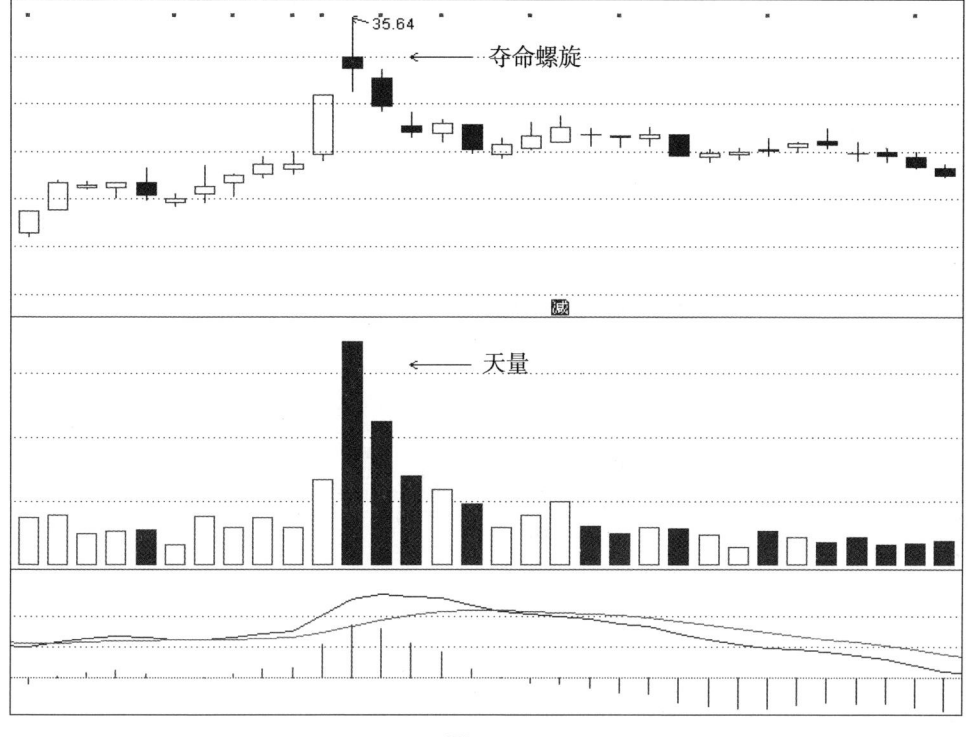

图2-24

（三）润贝航科（001316），该股在2023年5月30日出现了一根跳空向上的、带有长上下影线的假阴线（假阴真阳），假阴线实体与前一个交易日的K线有一个明显的缺口，下面对应着阶段性天量，这就是标准的夺命螺旋见顶信号，如图2-25所示。该股出现见顶信号后，一路振荡下跌。

前面介绍过，几乎任何一种见顶信号都有变异形态，该信号也不例外。下面介绍几个没有留下跳空缺口的夺命螺旋变异形态。

（四）弘宇股份（002890），该股在2023年12月21日出现了一根带有长上下影线的天量阴线，阴线实体侵入前一个交易日的K线实体，这就是夺命螺旋的变异形态，如图2-26所示。该股出现见顶信号后，不久假意反弹一下，然后又是一路振荡下跌。

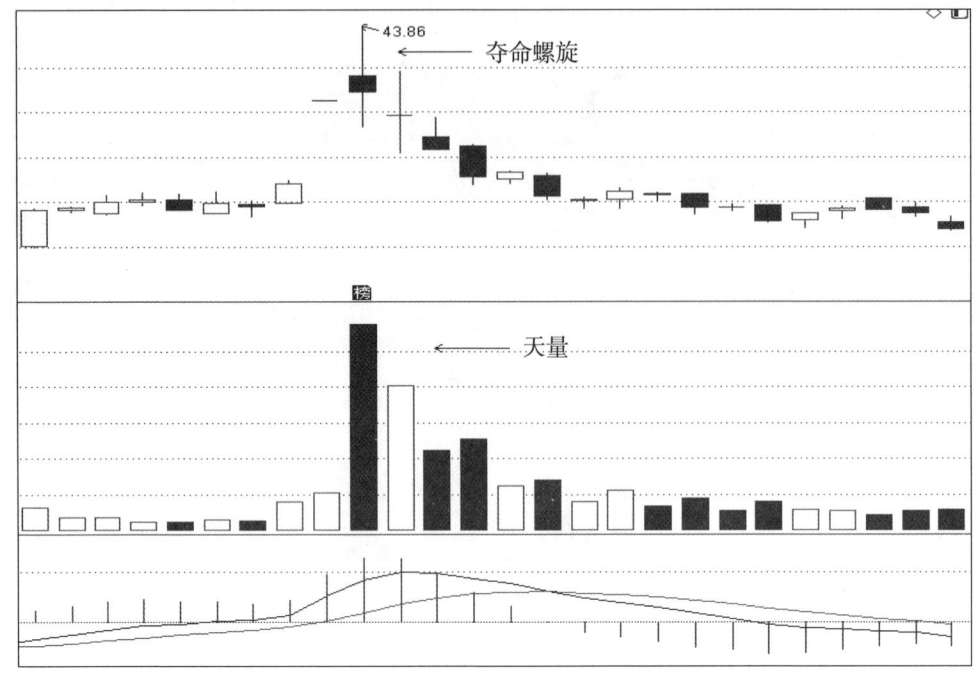

图2-25

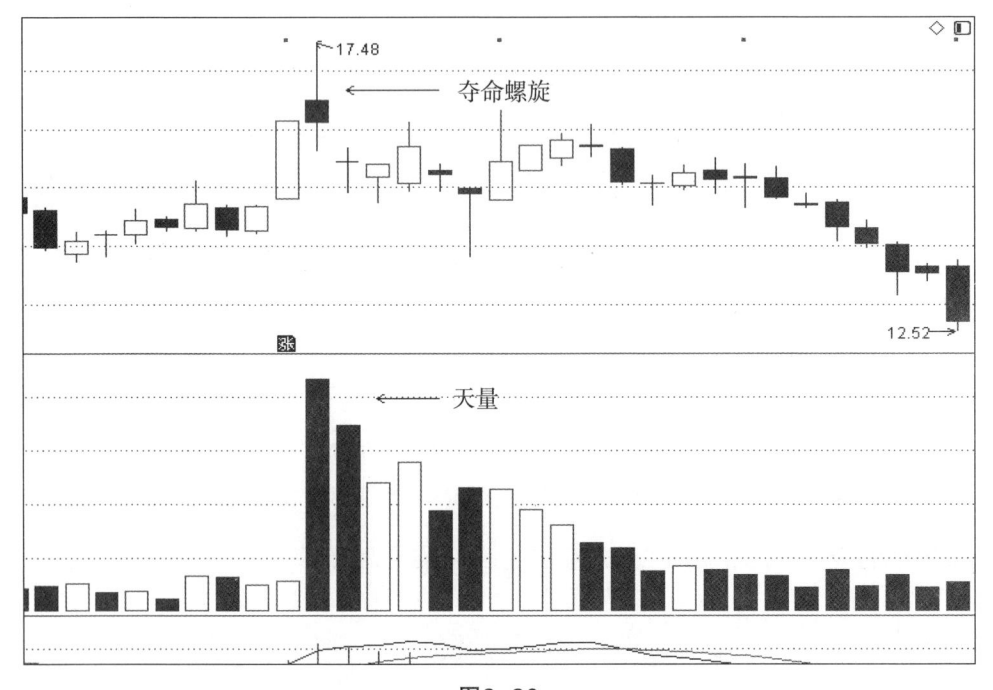

图2-26

（五）锋龙股份（002931），该股在2022年8月10日出现了一根带有长上下影线的天量阴线，阴线实体侵入前一个交易日的K线实体，这就是夺命螺旋的变异形态，如图2-27所示。该股出现见顶信号后，一路振荡下跌。

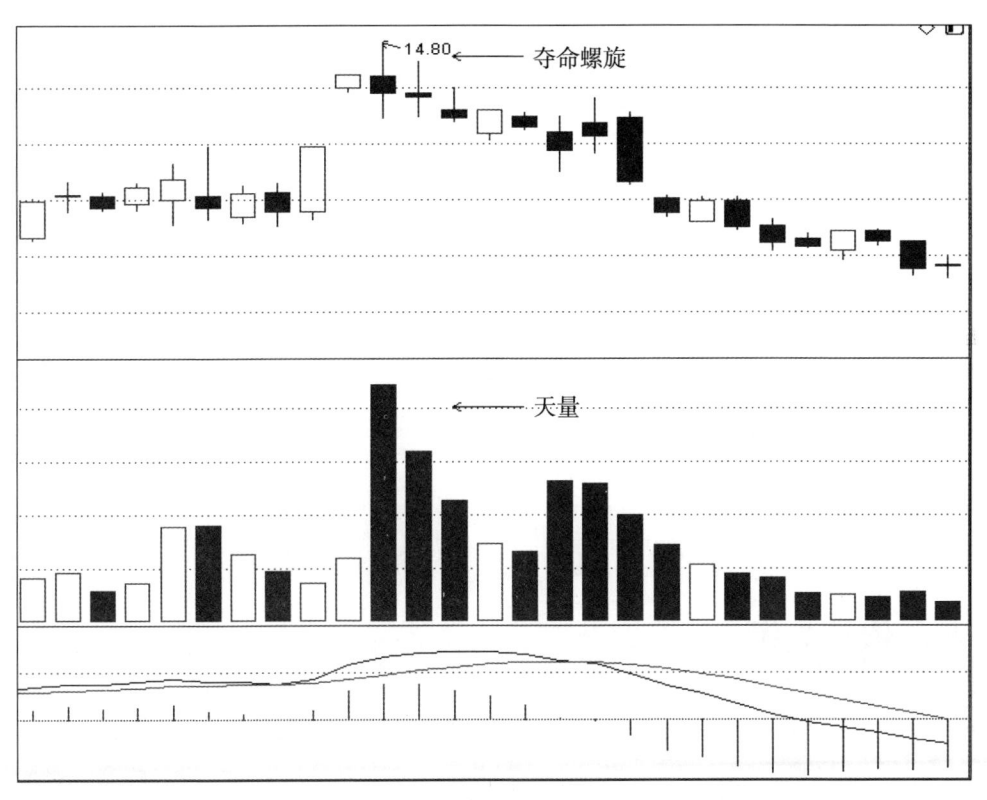

图2-27

（六）威尔泰（002058），该股在2023年11月29日出现了一根带有长上下影线的天量阴线，阴线实体侵入前一个交易日的K线实体，这就是夺命螺旋的变异形态，如图2-28所示。该股出现见顶信号后，一路振荡下跌。

上面三个变异信号，虽然没有跳空缺口，但是威力一点不减。

出现夺命螺旋之后，当天必须卖出股票，它都来夺命了，还敢观望吗？

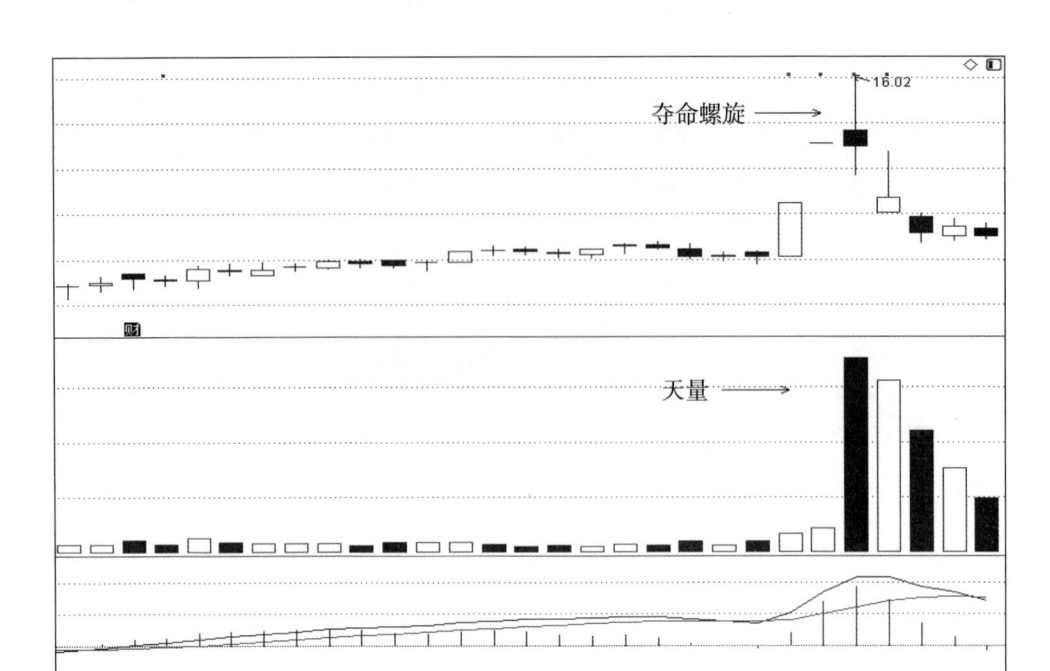

图2-28

四、雷神之锤

雷神之锤也是一个由形象而命名的见顶信号，顾名思义这个信号就像一把锤子，不过这把锤子必须同时伴随天量，这样才能产生摧枯拉朽的威力，标准的雷神之锤，K线实体与前面一根K线实体之间应该是有跳空缺口的。雷神之锤包括标准锤子线、涨停锤子线和倒锤子线。

下面先介绍几个标准锤子线的案例。

（一）北部湾港（000582），2022年4月13日，该股出现一根跳空高开的锤子线，实体与前一交易日的阳线有一定的缺口，同时伴随阶段性天量，这就是雷神之锤，如图2-29所示。该股出现见顶信号后，连续两天一字板跌停，如果投资者不认识这种信号，或者认识但是不相信的话，就会被主力毒打。

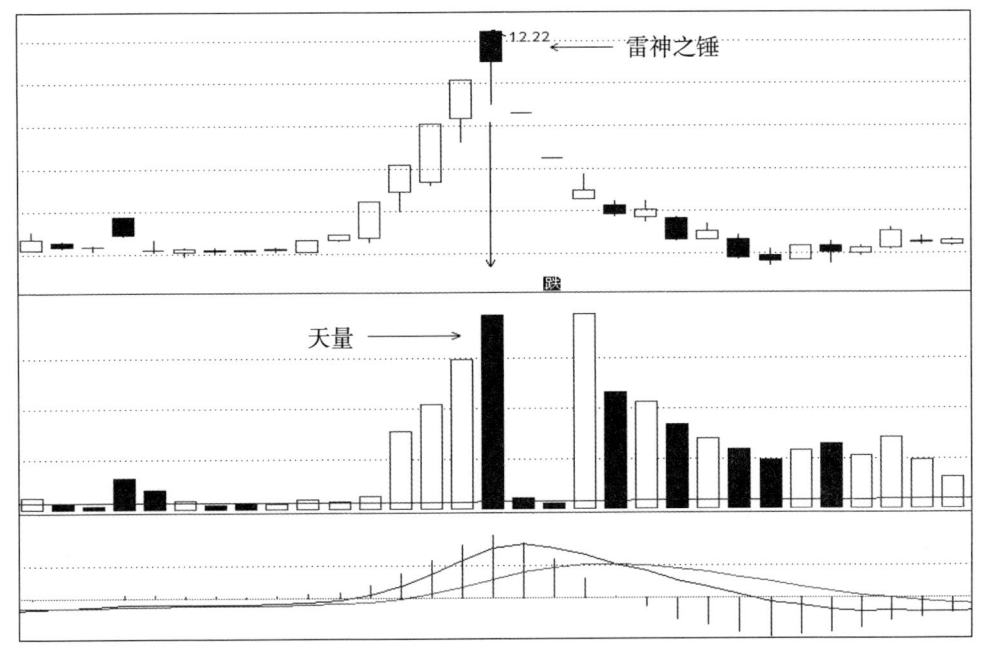

图2-29

（二）集泰股份（002909），2022年6月29日，该股出现一根跳空高开的锤子线，实体与前一交易日的阳线有一定的缺口，同时伴随阶段性天量，这就是雷神之锤，如图2-30所示。该股出现见顶信号后，连续三天跌停，随后继续振荡下跌。

（三）德龙汇能（000593），2022年8月29日，该股出现一根跳空高开的锤子线，实体与前一交易日的阳线有一定的缺口，同时伴随阶段性天量，这就是雷神之锤，如图2-31所示。该股出现见顶信号后，连续四天跌停。

（四）宇晶股份（002943），2021年1月22日，该股出现一根跳空高开的锤子线，实体与前一交易日的阳线有一定的缺口，同时伴随阶段性天量，这就是雷神之锤，如图2-32所示。该股出现见顶信号后，连续三天跌停，随后继续振荡下跌。

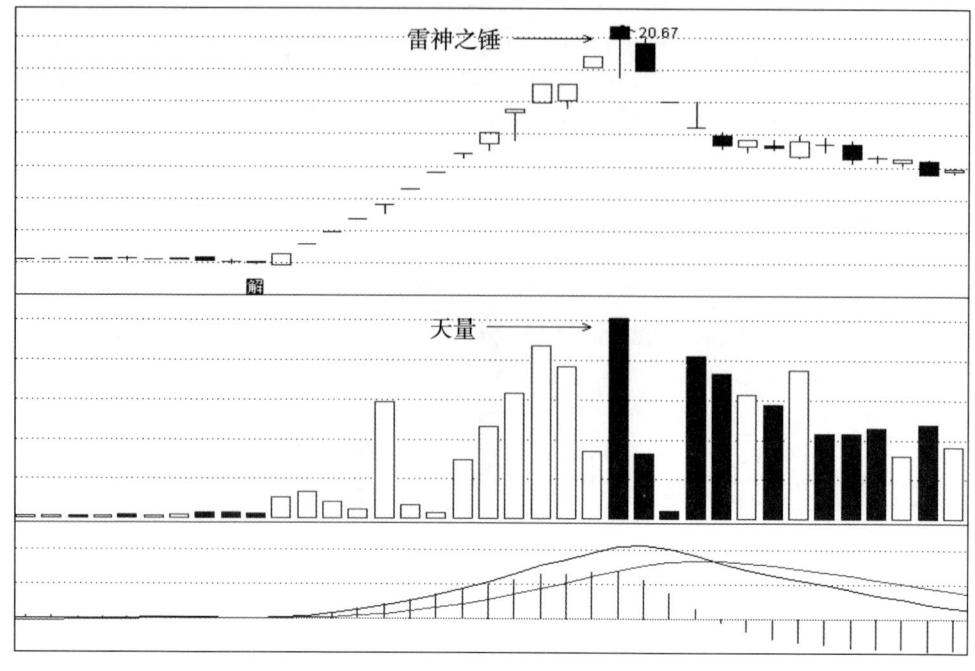

图2-30

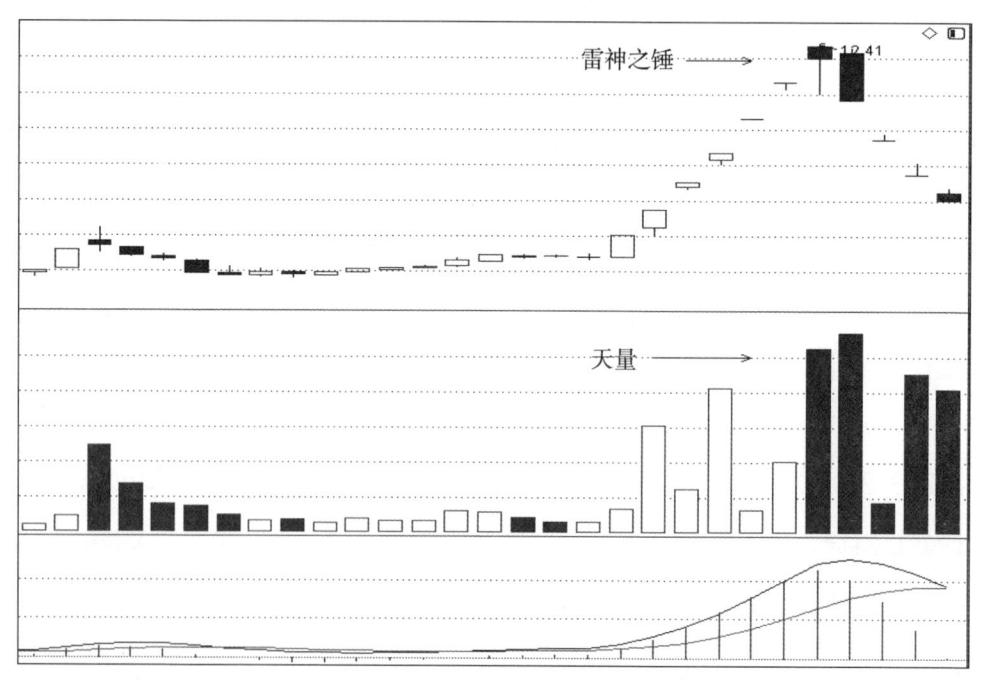

图2-31

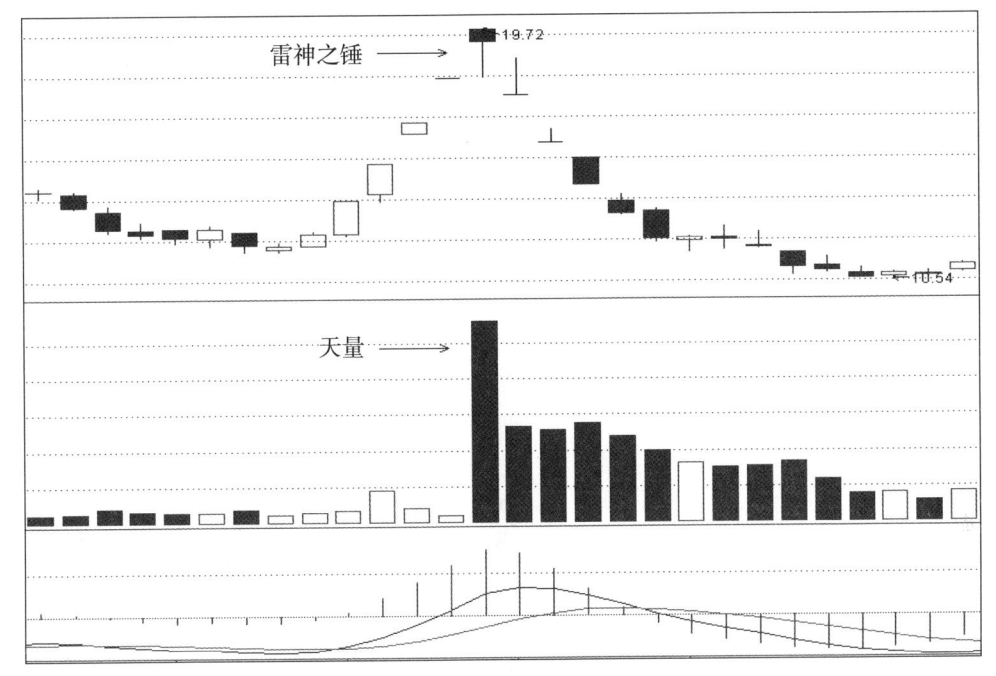

图2-32

大家看的这几个案例，都是出现见顶信号后连续跌停，这就是雷神之锤的威力，它不是一般的凶猛，见到它后一定要快速规避。

下面介绍几个涨停锤子线的案例。这种锤子线带有一定的欺骗性。应该从成交量的大小和封板质量去分析上涨是否还能延续。

（五）顺博合金（002996），2021年3月23日，该股出现一根跳空高开的锤子线，实体与前一交易日的阳线有一定的缺口，同时伴随阶段性天量，而且涨停，这就是雷神之锤中的涨停锤子线。虽然是涨停板，但它在分时图上是一个烂板，尾盘才封上涨停，同时伴随着天量，这就是出货板，如图2-33所示。该股出现见顶信号后，连续两天跌停，随后继续振荡下跌。

（六）广博股份（002103），2022年11月22日，该股出现一根跳空高开的锤子线，实体与前一交易日的阳线有一定的缺口，同时伴随阶段性天量，而且涨停，这就是雷神之锤中的涨停锤子线。虽然是涨停板，但它在分时图上是一个烂板，尾盘才封上涨停，同时伴随着天量，这就是出货板，如

图2-34所示。该股出现见顶信号后，连续A杀。

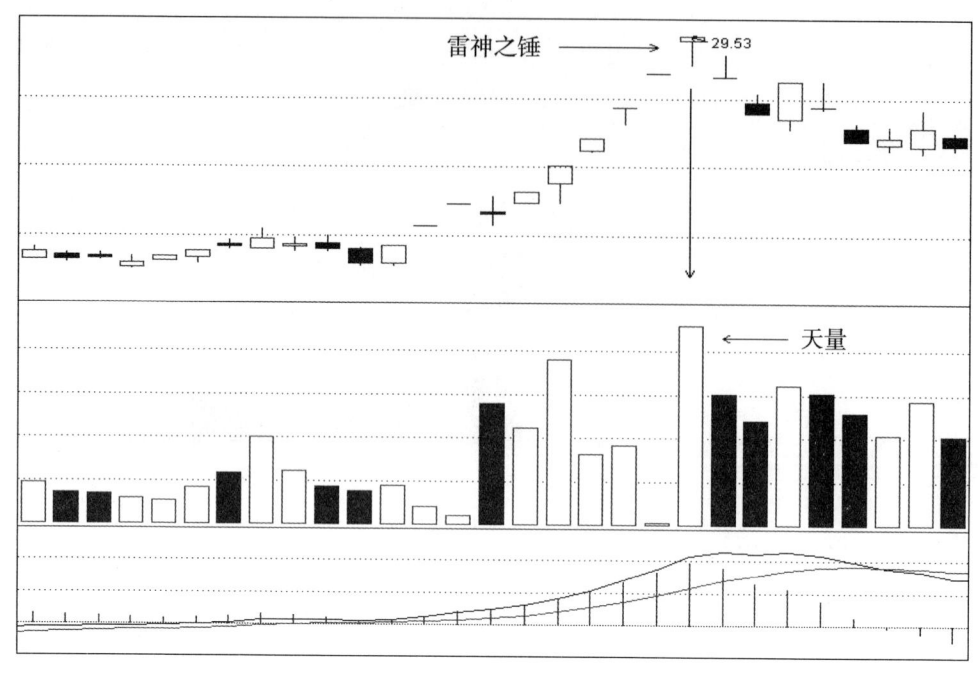

图2-33

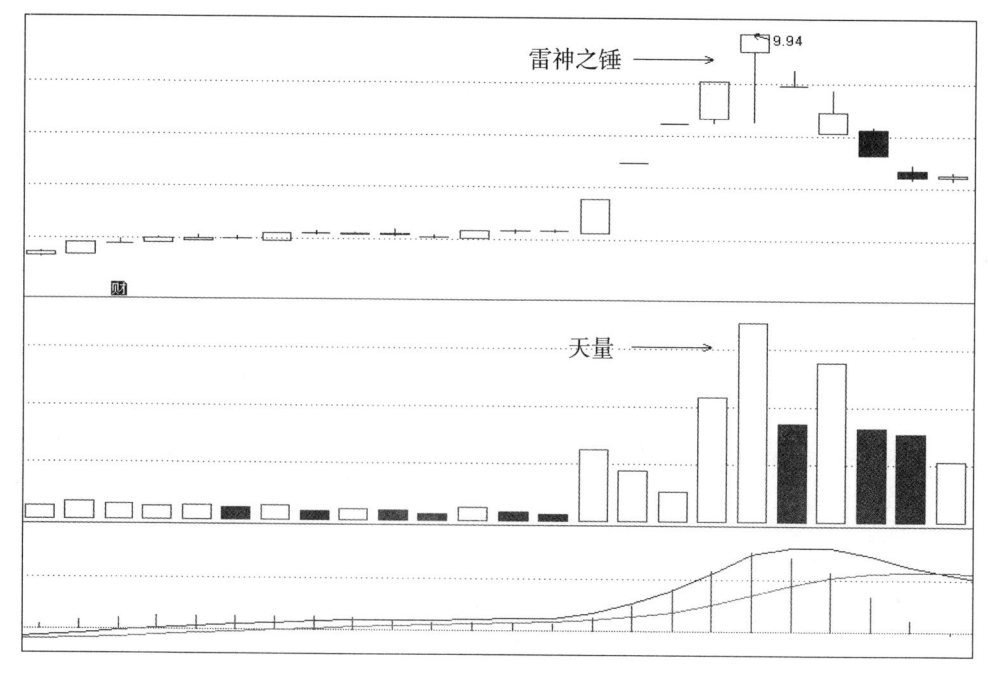

图2-34

（七）深华发A（000020），2024年1月26日，该股出现一根跳空高开的锤子线，实体与前一交易日的阳线有一定的缺口，同时伴随阶段性天量，而且涨停，这就是雷神之锤中的涨停锤子线。虽然是涨停板，但它在分时图上是一个烂板，尾盘才封上涨停，同时伴随着天量，这就是出货板，如图2-35所示。该股出现见顶信号后，连续四天跌停，随后继续振荡下跌。

以上介绍的都是锤子线，下面再说几个倒锤子线的案例。不管锤头方向如何，它都是锤子线，市场意义是一样的。

（八）国海证券（000750），2023年7月31日，该股出现一根跳空高开的倒锤子线，实体与前一交易日的阳线有一定的缺口，同时伴随阶段性天量，这就是雷神之锤，如图2-36所示。该股出现见顶信号后，振荡下跌。

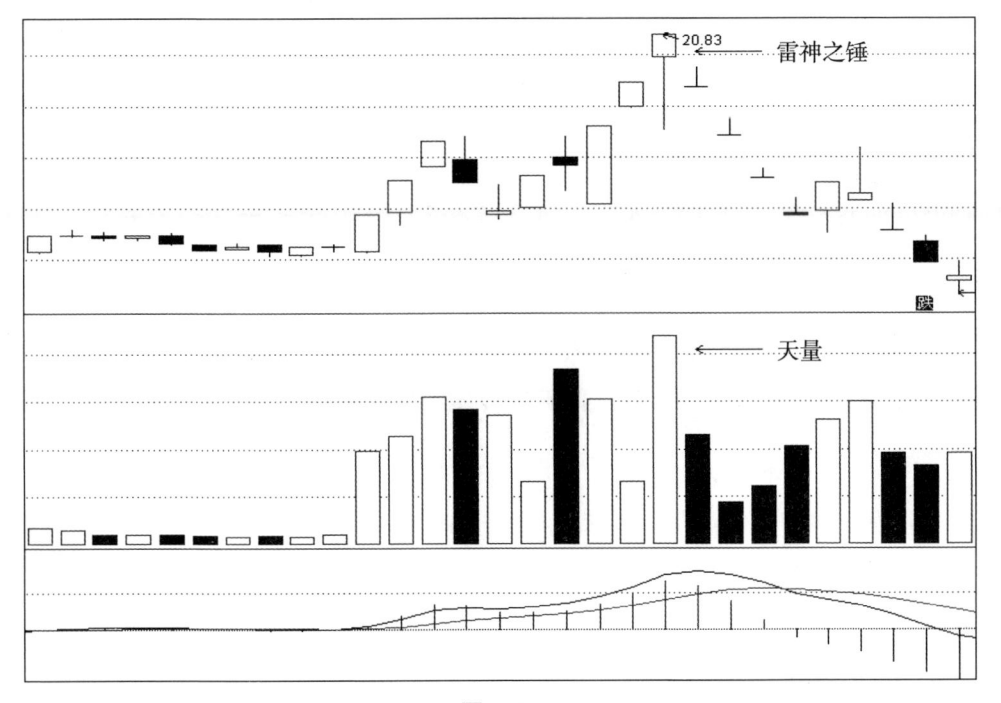

图2-35

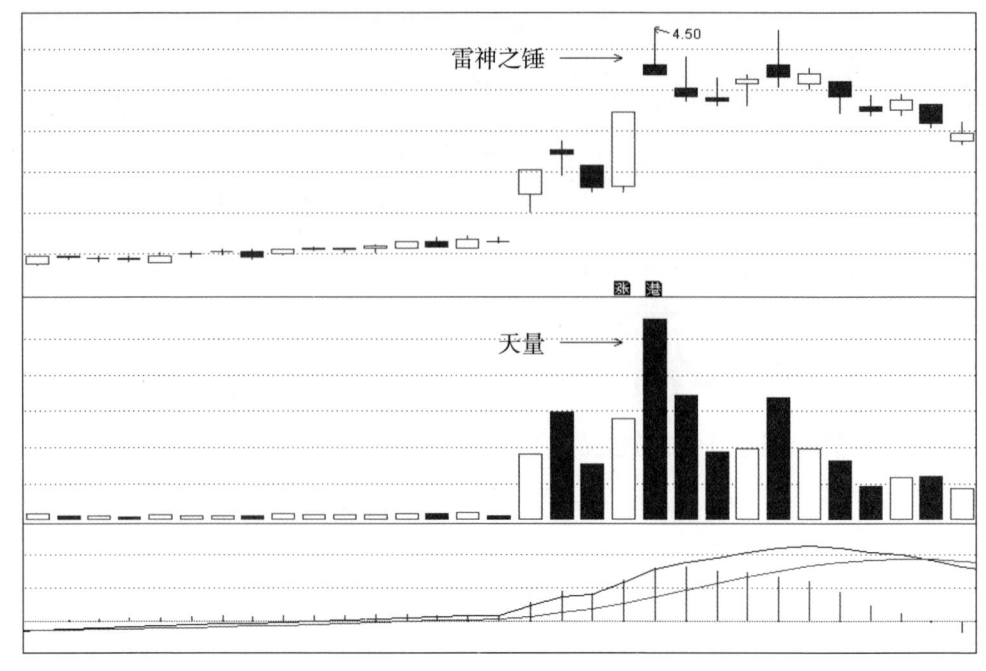

图2-36

（九）红墙股份（002809），2022年9月7日，该股出现一根跳空高开的倒锤子线，实体与前一交易日的阳线有一定的缺口，同时伴随阶段性天量，这就是雷神之锤，如图2-37所示。该股出现见顶信号后，先是A杀，随后继续振荡下跌。

（十）奥美医疗（002950），2022年12月12日，该股出现一根跳空高开的倒锤子线，实体与前一交易日的阳线有一定的缺口，同时伴随阶段性天量，这就是雷神之锤，如图2-38所示。该股出现见顶信号后，先是A杀，随后继续振荡下跌。

倒锤子线的威力虽然不如之前的两种锤子线那么暴力，但同样也是波段见顶信号。

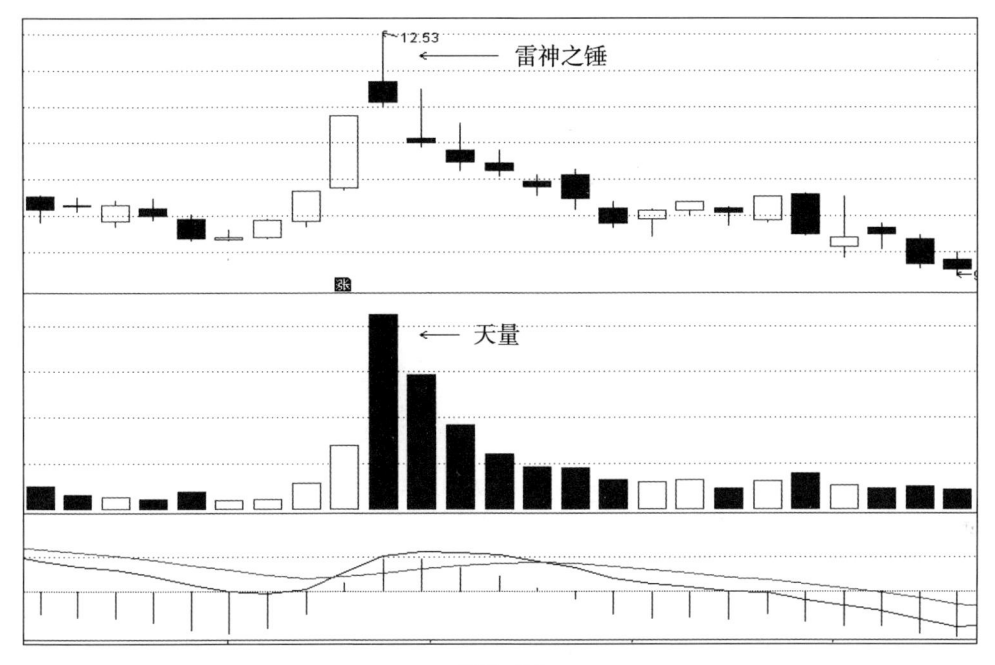

图2-37

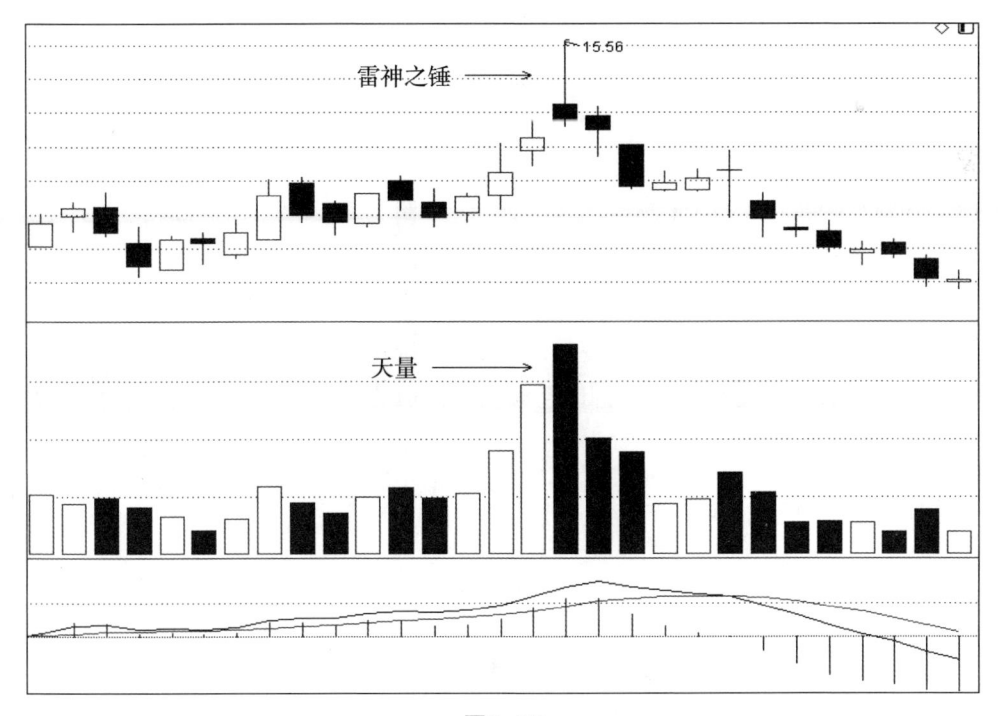

图2-38

五、索命十字

标准的索命十字,就像一个十字架或十字星,实体很小,但上下影线很长,上下影线的长度差不多。在上涨波段,如果某日出现这种跳空向上的大十字架,同时伴随着阶段性天量,那么这种信号就叫索命十字。它也是波段见顶信号之一。

下面看几个标准的索命十字,上下影线几乎等长的案例。

(一)华锋股份(002806),2023年2月8日,该股出现一根跳空的大十字星K线,同时伴随着阶段性天量,这种信号就是索命十字,如图2-39所示。该股出现见顶信号后,先是跌停A杀,随后继续振荡下跌。

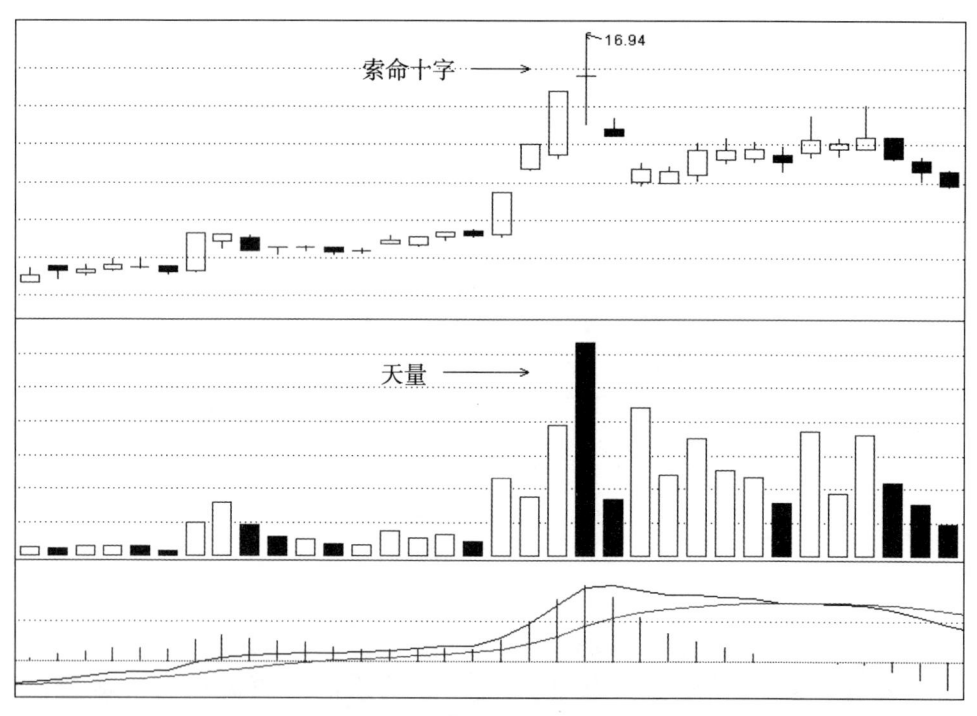

图2-39

(二)哈尔斯(002615),2023年2月8日,该股出现一根跳空的大十字星K线,同时伴随着阶段性天量,这种信号就是索命十字,如图2-40所示。该股出现见顶信号后，一路振荡下跌。

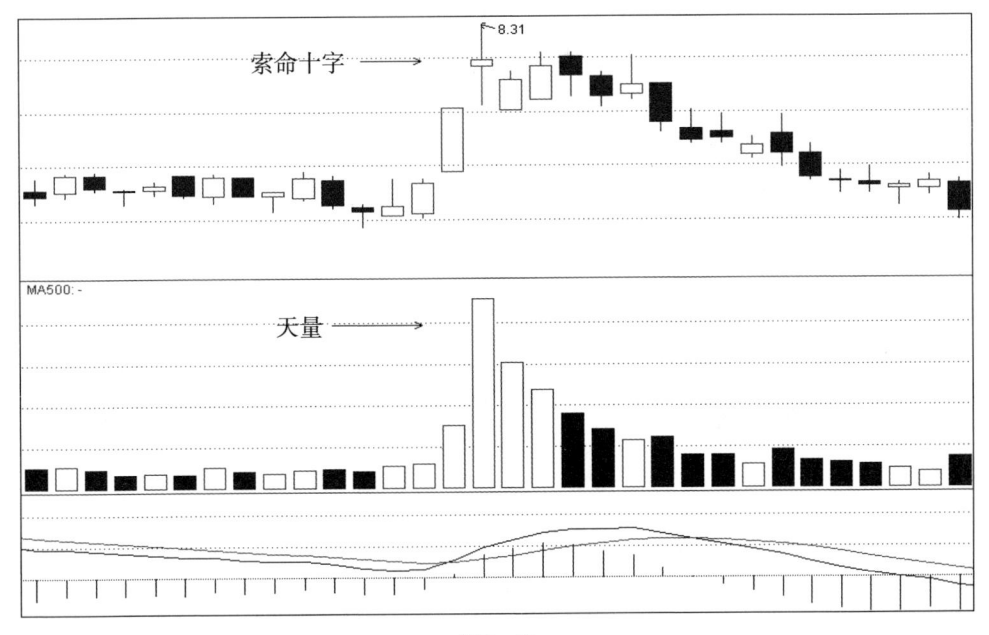

图2-40

（三）华天科技（002185），2020年7月14日，该股出现一根跳空的大十字星K线，同时伴随着阶段性天量，这种信号就是索命十字，如图2-41所示。该股出现见顶信号后，先是大阴线加跌停A杀，随后继续振荡下跌。

（四）一彬科技（001278），2023年3月13日，该股出现一根跳空的大十字星K线，同时伴随着阶段性天量，这种信号就是索命十字，如图2-42所示。该股出现见顶信号后，先是跌停A杀，随后继续振荡下跌。

如前所说，每一种见顶信号都有变异形态，下面看几个长上影线的索命十字变异形态，也就是上影线明显比下影线更长的十字。

（五）中钢国际（000928），2023年5月9日，该股出现一根跳空的长上影线十字星，同时伴随着阶段性天量，这种信号是索命十字的变异形态之一，如图2-43所示。该股出现见顶信号后，一路A杀，不给跟风盘任何反弹出局的机会。

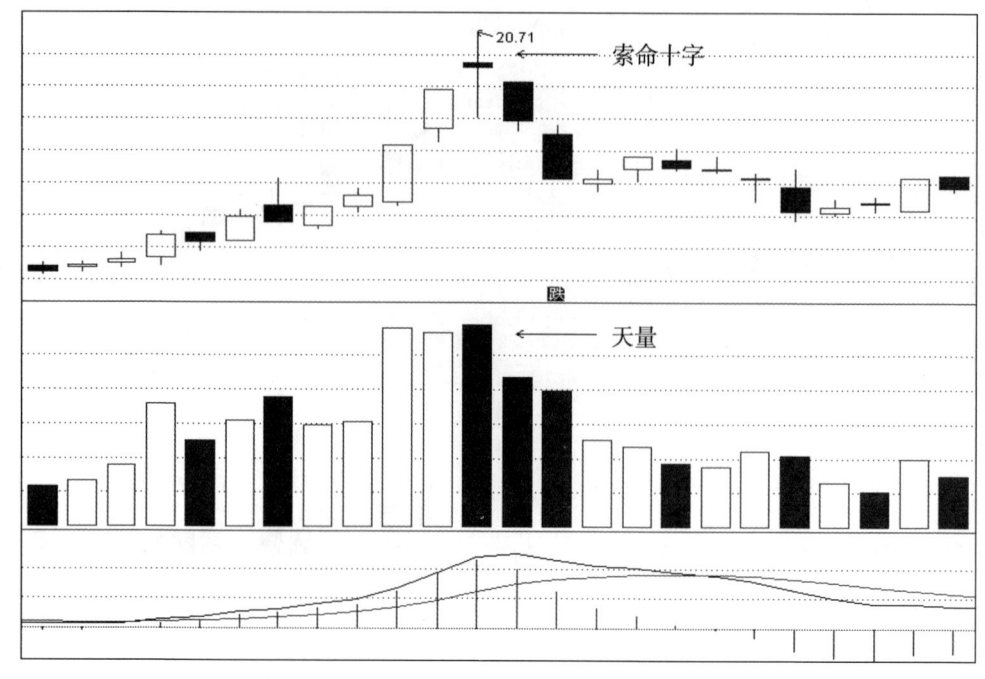

图2-41

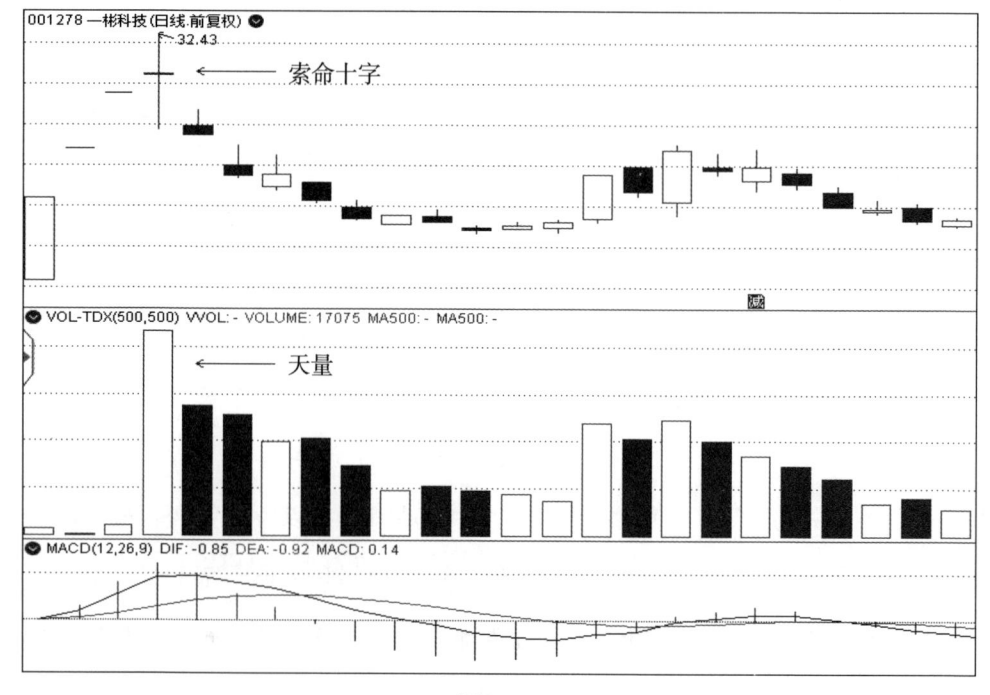

图2-42

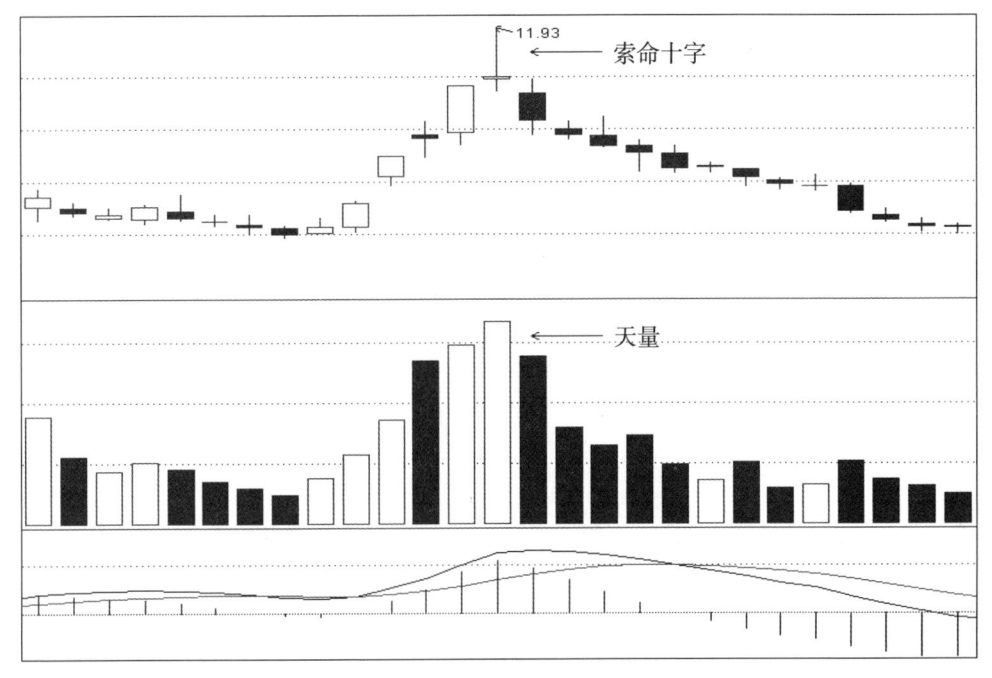

图2-43

（六）精艺股份（002295），2022年8月1日，该股出现一根跳空的长上影线十字星，同时伴随着阶段性天量，这种信号是索命十字的变异形态之一，如图2-44所示。该股出现见顶信号后，连续两天跌停A杀，股价直接跌到起涨位置。

（七）中银绒业（000982），2023年8月18日，该股出现一根跳空的长上影线十字星，同时伴随着阶段性天量，这种信号也是索命十字的变异形态之一，如图2-45所示。该股出现见顶信号后，五连阴A杀，直接把股价打回原形。

介绍完长上影线的索命十字，下面再介绍几只长下影线的索命十字，这也是索命十字的变异形态之一。

（八）天禾股份（002999），2022年11月14日，该股出现一根跳空的长下影线十字星，同时伴随着阶段性天量，这种信号也是索命十字的变异形态之一，如图2-46所示。该股出现见顶信号后，一路振荡下跌。

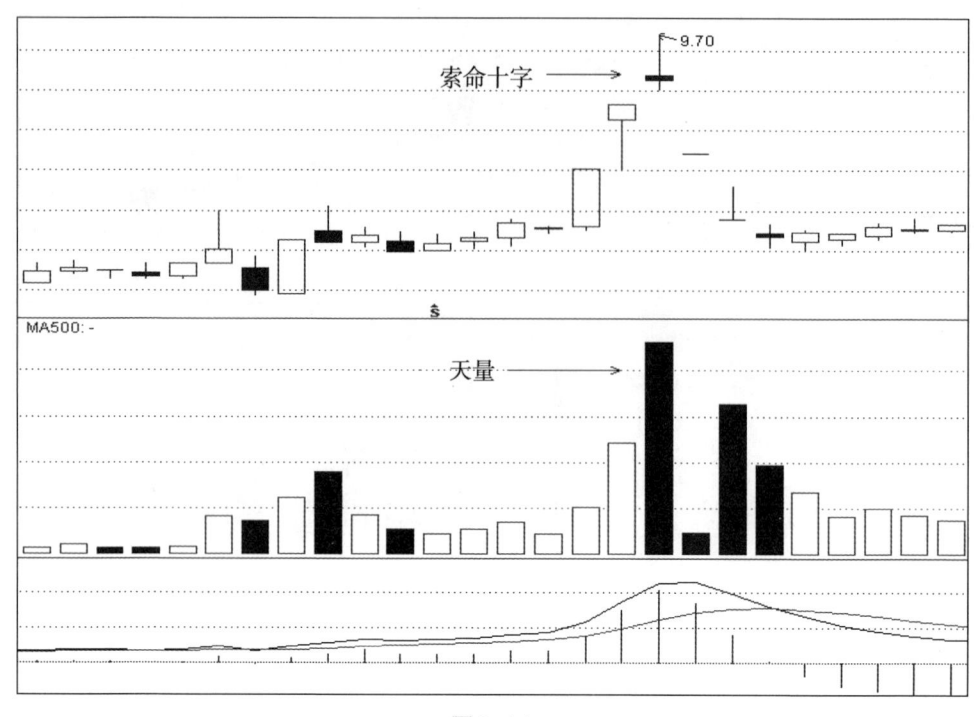

图2-44

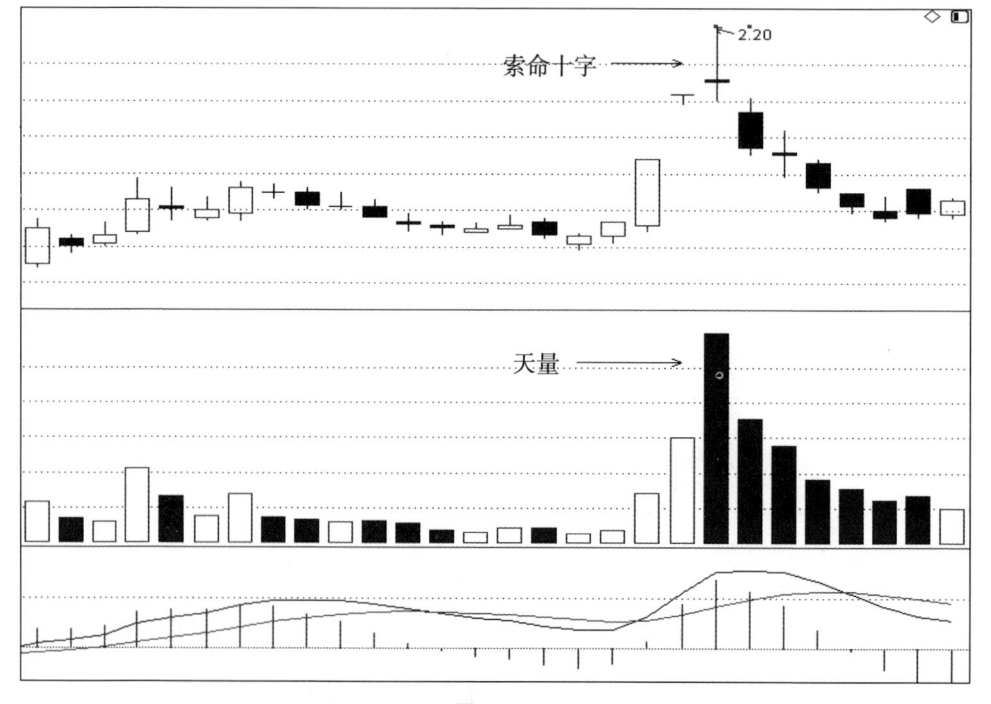

图2-45

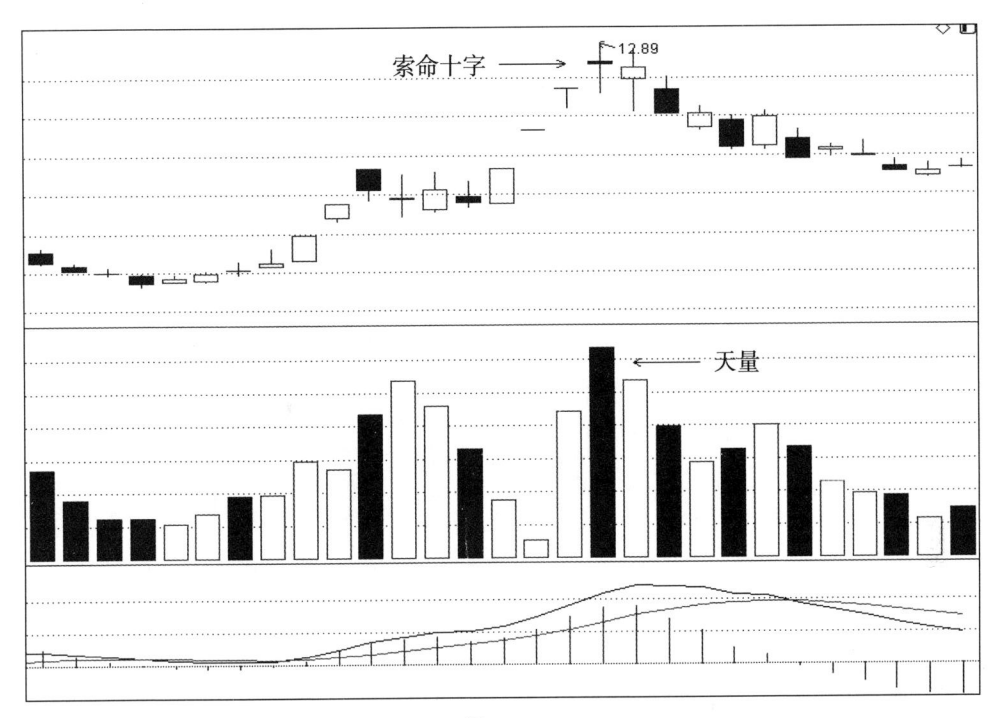

图2-46

（九）中粮资本（002423），2023年5月8日，该股出现一根跳空的长下影线十字星，同时伴随着阶段性天量，这种信号也是索命十字的变异形态之一，如图2-47所示。该股出现见顶信号后，先是振荡几天，随后一路下跌。

（十）天原股份（002386），2021年5月31日，该股出现一根跳空的长下影线十字星，同时伴随着阶段性天量，这种信号也是索命十字的变异形态之一，如图2-48所示。该股出现见顶信号后，先是振荡几天，随后一路下跌。

（十一）远大智能（002689），2022年7月1日，该股出现一根跳空的长下影线十字星，同时伴随着阶段性天量，这种信号也是索命十字的变异形态之一，如图2-49所示。该股出现见顶信号后，先是连续两天跌停，随后一路下跌。

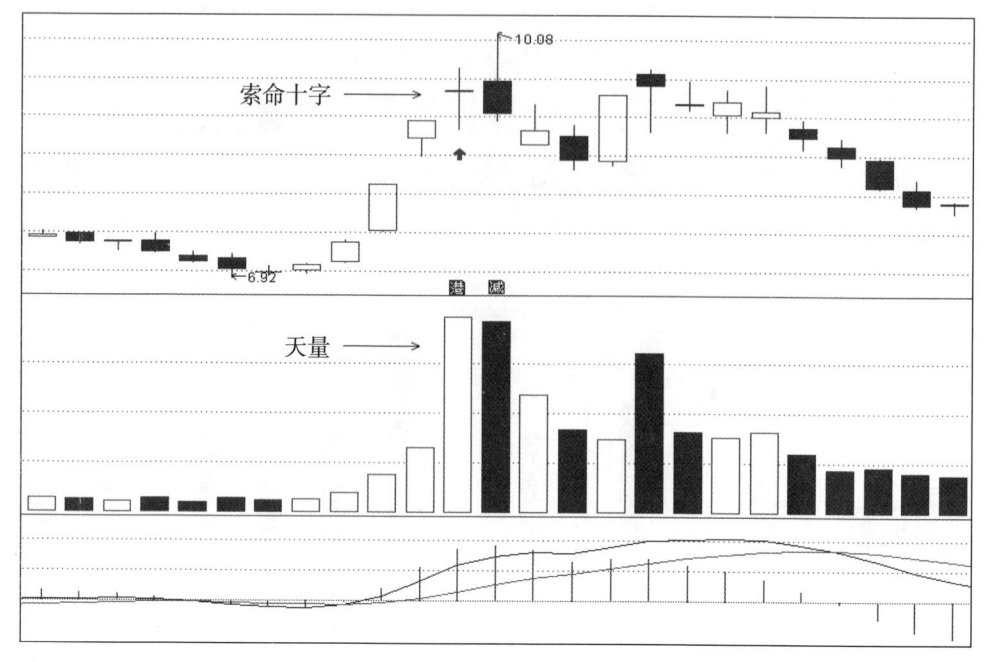

图2-47

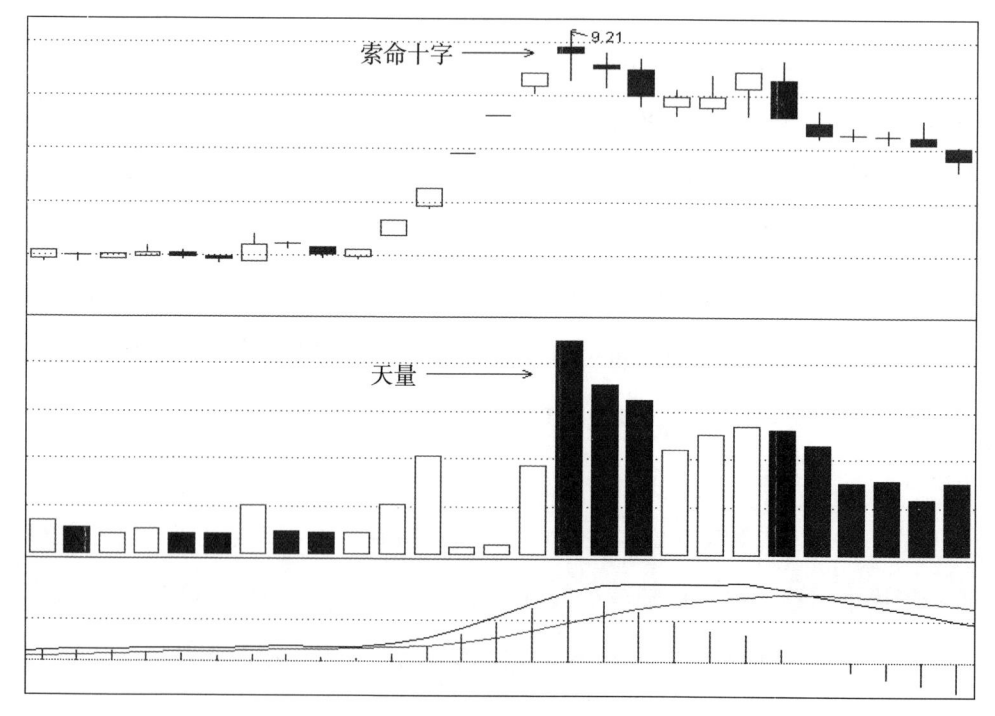

图2-48

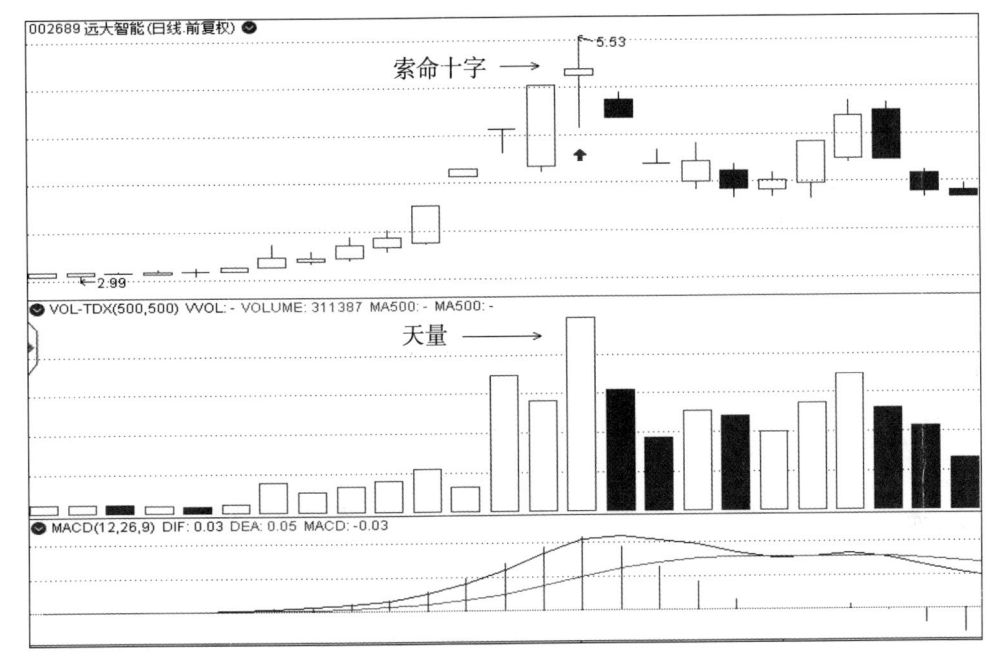

图2-49

以上几种索命十字，都是有实体之间有跳空缺口的，还有一种是没有跳空缺口的，也是一种变异形态，市场意义相同。下面介绍几个没有跳空缺口的索命十字案例。

（十二）中岩大地（003001），2023年3月15日，该股出现一根没有跳空缺口的长上下影线十字星，同时伴随着阶段性天量，这种信号也是索命十字的变异形态之一，如图2-50所示。该股出现见顶信号后，先是跌停A杀，随后一路下跌不回头。

（十三）科利尔（002892），2023年9月26日，该股出现一根没有跳空缺口的长上下影线十字星，同时伴随着阶段性天量，这种信号也是索命十字的变异形态之一，如图2-51所示。该股出现见顶信号后，先是跌停A杀，小幅反抽后，一路下跌不回头。

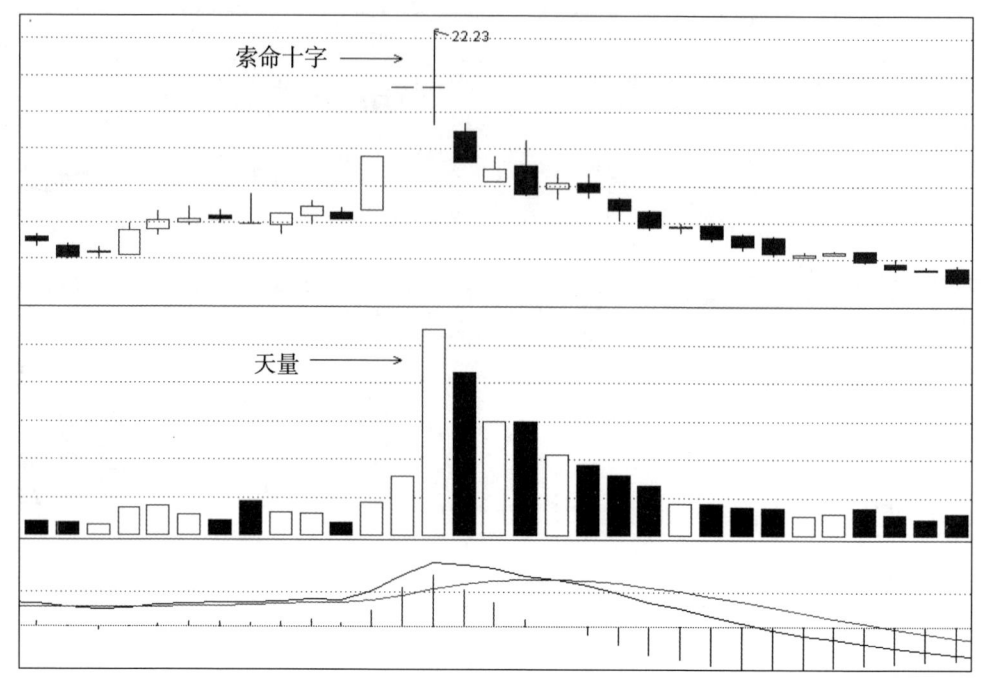

图2-50

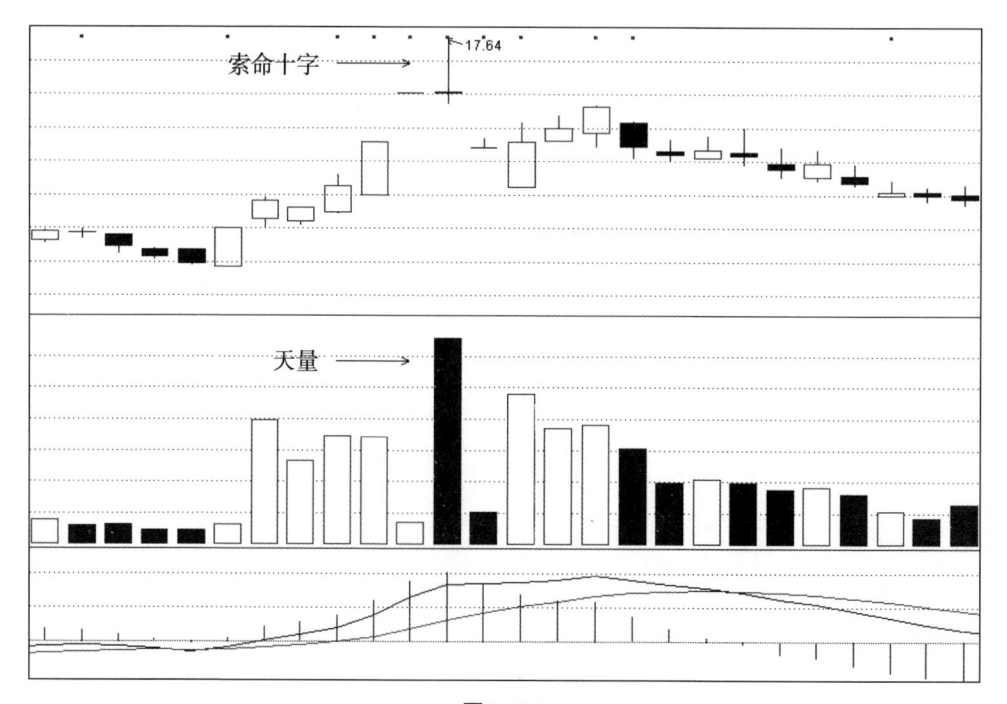

图2-51

（十四）智能自控（002877），2022年8月23日，该股出现一根没有跳空缺口的长上下影线十字星，同时伴随着阶段性天量，这种信号也是索命十字的变异形态之一，如图2-52所示。该股出现见顶信号后，先是跌停A杀，随后一路下跌把股价按到地板。

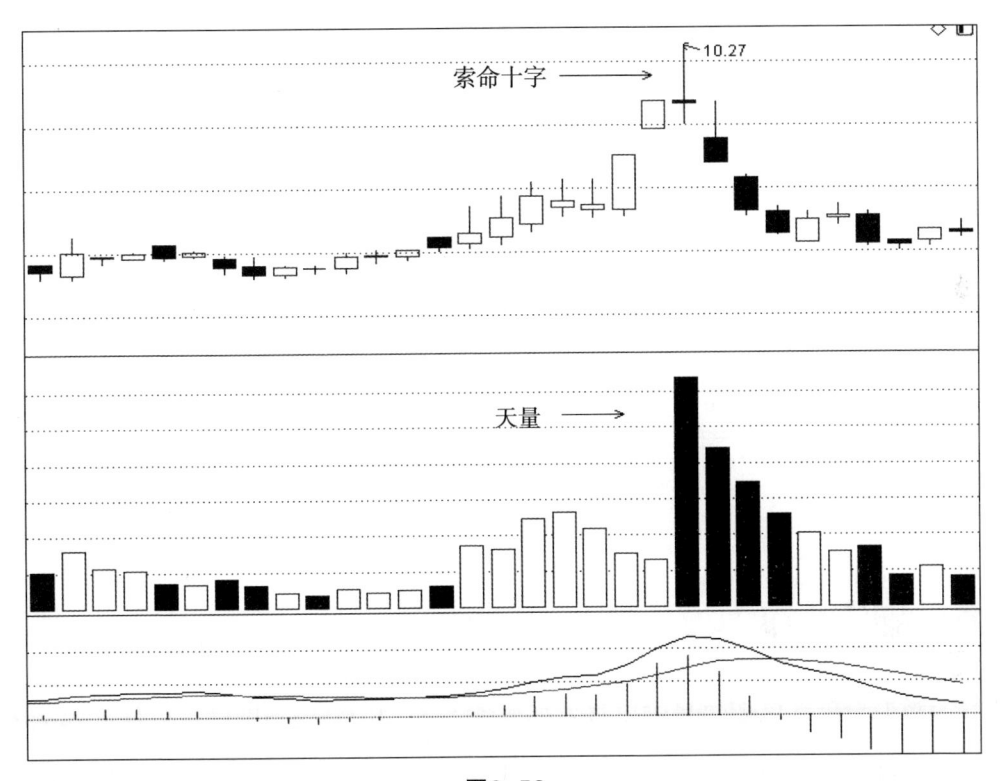

图2-52

（十五）宝鹰股份（002047），2021年11月17日，该股出现一根没有跳空缺口的长上下影线十字星，同时伴随着阶段性天量，这种信号也是索命十字的变异形态之一，如图2-53所示。该股出现见顶信号后，一路振荡下跌。

以上四种形态，都统称索命十字，市场意义完全一样，都是波段见顶信号。

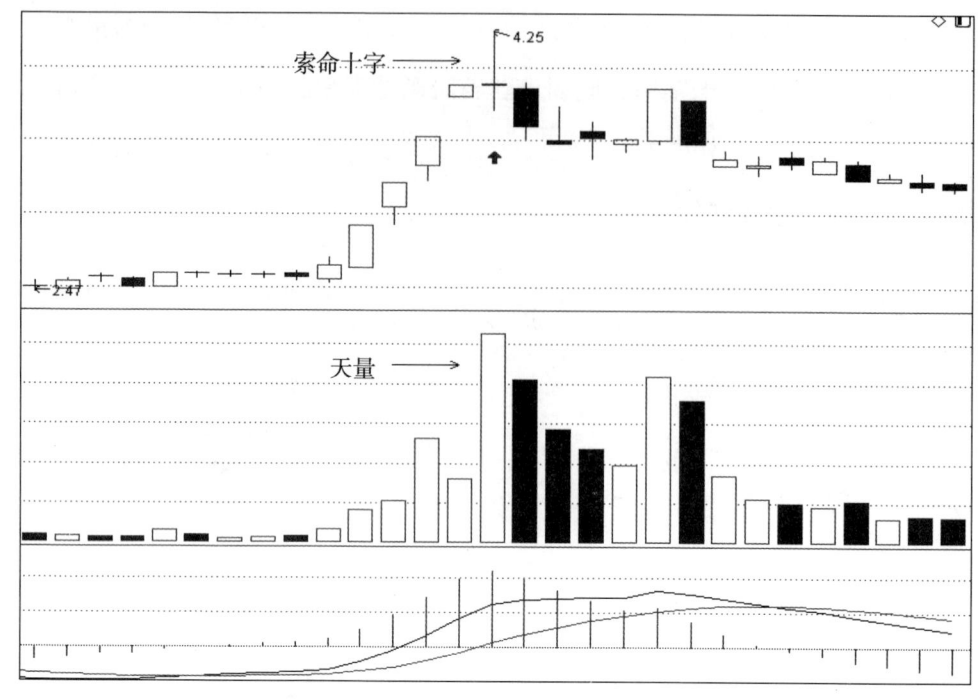

图2-53

六、翻天大印

翻天大印是见顶信号的总督,如果前面五种信号还不能确定见顶,那么其后只要跟着一个翻天大印,就可以几乎百分之百确认波段见顶。翻天的意思就是扭转乾坤、翻天覆地。

翻天大印是指一波上涨行情之后,突然出现一根中阴线或者大阴线,其阴线实体将前一交易日的阳线实体吃掉大半或者全部吃掉。该信号有很多变异形态,比如乌云盖顶、穿头破脚、临阵倒戈、断头铡刀、黄昏之星、实体覆盖,这些信号全部统称为翻天大印。

在后面的案例中将上述这些形态统称为翻天大印,这样方便学习和记忆。化繁为简,本质上一样的形态就归为一类。先由简入繁,再由繁入简,返璞归真，这是境界提升的必然过程。

下面先介绍翻天大印之乌云盖顶。乌云盖顶是指波段最高点那根阳线的实体，被后面高开低走的阴线吞没大半，但并未全部吞没，同时最好是见阶段性天量。

下面看几个案例。

（一）岳阳兴长（000819），该股在2022年1月6日出现一根中阴线，阴线实体将前一交易日的阳线实体吞掉大半，同时出现阶段性天量，这种形态就叫乌云盖顶，如图2-54所示。该股在出现见顶信号后，先是连续跌停，后是振荡下跌，整个走势就像从山顶一路滑到地面一样。

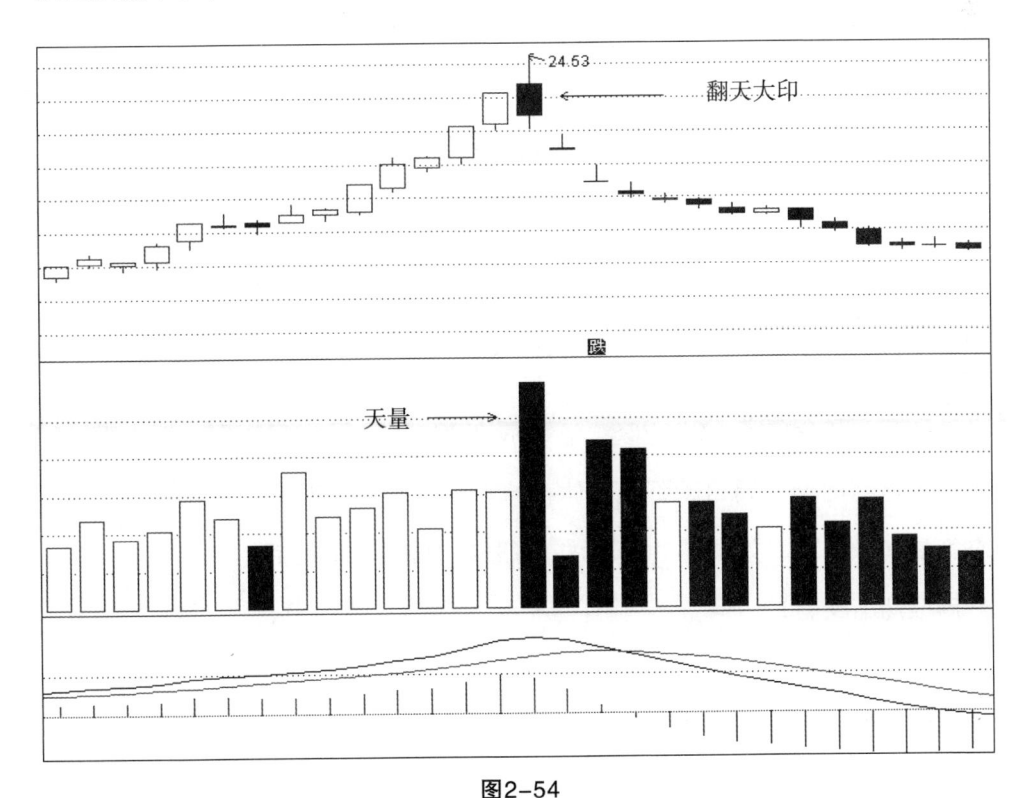

图2-54

（二）江苏国泰（002091），该股在2021年9月16日出现一根大阴线，阴线实体将前一交易日的阳线实体吞掉大半，同时出现阶段性天量，这种形态就是乌云盖顶，如图2-55所示。该股在出现见顶信号后，一路振荡杀跌。

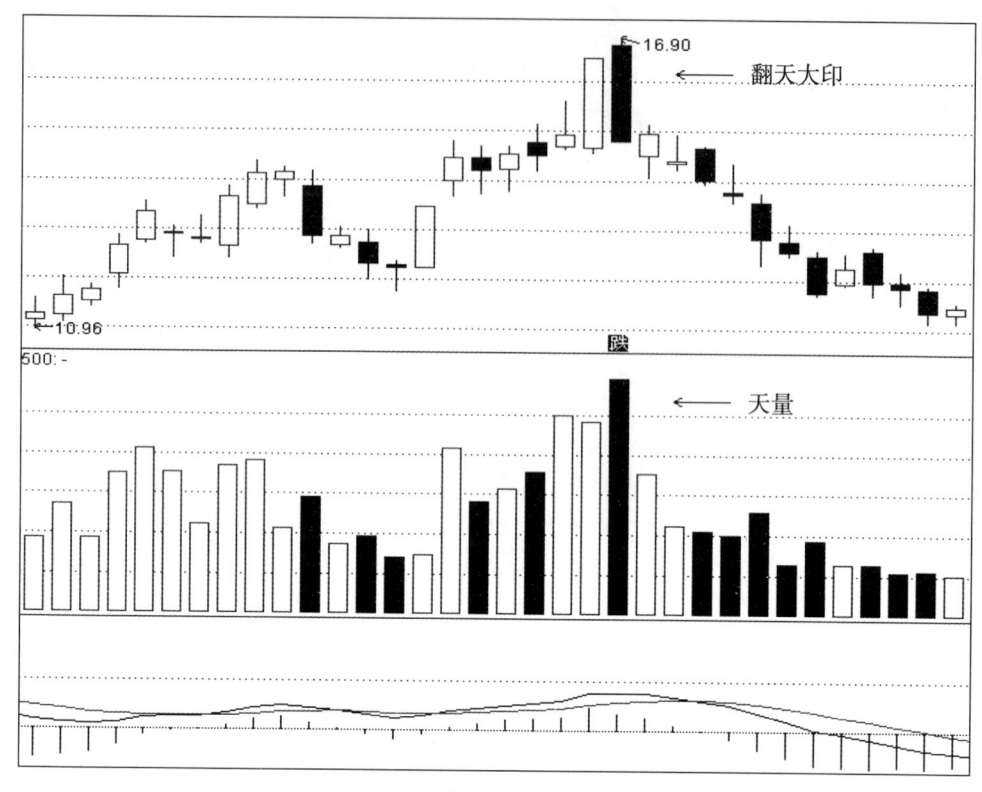

图2-55

（三）联合精密（001268），该股在2023年9月18日出现一根中阴线，阴线实体将前一交易日的阳线实体吞掉大半，同时出现阶段性天量，这种形态就是乌云盖顶，如图2-56所示。该股在出现见顶信号后，先是跌停A杀，然后振荡下跌。

（四）粤宏远A（000573），该股在2022年9月9日出现一根大阴线，阴线实体将前一交易日的阳线实体吞掉大半，同时出现阶段性天量，这种形态就是乌云盖顶，如图2-57所示。该股在出现见顶信号后，先是连续跌停A杀，然后振荡下跌。

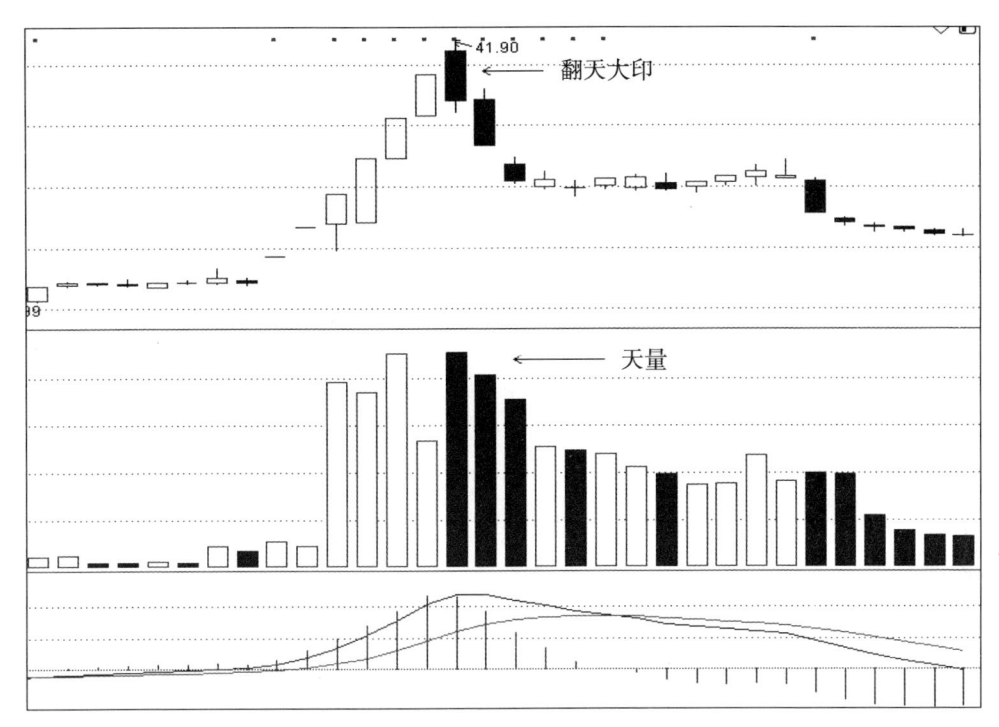

图2-56

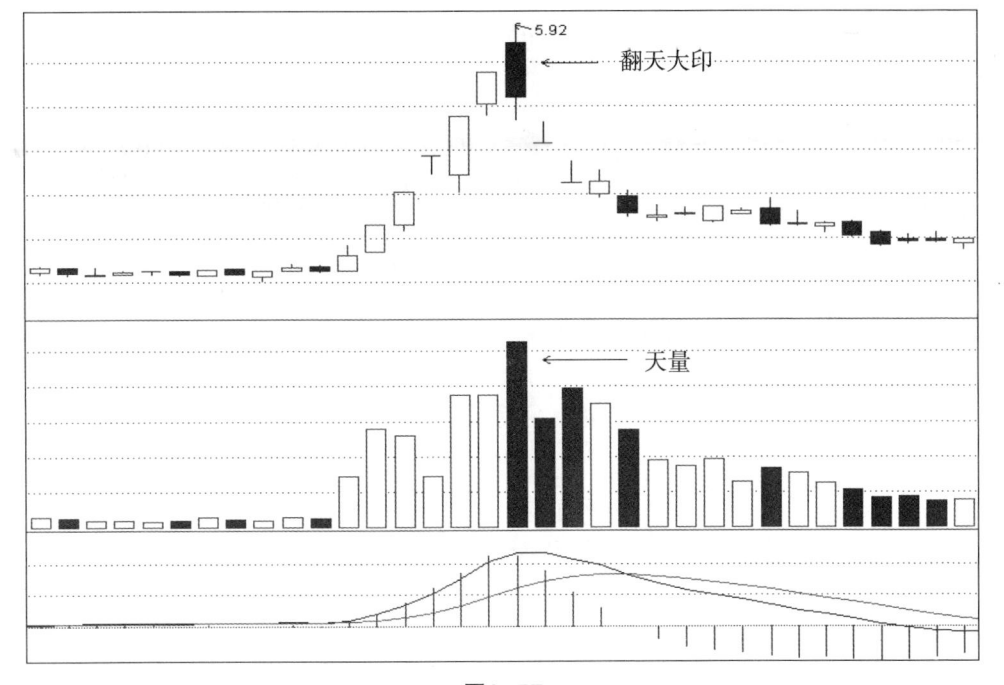

图2-57

下面介绍翻天大印之穿头破脚。此处穿头破脚与传统中的意义不太一样。穿头破脚是指波段最高点那根阳线，连实体带上下影线，全部被后面的大阴线实体部分吞掉，同时最好是见阶段性天量。

下面看几个案例。

（五）光正眼科（002524），该股在2019年10月16日出现一根大阴线，阴线实体将前一交易日的阳线实体连带影线全部吞掉，同时出现阶段性天量，这种形态就叫穿头破脚，如图2-58所示。该股在出现见顶信号后，振荡下跌。

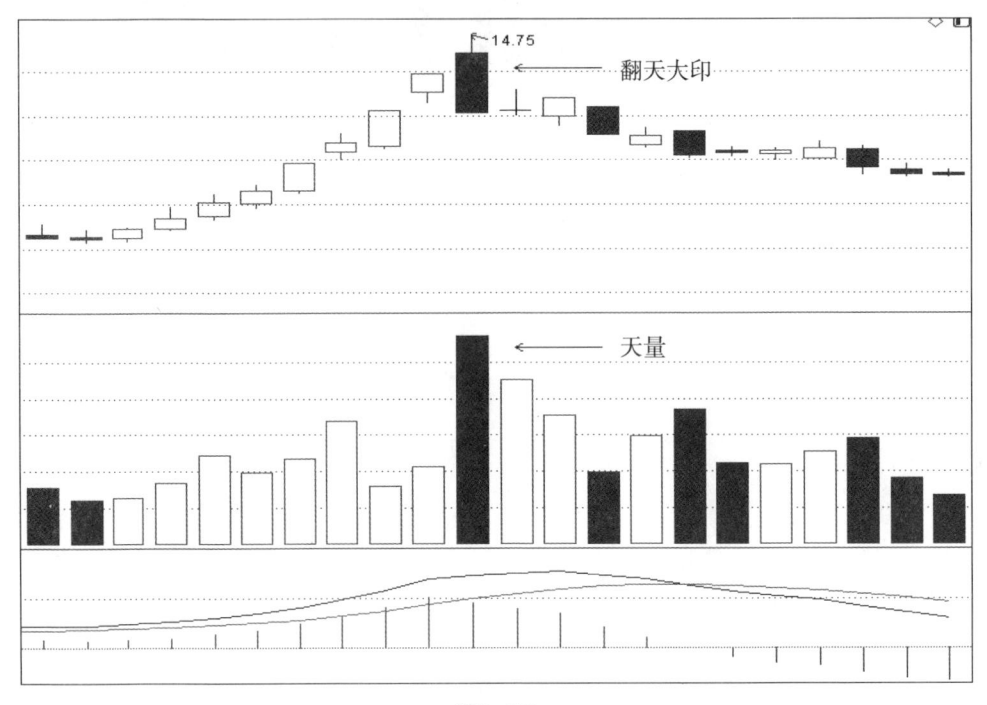

图2-58

（六）莱茵体育（000558），该股在2022年1月7日出现一根大阴线，阴线实体将前一交易日的阳线实体连带影线全部吞掉，同时出现阶段性天量，这种形态就是穿头破脚，如图2-59所示。该股在出现见顶信号后，振荡下跌。

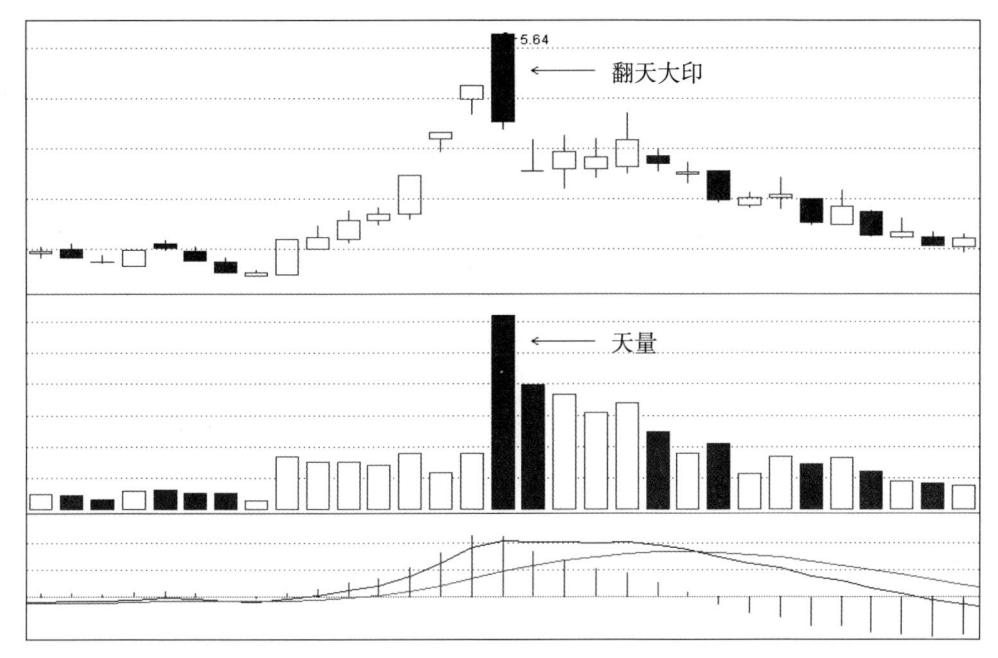

图2-59

（七）雪迪龙（002658），该股在2022年8月26日出现一根大阴线，阴线实体将前一交易日光头光脚的阳线实体全部吞掉，同时出现阶段性天量，这种形态就是穿头破脚，如图2-60所示。该股在出现见顶信号后，振荡下跌。

下面介绍翻天大印之临阵倒戈。在连续的大涨中，走势牛气冲天，本以为还会继续大涨，突然出现一根低开低走的阴线，且阴线的收盘价低于前面阳线的开盘价。本以为大阳后会高开高走，它却一个反杀让多方措手不及，故名"临阵倒戈"。这种形态不要求放大量。

下面看几个案例。

（八）国盛金控（002670），该股在2023年1月20日出现一根低开低走的大阴线，阴线实体将前一交易的阳线实体全部吞掉，这种形态就叫临阵倒戈，如图2-61所示。该股在出现见顶信号后，振荡下跌。

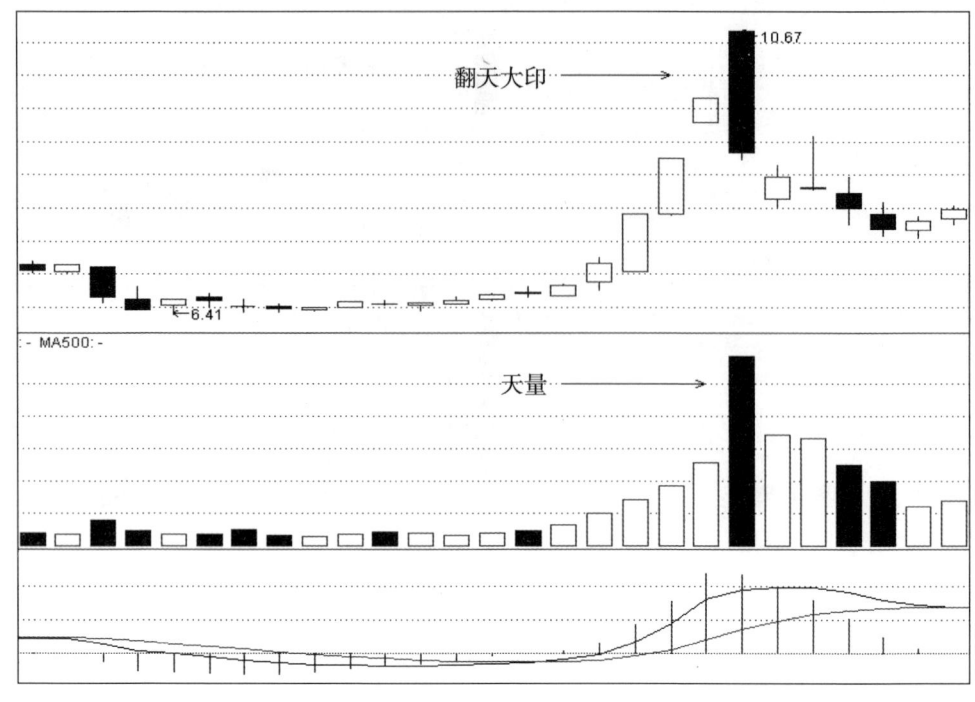

图2-60

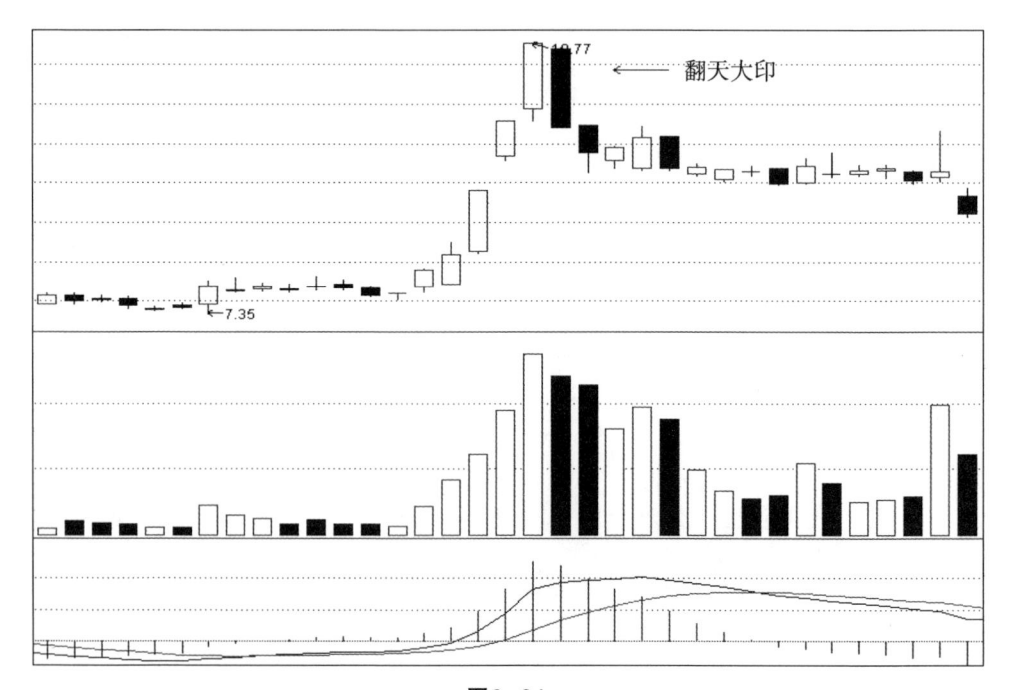

图2-61

（九）翔鹭钨业（002842），该股在2023年2月6日出现一根低开低走的大阴线，阴线实体将前一交易的阳线实体全部吞掉，这种形态就叫临阵倒戈，如图2-62所示。该股在出现见顶信号后，振荡下跌。

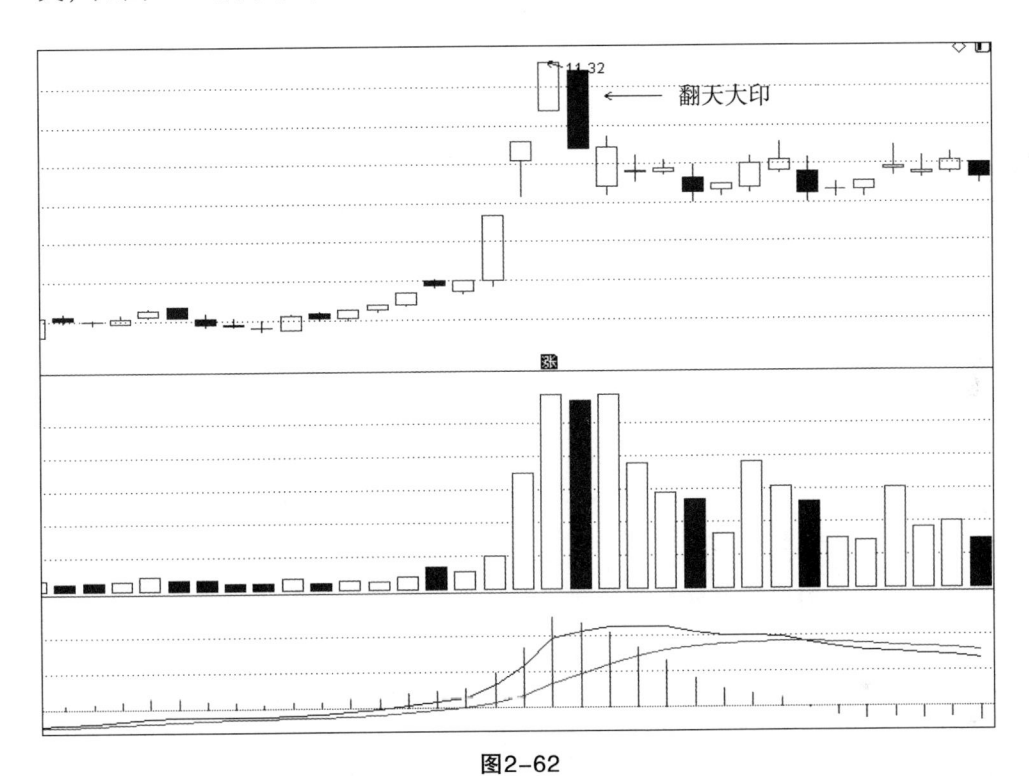

图2-62

（十）中农联合（003042），该股在2022年1月21日出现一根低开低走的大阴线，阴线实体将前一交易的阳线实体全部吞掉，这种形态就叫作临阵倒戈，如图2-63所示。该股在出现见顶信号后，振荡下跌。

下面介绍翻天大印之断头铡刀。在上涨波段的高位，前一天还是阳线，突然出现一根跳空低开低走的阴线，且阴线的开盘价直接开在前面阳线的实体之下，看起来就像最后一根阳线被断头一样，该形态叫作"断头铡刀"，它不需要放大量。这是一种比临阵倒戈更狠的走势。

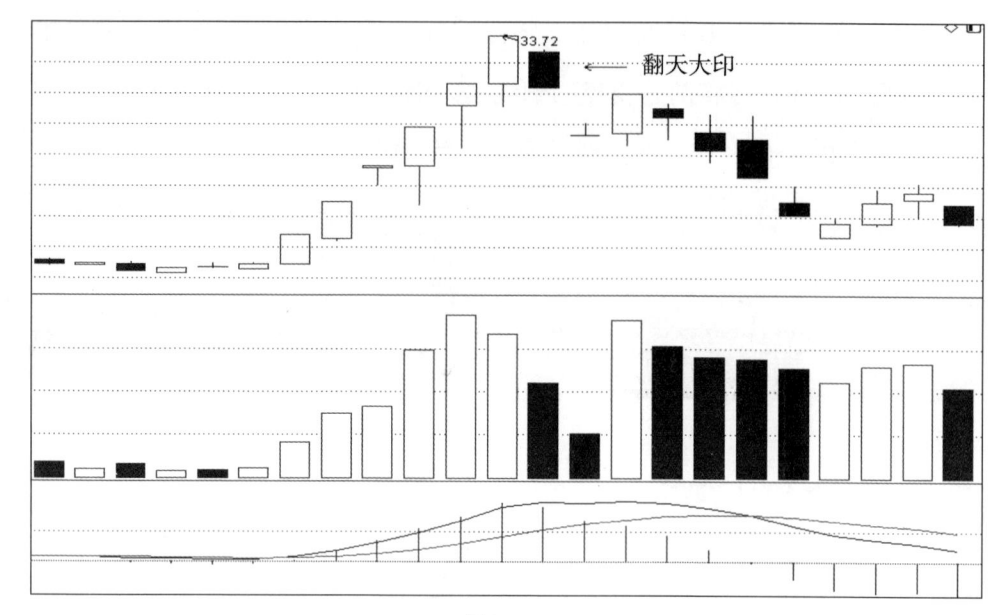

图2-63

下面看几个案例。

（十一）宝塔实业（000595），该股在2022年6月6日出现一根跳空低开低走的大阴线，且阴线的开盘价直接开在前面阳线的实体之下，看起来前面那根阳线就像被断头一样，故名断头铡刀，如图2-64所示。该股在出现见顶信号的当天和次日，都以跌停收盘，其凶狠程度可见一斑。

（十二）金安国纪（002630），该股在2020年12月9日出现一根跳空低开低走的大阴线，且阴线的开盘价直接开在前面阳线的实体之下，看起来前面那根阳线就像被断头一样，故名断头铡刀，如图2-65所示。该股在出现见顶信号的当天和次日，都以跌停收盘，其凶狠程度可见一斑。

（十三）双鹭药业（002038），该股在2023年10月19日出现一根跳空低开低走的大阴线，且阴线的开盘价直接开在前面阳线的实体之下，看起来前面那根阳线就像被断头一样，故名断头铡刀，如图2-66所示。该股在出现见顶信号的当天和次日，都是以跌停收盘，其凶狠程度仅次于雷神之锤。

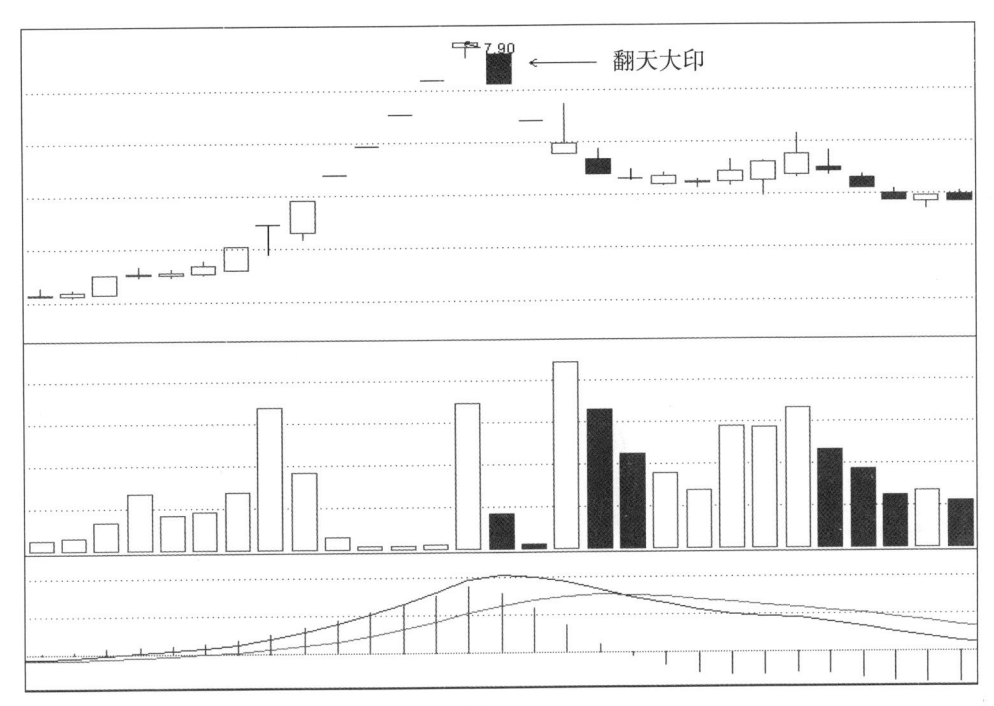

图2-64

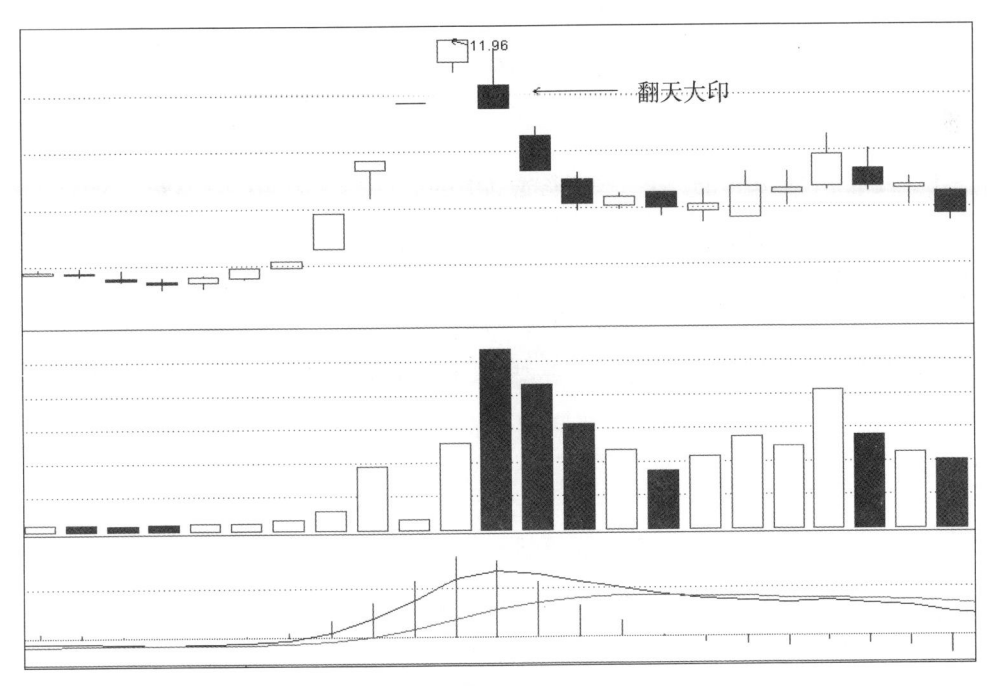

图2-65

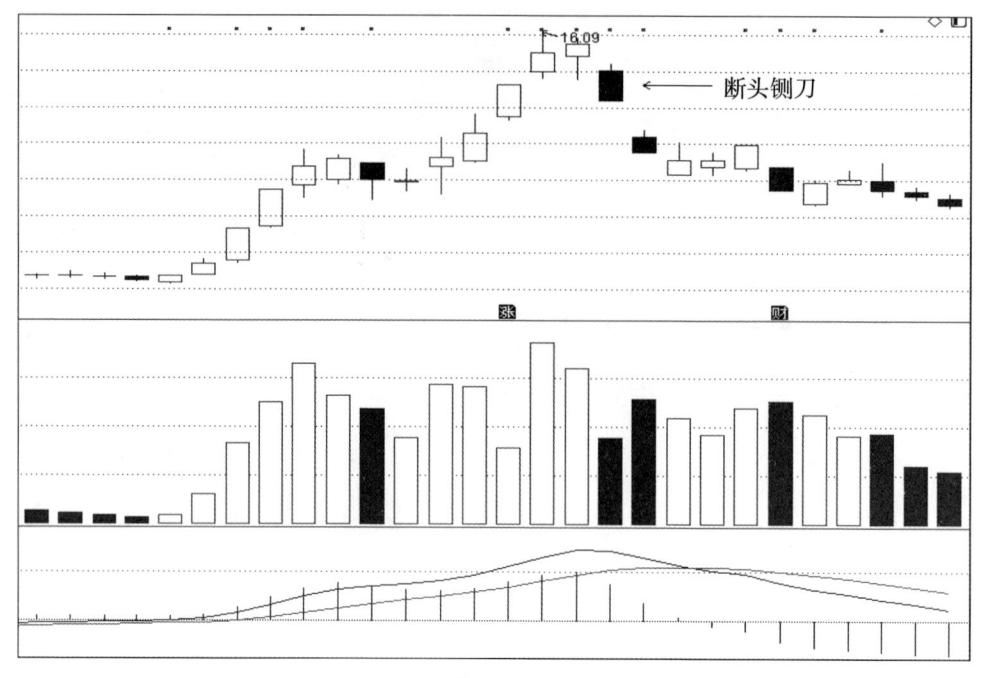

图2-66

下面介绍翻天大印之黄昏之星。黄昏之星是指在波段高位突然出现一根向上跳空的十字星或者十字胎，实体部分与前一交易日阳线的实体部分有跳空缺口，次日股价直接向下跳空开盘，收盘时最终形成一根实体之间留有向下跳空缺口的阴线。此形态不要求成交量的大小。

下面看几个案例。

（十四）齐翔腾达（002408），该股在2021年9月23日出现一根向上跳空的十字星，次日股价跳空向下低开低走，收盘时呈现一根实体之间留有向下跳空缺口的阴线，形成了黄昏之星形态，如图2-67所示。

（十五）金圆股份（000546），该股在202年7月8日出现一根向上跳空的十字星，次日股价跳空向下低开低走，收盘时呈现一根实体之间留有向下跳空缺口的阴线，形成了黄昏之星形态，如图2-68所示。

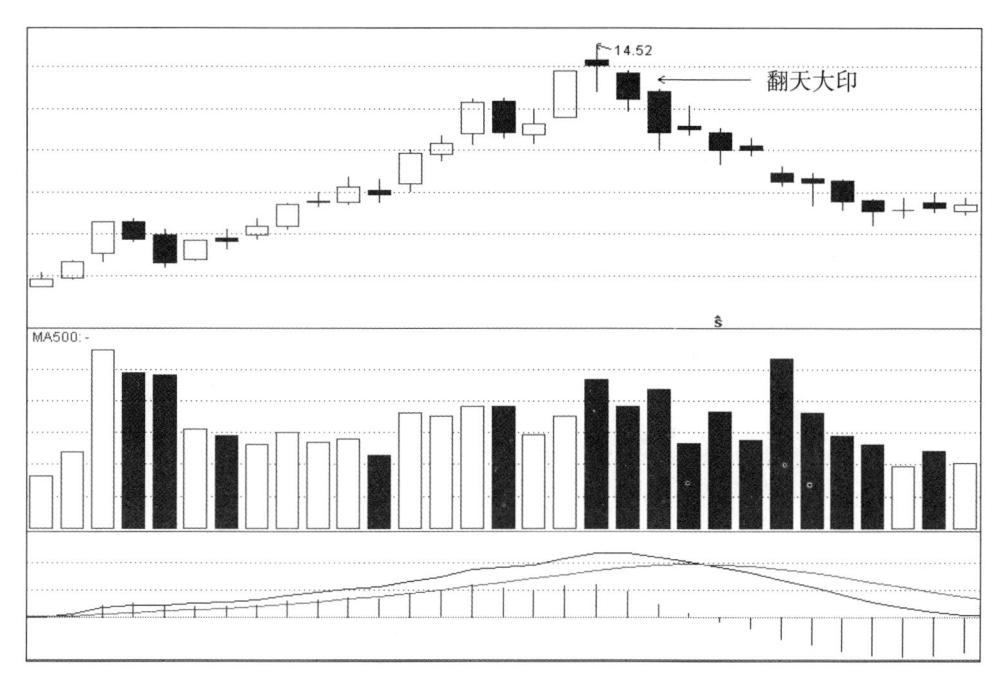

图2-67

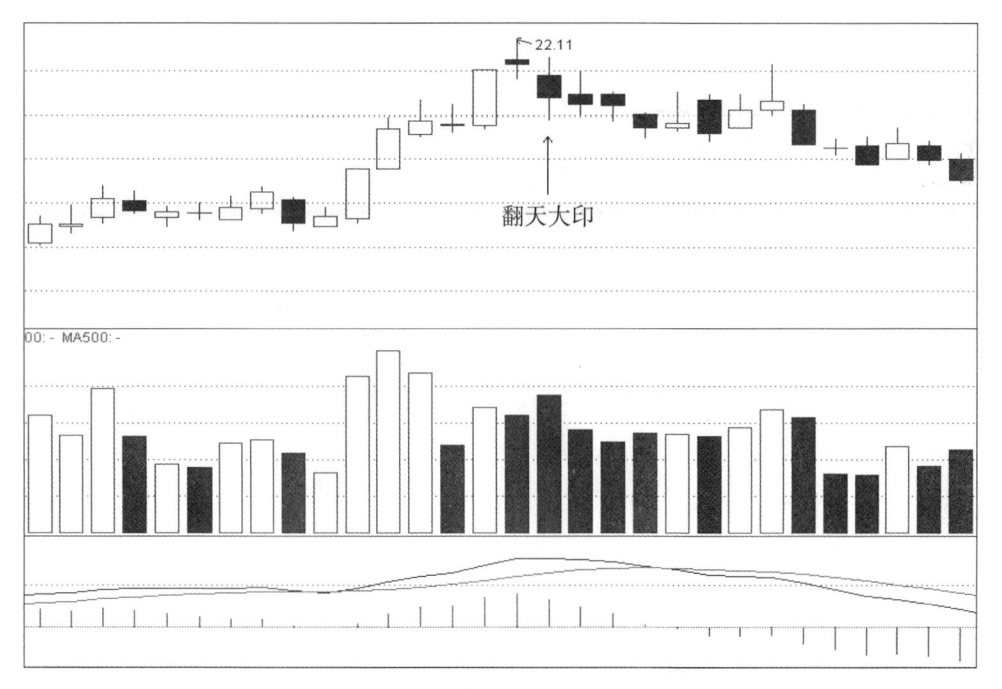

图2-68

（十六）大连友谊（000679），该股在2023年7月25日出现一根向上跳空的十字星，次日股价跳空向下低开，虽然低开高走，但是最终还是收了一根假阳线，形成了黄昏之星形态，如图2-69所示。

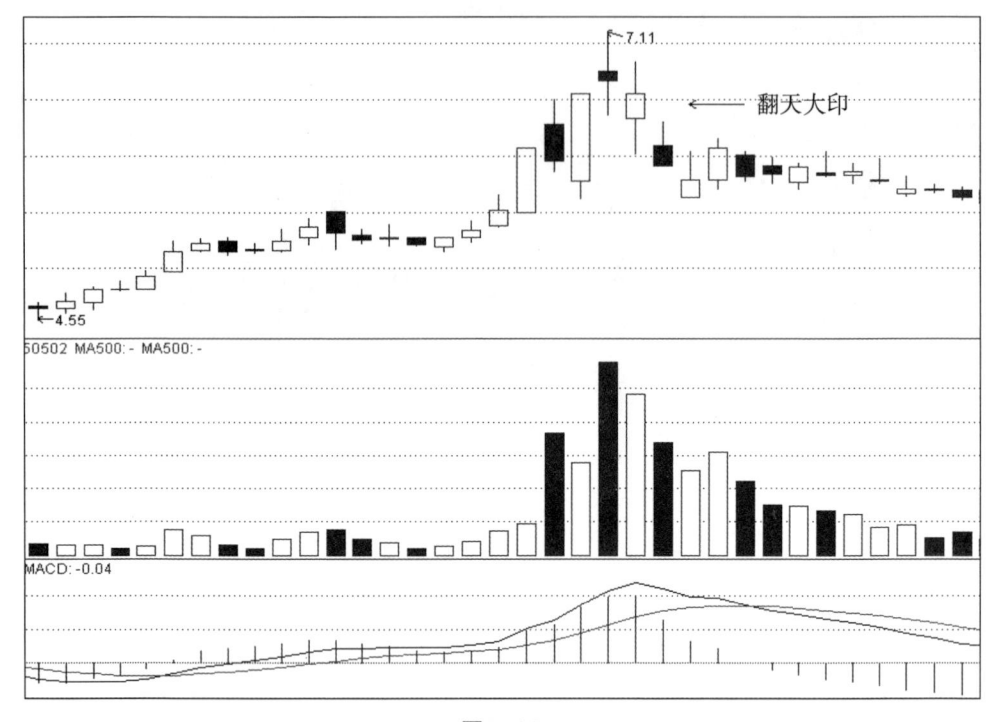

图2-69

（十七）国光电器（002045），该股在2022年8月23日出现一根向上跳空的十字星，次日股价跳空向下低开低走，收盘时呈现一根实体之间留有向下跳空缺口的阴线，形成了黄昏之星形态，如图2-70所示。

下面介绍翻天大印之实体覆盖。实体覆盖是指在波段最高点那根阳线之后，出现一根大阴线或中阴线，阴线的实体吞没了前面阳线的实体（与上下影线无关），此形态名为实体覆盖。该形态看的主要是收盘价，与影线关系不大，只要是阴线的收盘价吞掉波段高位阳线的大半或者全部，就叫作"实体覆盖"。该形态不要求放大量。

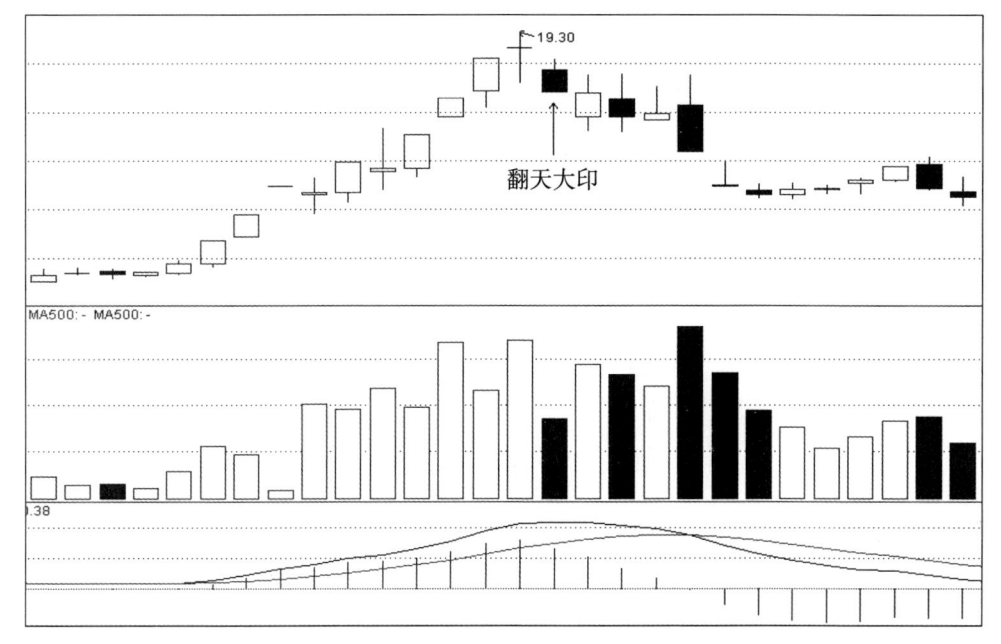

图2-70

下面看几个实体覆盖的案例。

（十八）绿康生化（002868），该股在2024年1月17日出现一根中阴线，且阴线实体将前面的阳线实体全部吞没，这种形态就是实体覆盖，如图2-71所示，该股出现见顶信号后，先是连续四天跌停A杀，之后再次振荡下跌。

（十九）一彬科技（001278），该股在2023年11月23日出现一根大阴线，且阴线实体将前面的阳线实体全部吞没，这种形态就是实体覆盖，如图2-72所示，该股出现见顶信号后，先是A杀，之后再次振荡下跌。

（二十）三柏硕（001300），该股在2023年11月23日出现一根大阴线，且阴线实体将前面的阳线实体全部吞没，这种形态就是实体覆盖，如图2-73所示，该股出现见顶信号后，先是连续三天跌停A杀，之后再次振荡下跌。

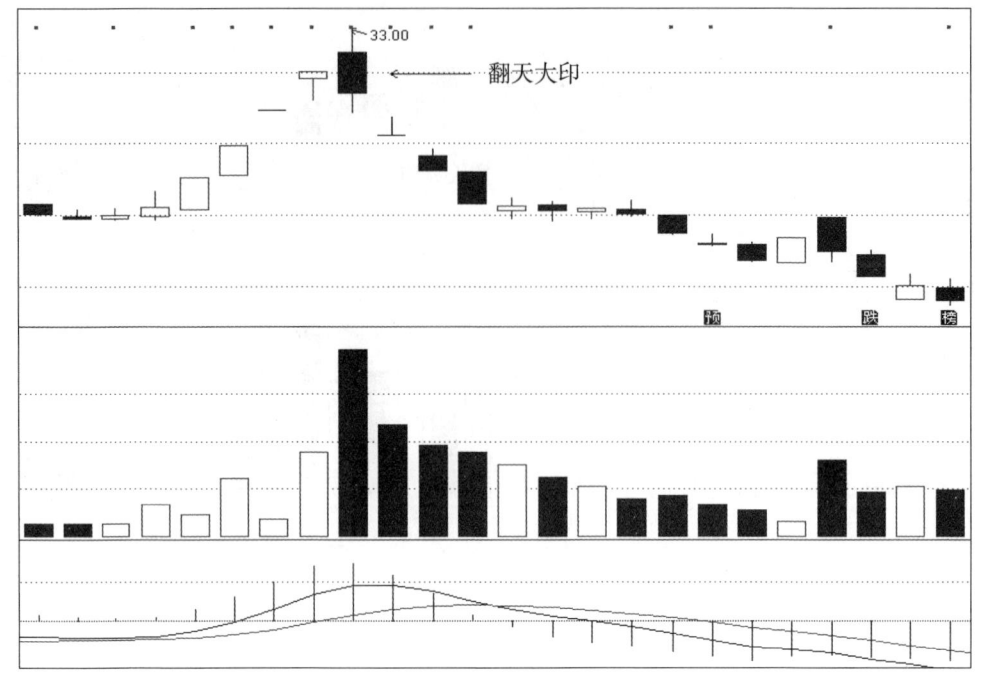

图2-71

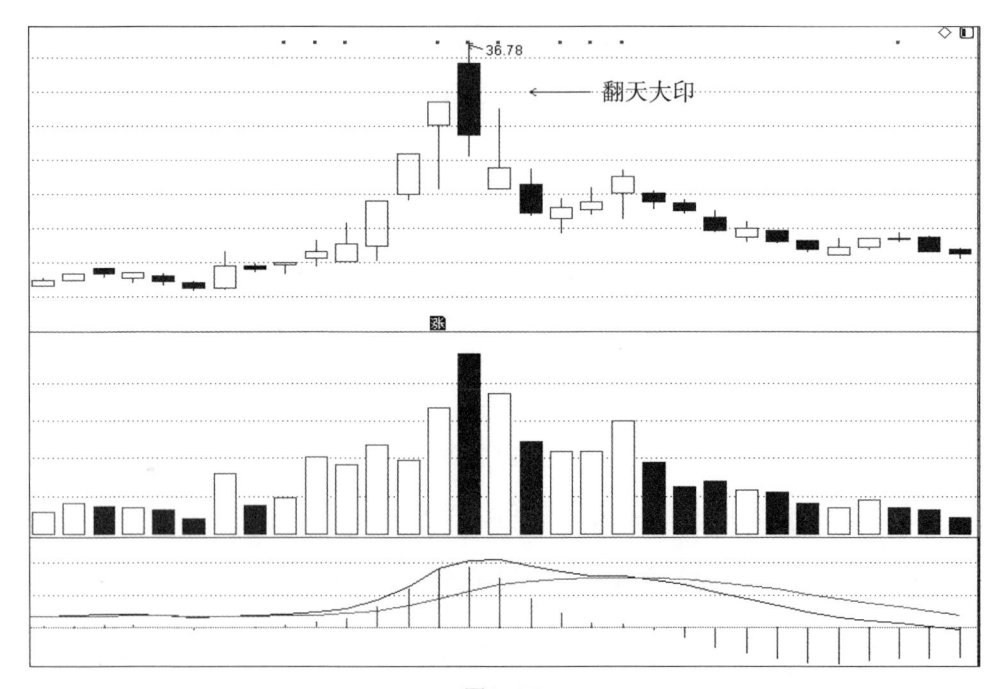

图2-72

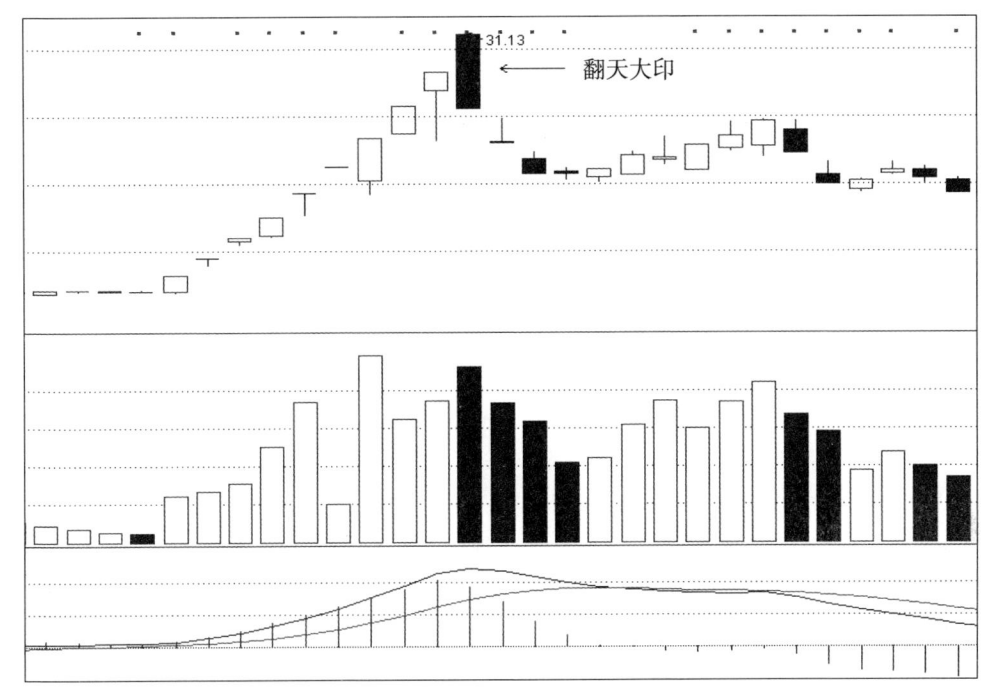

图2-73

上述翻天大印系列中的种种不同形态，其实细看本质上都是吞没形态，不是半吞没就是全吞没，既然这些形态的本质是一样的，那就不应该给它们起太多的名字，太多的名字会让人混乱，所以笔者把这些吞没形态统称为"翻天大印"。

本书介绍的各种翻天大印案例中，该形态是不是都出现在最后一根阳线之后？最后那根阳线，处在最高位，就像人的脑袋，在人体中能称为"天"的只有脑袋，这种专拍脑门的形态才叫作翻天印，那为什么又加了一个"大"字呢？是因为翻天印总督一切波段卖点，本书中任何一个见顶信号，如果投资者觉得还不能确定见顶，那么后面跟着一个"翻天印"，就几乎可以百分百确定就是波段见顶了。因为它的总督作用，无出其右，所以称其为"翻天大印"，这个"大"字是指它神通广大，无所不包，几乎可以一印定生死。

第三章
中长线大顶形态

上一章提到的六种见顶信号是指波段高点信号，它们能判断波段高点，但是不能判断中长线的大顶。大顶的判断，需要依靠更长时间形成的K线形态或技术指标。比如双头形态、三重顶形态、头肩顶形态、MACD顶背离。

笔者是从不重视指标的，但是MACD除外，因为它具有一个强大的功能，就是能够辅助判断中长线大顶。

笔者讲大顶判断方法，与其他人讲的不一样，笔者讲的每一个大顶的判断都是综合分析，比如讲双头形态、三重顶形态、头肩顶形态的时候，都会配合MACD顶背离，以及配合波段见顶信号。这样多重技术叠加，会非常清晰地判断出个股的大顶是否出现。学会这一章，投资者就不会轻易地被套在大顶上。

一、顶背离

说到顶背离，大家都知道，一般是指MACD的顶背离。简而言之，就是当股价创出新高，MACD的快慢线却不创新高，反而出现明显的下跌，这种指标与股价的相反走势就叫作顶背离。顶背离的出现，往往是股价见中线或长线大顶的信号。虽然在大牛市中并非见到顶背离就一定是大顶，但不能不防备。

下面看几个顶背离的案例。

（一）川能动力（000155），该股经历了长期的上涨后，在2021年9月23日创出了新高，但是下面的MACD快慢线在同期不仅没有创新高，反而出现了明显的下跌，这就形成了指标与股价之间的顶背离。这次背离，直接宣告了该股的大顶，之后该股走上了漫漫熊途，如图3-1所示。

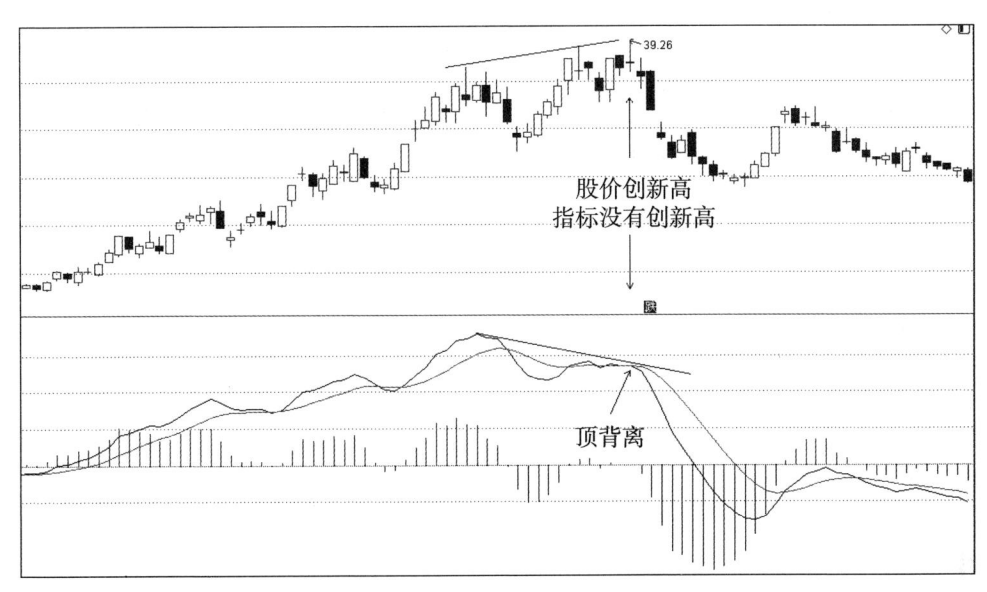

图3-1

（二）深康佳A（000016），该股经历了长期的上涨后，在2020年3月11日创出了新高，但是下面的MACD快慢线在同期不仅没有创新高，反而出现了明显的下跌，这就形成了指标与股价之间的顶背离。这次背离，直接宣告了该股的大顶，之后该股走上了漫漫熊途，如图3-2所示。

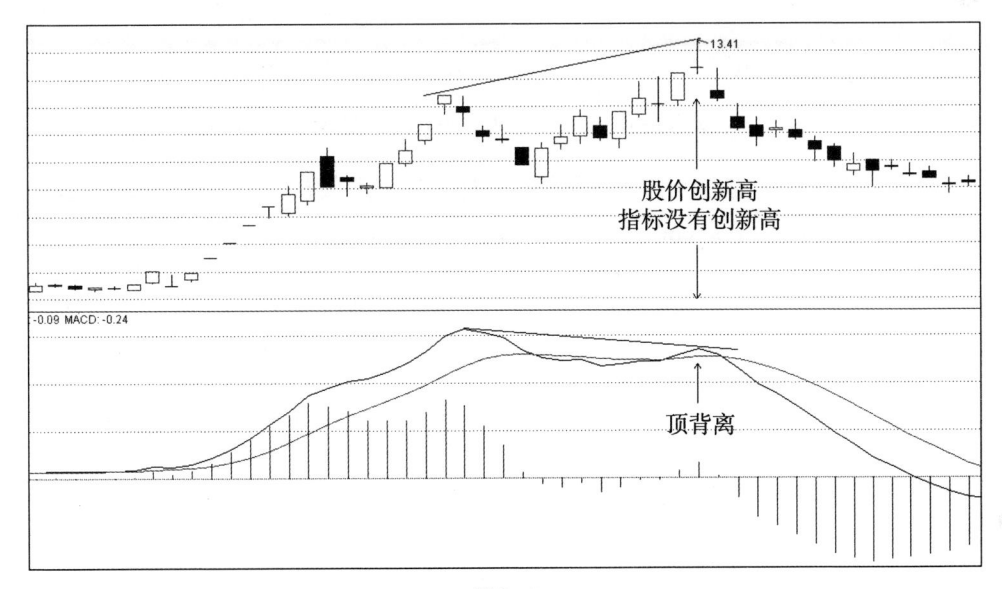

图3-2

（三）沙河股份（000014），该股经历了长期的上涨后，在2023年8月30日创出了新高，但是下面的MACD快慢线在同期不仅没有创新高，反而出现了明显的下跌，这就形成了指标与股价之间的顶背离。这次背离，直接宣告了该股的大顶，之后该股走上了漫漫熊途，如图3-3所示。

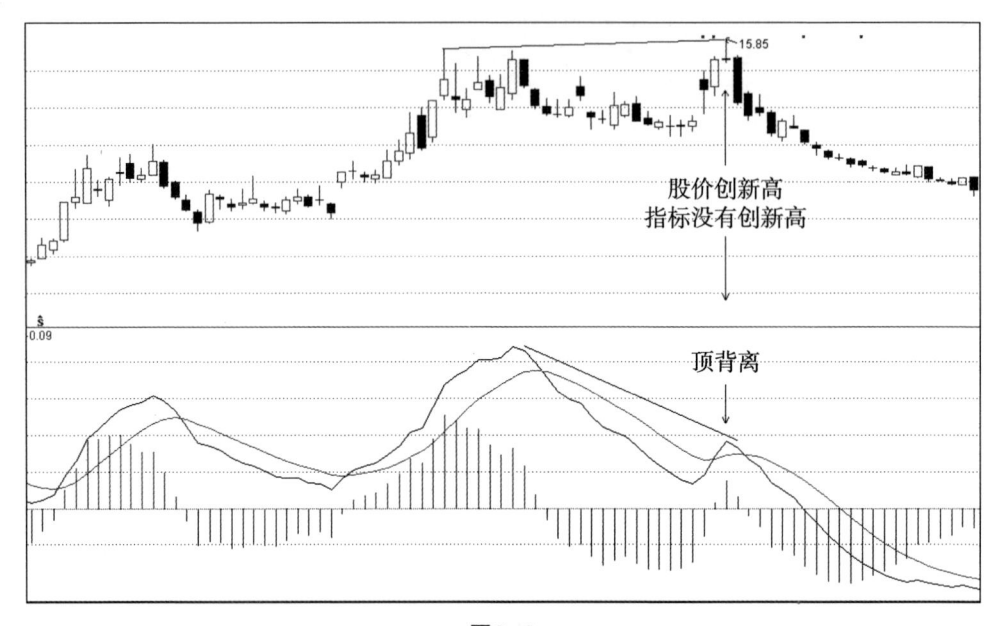

图3-3

（四）深物业A（000011），该股经历了长期的上涨后，在2020年8月11日创出了新高，但是下面的MACD快慢线在同期不仅没有创新高，反而出现了明显的下跌，这就形成了指标与股价之间的顶背离。这次背离，直接宣告了该股的大顶，之后该股走上了漫漫熊途，如图3-4所示。

上面的四个案例，都是股票在大顶上的顶背离状态，所以顶背离对于判断个股大顶有很大的帮助，但是大家要知道，并非所有个股见大顶的时候都必须出现顶背离，有的股票见大顶的时候是没有顶背离的，这时候就需要用其他方法判断是否见顶了，比如波段见顶信号。

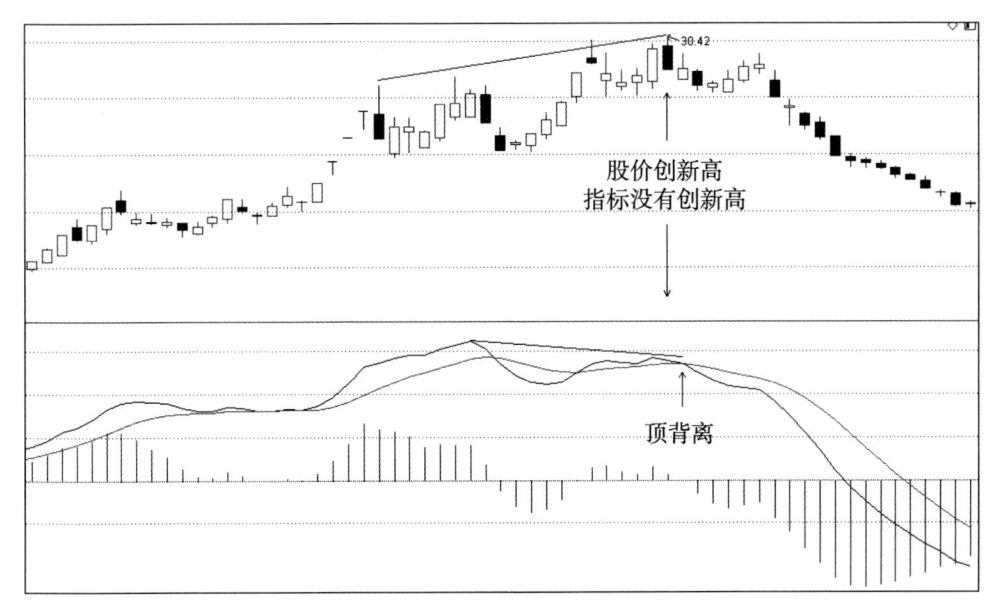

图3-4

总之，顶背离是判断股票是否出现大顶的方法之一，当股票出现顶背离的时候，最好先出局，以免被套在高位。后面如果走稳，可以再次进场。

二、双头

双头又称M头，是指两个波段高点的高度相差无几，这个时候，股价是否会继续向上，就需要进行判断了。一般是通过有无顶背离、有无波段见顶信号来辅助判断。

下面看几个双头的案例。

（一）统一股份（600506），该股在2023年11月21日出现了第一个重要高点，不久后在2024年1月2日又出现了一个高点。那么这两个高点是否构成双头形态，从而见顶呢？判断方法有两个，首先看第二个高点处是否出现波段见顶信号，该股果然在2024年1月2日出现了波段见顶信号"翻天大印"。其次再看下面的MACD指标，果然该股同时也出现了股价和指标的顶背离，如图3-5所示。两个见顶信号同步出现，不是见顶是什么？之后该股连续暴跌。如果投资者掌握了正确的判断方法，完全能避免后面的损失。

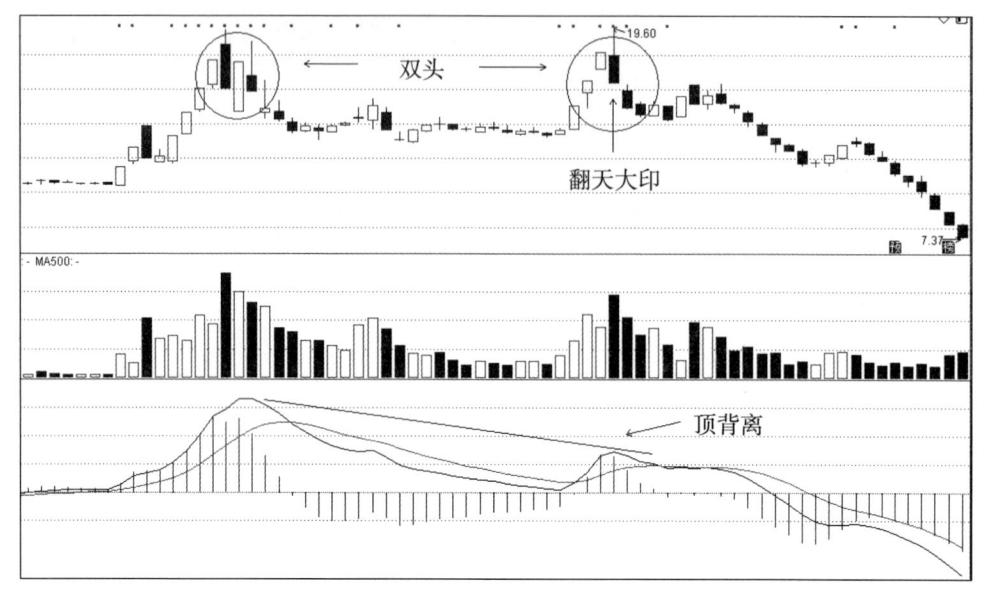

图3-5

（二）沪电股份（002463），该股在2023年4月10日出现了第一个重要高点，不久后在2023年4月21日又出现了一个高点。那么这两个高点是否构成双头形态，从而见顶呢？判断方法有两个，首先看第二个高点处是否出现波段见顶信号，该股果然在2023年4月21日出现了波段见顶信号"翻天大印"。其次再看下面的MACD，果然，该股同时出现了股价和指标的顶背离，如图3-6所示。两个见顶信号同步出现，不是见顶是什么？之后该股连续振荡下跌。如果投资者掌握了正确的判断方法，完全能避免后面的损失。

（三）飞亚达（000026），该股在2020年8月3日出现了第一个重要高点，不久后在2020年9月4日又出现了一个高点。那么这两个高点是否构成双头形态，从而见顶呢？判断方法有两个，首先看第二个高点处是否出现波段见顶信号，该股果然在2020年9月7日出现了波段见顶信号"翻天大印"。其次再看下面的MACD，果然该股同时出现了股价和指标的顶背离，如图3-7

所示。两个见顶信号同步出现，不是见顶是什么？之后该股振荡下跌。如果投资者掌握了正确的判断方法，完全能避免后面的损失。

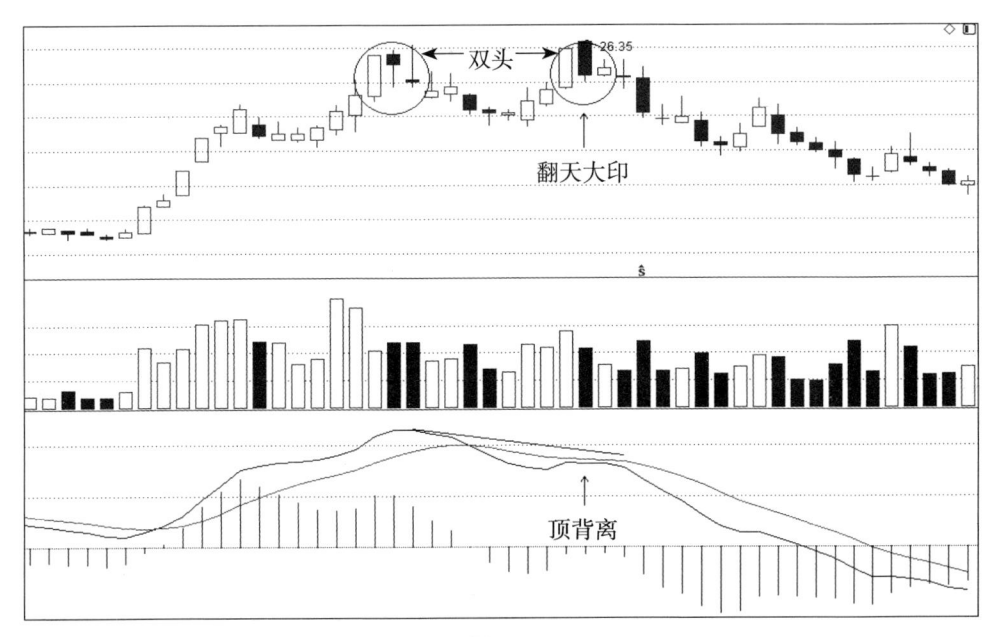

图3-6

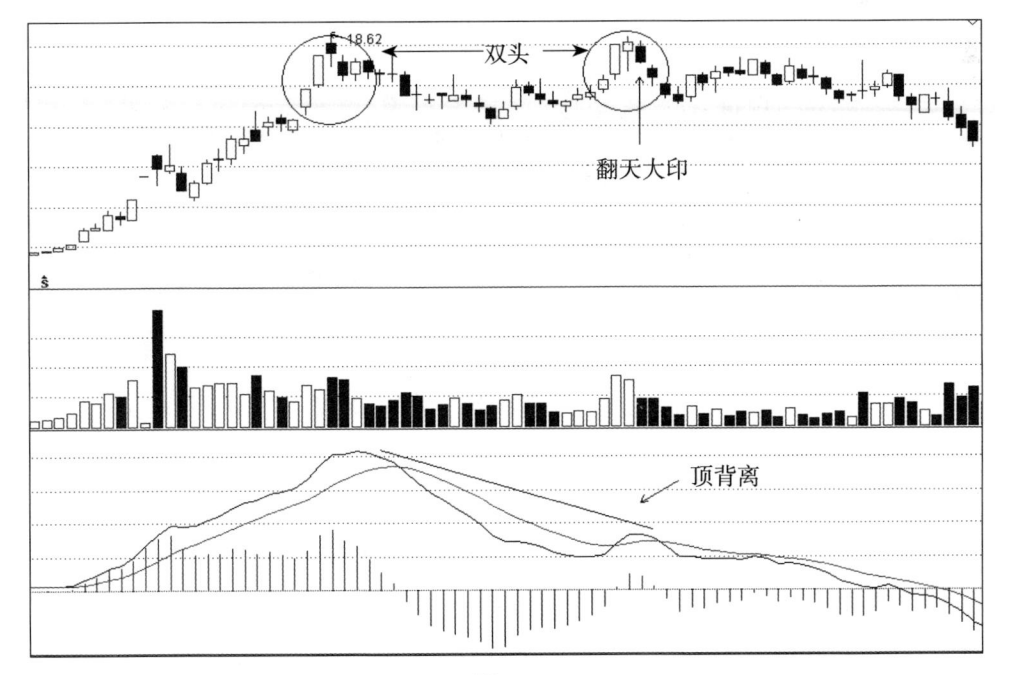

图3-7

三、三重顶

三重顶，顾名思义就是比双头还多一个头，也就是有三个高点基本在同一条水平线上，看起来像是箱体振荡，所以振荡之后到底是上涨还是下跌，就非常关键了。具体如何判断，请看下面的几个案例。

（一）深南电路（002916），该股在2023年3月24日到2023年4月23日之间，几乎在同一水平线上出现三次高点，在第三个高点出现了波段见顶信号"翻天大印"，同时MACD的快慢线不但并未跟涨，反而出现了指标与股价的背离，综合这两个见顶信号，可以判断该股已经见顶，后市果然快速暴跌，如图3-8所示。

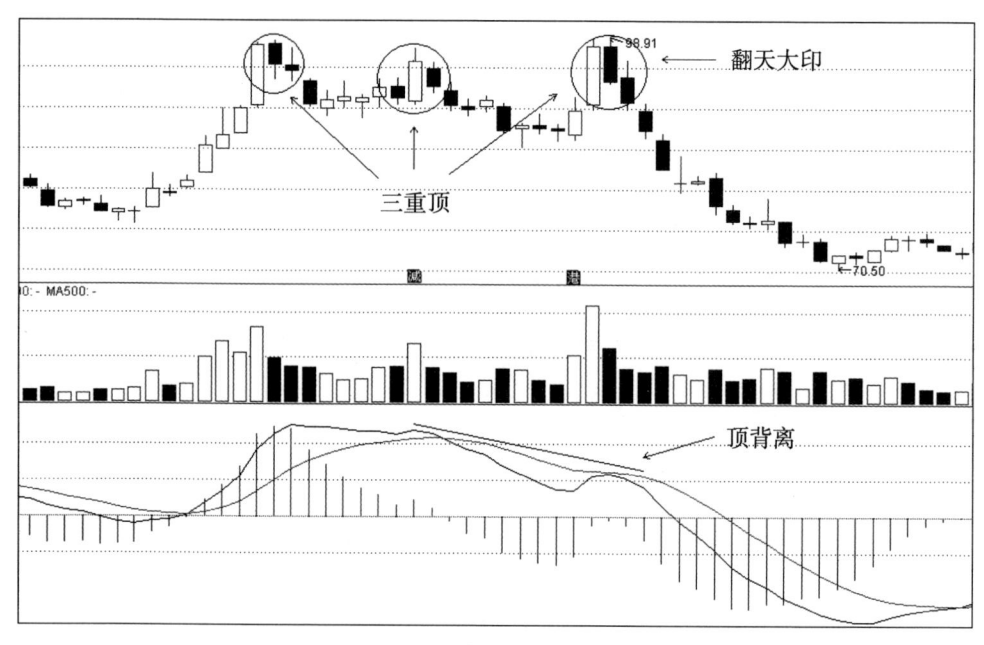

图3-8

（二）安奈儿（002875），该股在2022年12月23日到2023年1月11日之间，几乎在同一水平线上出现过三次高点，在第三个高点出现了波段见顶信号"翻天大印"，同时MACD的快慢线不但并未跟涨，反而出现了指标与股价的背离，综合这两个信号，可以判断该股已经见顶，后市果然快速暴跌，如图3-9所示。

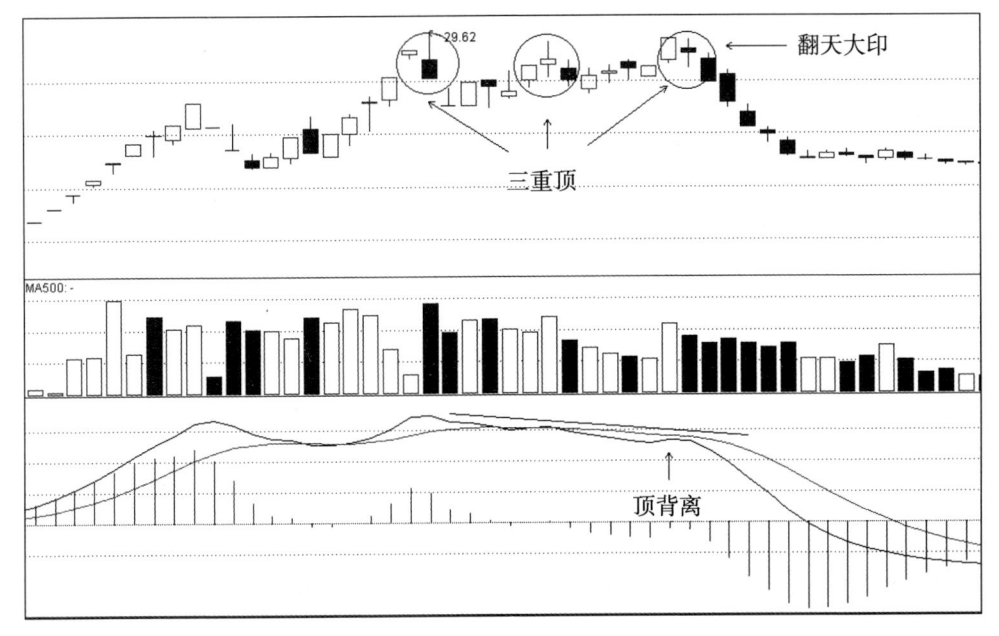

图3-9

关于三重顶的判断，最后一个高点只要有波段见顶信号，或者只要有顶背离，就可以判断见顶，不一定非要两种见顶信号都具备。当然，两种见顶信号都有，可以更加确定。

四、头肩顶

头肩顶，顾名思义就是该形态就像一个人的头部和双肩，也就是中间的高点最高，两旁的高点略低。其实，头肩顶这个形态根本就不应该存在于技术分析当中，因为这个形态在头部的时候就应该是见顶了，没有必要等到右肩出现。不过既然市面上流传这种形态，下面看两个案例吧。

（一）泰嘉股份（002843），该股在出现头肩顶形态的头部（最高点）

时，就已经出现指标和股价的顶背离了，此时就应该出局。等到第三个高点出现的时候，已经没有任何意义了，因为懂的人早已在"头部"出局。该股在第三个高点的时候，还出现了一个小小的"翻天大印"，别看它小，但是要素具备、意义相同，其后该股瀑布般暴跌，如图3-10所示。

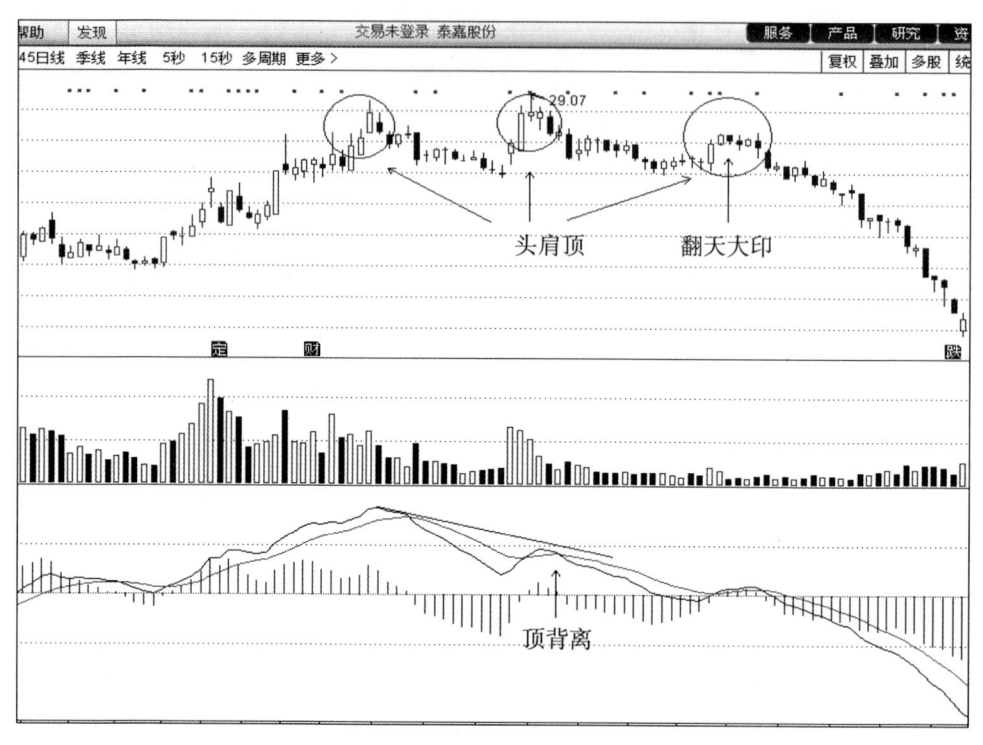

图3-10

（二）国际实业（000159），该股在第三个高点时，出现了波段见顶信号"翻天大印"，同时MACD指标也发生了顶背离。双重的见顶信号，注定该股已见大顶，其后该股短期内就出现几次单日暴跌，如图3-11所示。

由于头肩顶形态本来就不该被列入见顶形态，所以该形态简单说两个案例即可。一般都会在最高点的头部出局，不会拖到右肩，因为如果右肩不出现，最终没有形成头肩顶形态，那么就会错过最高点，所以笔者才说头肩顶是个没有价值的见顶形态。

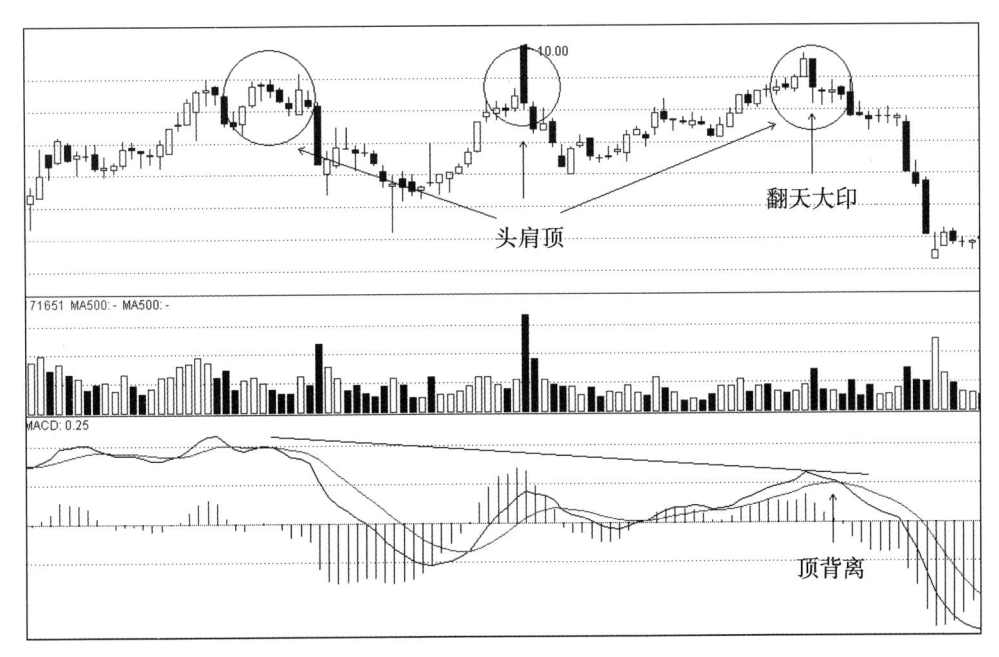

图3-11

第四章
投资理念

本章收录了笔者数十篇理论理念性文章，读者若能反复、仔细地阅读这些精华文章，必能深刻理解股市的运行规律，在投资思想上纠正错误的认知，在正确的方向上取得长足进步。

这里就是一座巨大的宝藏，等待有缘、有心、有福之人来开发。希望本书的读者，首先能从理念上站到一流高手的行列。假以时日，当理念与技术融会贯通之时，必将达到大成境界。到那时，如登泰山之巅而小天下，岂不快哉！

一、快乐和痛苦直入人心

股市投资如同用兵打仗，存在很大的不确定性。正如春秋时期军事家孙子所言："兵者，国之大事，死生之地，存亡之道，不可不察也。"

想进入股市淘金的朋友们，应该在进入市场之前，多听听已经在股市中摸爬滚打多年的资深投资人的经验和教训再做决定。不论是机构还是个人，都必须把进入股市投资当成一件大事来对待。若将它视为儿戏，那就有倾家荡产的可能。这里绝对没有危言耸听。资本市场是残酷的，如果投资者犯了致命错误，没有人能救得了你。

如果让笔者给新入市的朋友一点建议的话，不妨按照以下几点这样做。

1. 个人投资者

对于个人投资者而言，建议在入市初期，只用20%左右的资金进行操作。当投资者在股市中经历了足够多的跌宕起伏，积累了足够多的经验之后，再根据实际能力，决定是退出还是继续加大投资力度。

当然，这个积累经验的过程需要相当长的时间。根据笔者的经验，要想成为一个成熟的投资者，在悟性足够高的情况下，依靠自己的摸索，至少需要10年。这里说的是"至少",正所谓"十年磨一剑"是也。当然,这里也有一条捷径,那就是借助外脑,也就是拜那些高人为师。只有这样,投资者才能大幅度缩短摸索的时间。

在成熟之前,千万不要一开始就拿出大部分资金,试图一夜暴富。想快速发财的人,往往会快速地变穷,这在股市中是一个普遍的现象。除非有高人相助,否则大幅亏损就是注定的结局。

所谓一赚二平七赔,实际上只是某一段时间的统计。如果将统计时间延长到10年再看,最多只有1%的人能赚到大钱。时间会消灭一切依靠运气在某个时间段获得成功的人。要想赢得长久甚至是终身的成功,必须要成长为一位投资大师,必须能够洞察股市中所有阶段的规律性东西。

很多人主张在开始入市的时候,用虚拟方法进行操盘训练,笔者不主张这样做。因为在模拟交易中,无论投入多么大的资金,终归都是假的。如果不拿着真金白银进行实盘操作,投资者根本体会不到内心的潮水是如何随着股价的涨跌而跌宕起伏的。股票涨了,投资者体验不到真正的快乐;股票跌了,也体验不到真正的煎熬。这样的模拟操作,因为其操作结果无关痛痒,所以根本不存在任何实质性的心理负担。涨与跌都无法深深地触动内心,那就根本起不到磨炼心智的作用。

其实,学习炒股不是单纯的技术问题,同时还需要磨炼心态。如果决定要炒股,就拿出真金白银来练;要磨,就得把心磨出血来。快乐和痛苦都必须直入人心,漫不经心会使投资者一无所得。

2. 机构投资

对于机构投资者而言,最简单、最有效的方法,就是找到一位投资高手。不是要你跟他学本领,而是要请他当军师。赚钱是目的,至于是不是亲自操盘无关紧要。

每一位投资高手，都有其独特的投资哲学和技术分析体系，这些都是由他独特的心路历程构筑而成的。没有经历过他的心路历程，怎么能学会他的独家本领呢？要知道，许多事情必须要亲身经历才能真正懂得。

世上有很多事，即便知道，也不代表一定能够做到，这是两个完全不同的层次。"知道"，只是知识范畴的事情；"做到"，则是能力范畴的事情。"知道"和"做到"，有天壤之别！要将知识转化为实际能力，必须有一个刻苦磨炼的过程，这个过程是无法省略的。如果省略了过程，也就没有了结果。

投资者可以自我反省一下，在将知识转化为能力方面，是否能够做到知行合一。

"知行合一"是一切人生领域中的最高境界，这种境界只有经过刻苦训练才能达成。学过不等于学透，知道不等于做到，这就是区别知识与能力的标准。高超的能力非经反复、刻苦的锤炼，否则绝对不会具备！

"宝剑锋从磨砺出，梅花香自苦寒来。"不经历风雨，怎能见彩虹！

愿广大读者都能不畏艰险，勇攀高峰！终使自己获得财富自由，同时也获得人生境界的大提升！

二、人才是第一生产力

孙子曰："将听吾计，用之必胜，留之。将不听吾计，用之必败，去之。"这段话是每一位投资高手都应该牢记的。

实际上，能够掌握股市本质规律，又能在实战中知行合一的投资高手，可以说屈指可数，凤毛麟角。

在大资金的实际运作中，难免有自以为是的机构领导者，为了显示自己的能力，将意志强加于人，出现外行指挥内行的情况，这无异于自掘坟墓，这样有可能出现巨大甚至是毁灭性的亏损。证券投资是一种非常专业的活动，任何随意操作，都可能成为无药可救的致命伤。

老子曰："知人者智，自知者明。"上面所说那种越俎代庖的情形，说明这种领导者既没有自知者明，也没有知人者智。

老子曰："善用人者为之下。"意思是说，善于使用人才的领导者，都会非常尊重人才，能虚怀若谷，甚至甘居人下。做不到虚怀若谷，事业就注定做不大。

要想在资本市场取得持续、稳定、长久的成功，有三个必不可少的条件，那就是大量的资金、充足的运作时间和掌握股市核心规律的人才。

值得一提的是，资金并不像外行人想象的那样至高无上。在机构运作中，居于第一位的是掌握股市密码或者说股市规律的人才，居于第二位的是充足的运作时间，居于第三位的才是大量的资金。如果只有资金而无其他，轻则难出成绩，重则一败涂地！

在股市里，只有人才，才是真正的第一生产力。无论多么巨大的资金，也只是生产资料而已。想要在股市中取得巨大成功，必须深刻认识到这一点，不要因为手握重金有恃无恐，一开始就步入歧途。

一个投资机构，其资产能否在资本市场中持久并迅速地扩张，关键看其团队里是否拥有能够洞察股市玄机的投资高人。

当一个机构拥有一位深明股道的高手并重用之，那么无疑是最大的福音。如果机构中缺少杰出的掌舵人物，要想在资本市场取得巨大成功，无异于一句空话。想象中的成功就是那水中月、镜中花，面临的注定是悲剧。

三、战无不胜的根本原因

应该承认，市场里有投资的顶尖高手，他们几乎可以做到战无不胜。当然，这些投资高手绝非刚刚入市几年的新手，而是饱经市场风浪的悟道者。那么，这些投资高手是如何做到战无不胜的呢？且听笔者细细道来。

投资高手进场之前，必然会对市场的后续走势进行充分的研究，并做出明确的判断以及应变措施。投资高手之所以能够做到战无不胜，是因为他们首先做到了不胜不战。立于不败之地后，方才出战，这是他们的取胜之道。

投资高手对股价走势的每一步市场意义，以及控盘主力的心理，都了如指掌。他们率领资金进入之前，就已经对大势和个股的未来做出了明确的判断，并制订出应对主力做盘过程中各种花招的对策。投资高手不允许自己打没有把握的仗，一切行动都是建立在对市场运行洞若观火的基础上。投资高手洞察了市场的本质规律并加以利用，所以成功是必然的。

事先对大盘和目标股票未来走势的宏观研判，以及制订资金进出的原则性计划，对于投资高手而言极其重要。尤其是身负大资金运作任务的投资高手，必须要前瞻性地预判出大盘和目标股票未来的运行趋势、运行时间和运行空间，从而敢于在低位从容不迫地建仓。同时，投资高手也必须前瞻性地预判出大盘和目标股票在上涨过程中可能出现的情况，从而战略性地把握整体行情。

这就是投资高手战无不胜的真正原因。

四、主力洗盘的根本原因

极少有股票直线拉升，绝大多数股票在上涨过程中都需要经常洗盘。由于洗盘是必需的，因此股价的上涨过程通常都会跌宕起伏。

其实洗盘是主力拉升股价过程中不得不干的一件事。严格来讲，洗盘只出现在股价拉升阶段，筑底、做头和下跌这三个阶段的振荡，都不能称为洗盘。

洗盘的时间跨度长短不一，短可一两天，长可数月，这取决于洗盘的级别。洗盘的幅度也大小不等，小则百分之几，大则百分之几十。洗到什么程度，完全根据股价的位置、大盘的形势和主力的战略需要而定。

那么，主力为什么一定要洗盘呢？

不管主力洗盘的原因是什么，其洗盘的核心目的主要有以下两个。

第一，提高跟风盘的平均持股成本。主力要把前期获利的跟风盘清洗出去，以防投资者获利过于丰厚，在不适合的时候抛股砸盘，威胁主力的拉升和出货计划。主力希望在不同的价位，各种市场力量不断地换手，从而实现垫高跟风盘平均持股成本的目的。动态跟风盘获利不多，这样就不会形成集中的抛压。

第二，不断还原出拉升资金。主力在股价的底部和初涨的低位建仓完毕后，必须要留出一定比例的资金用来拉升股价。但是在拉升股价的过程中，如果只买进不卖出，那么最终必然会吃满满一肚子货，手中没有资金继续拉升。如果缺乏后续的拉升资金，股价无法上升，必然导致股价停滞甚至下跌。为了解决这个重要问题，主力会时而大量吃进筹码拉升股价，时而大量回吐筹码换回资金。主力回吐筹码的过程，表现在盘面，就是股价横盘振荡或者下跌。主力在拉升过程中不断地吞吐筹码，就导致个股盘面上总是跌宕起伏。

实质上，主力拉升阶段就是不断地将筹码和资金进行转换的过程。在不断的转换中，股价就被拉到高位。

这就是股价上涨过程中必须不断洗盘的根本原因。

五、空仓是一种高级战术

常常听人说，本来进场想做把短线就走，结果进场后不幸被套，舍不得止损，于是安慰自己做波段吧。做波段很久也没解套，于是又安慰自己中线持股做价值投资吧。就这样，最终只能死抱住股票不动，做股票做成了股东，而且是亏损累累的股东。

这纯粹是投资者对股价的趋势不清、买点不明造成的，这样的情况必然出现在股价下跌趋势中。下跌趋势中不是不能做股票，问题是要知道哪里是波段拐点。

其实，成功的投资者并不是一年四季都在操作，他们会在下跌的时间段里选择空仓。

投资高手绝不会不讲趋势、不看位置、不怕占用时间和资金去打持久战。在投资高手的操作方案中，首选的是在上升趋势中做上涨波段。在那个特定的时间段，赚钱有绝对性和必然性。投资者只要遵循这个操作原则，就一定能百战百胜。

有些人没有认识到时间的重要性，其实时间也是重要的成本。即使在大的上升趋势中，数以月计的大级别调整（修正浪）也会让持股者心烦意乱。如果资金陷于调整的股票中，就只能看着其他的大好机会望洋兴叹！在牛市中也可以进行波段操作，持股不动不一定是上上策。

从战略角度讲，在牛市中长时间持股，不会出什么大问题。如果在熊市中长时间持股，那将体验到如在地狱般的煎熬！

投资高手都懂得：当市场不具备必胜的操作条件时，要绝对空仓，要远离市场，去养精蓄锐。当市场具备必胜的操作条件时，还要将资金与波段行情做合理的搭配，以求最大限度地提高资金的使用效率。

可以肯定地说，不会适时空仓，就绝对不是投资高手。那种无论市场条件好坏，无论个股技术位置高低，无论牛市熊市，一年四季都满仓的投资者，是很难赚到钱的。

这里要反复强调，空仓也是一种专业投资者的必备战术，而且是一种非常高级的专业战术。掌握这一战术，需要坚强的意志来抗拒市场频繁波动的诱惑。其实，弱市中获得盈利的机会是不多的，很多时候都必须处于绝对空仓的状态。

空仓时，有充裕的时间客观地去观察市场，锻炼和提高投资者的专业本领，同时静静地等待大好战机的悄然出现。

耐心等待机会的出现，在这种机会出现的时候，必须有充足的资金及时参与，这是专业化投资者成功的关键。

六、举手投足皆合于道

投资高手每一次进场和出局，依据的都是股价运行的本质规律。

由于他们能够洞察主力坐庄的每一个步骤，能轻易识破主力使用的每一个花招，所以他们总是能够在股价走势的咽喉要害处出手。

比如，投资高手常常在股价即将启动或刚刚启动时进场参与。此时主力眼看有资金进场坐轿，也只得硬着头皮当轿夫。他们又常常在股价展开大级别调整或做头之前清仓离场，让主力连一根毫毛也抓不到。真正的投资高手，就是这样让庄家哭笑不得又无可奈何。

这样的投资高手绝不是故意与主力作对，他们只是依循股价的运行规律而动，举手投足"皆合于道"。如果将投资高手的操作过程比喻成与主力打仗，那实在是委屈他们了，他们与世无争，只是掌握规律并熟练利用规律而已，并没有与主力为敌的念头。

很多人喜欢"百战百胜"这个词语。"百战"强调操作的数量，这与投资高手的专业投资理念是背道而驰的。真正的投资高手，经过市场的血雨腥风和自己的刻苦锤炼，总是能够使自己做到不见大机会不出手。他们深刻地理解，操作的质量远远重于操作的数量，绝不会为了蝇头小利频繁地进出。

他们能够淡定地抗拒各种迷人的诱惑，全神贯注于自己的技术系统能够把握和控制的大机会。他们只赚属于自己技术系统能够确定无疑赚到的钱，对于其他的机会既不眼红，也不贪心。

投资高手具有穿透力的目光，总是执着地盯住大机会。他们追求的是不鸣则已一鸣惊人的大赢家境界！

七、实战高手如何对待消息

所有消息都是讲故事。

利用各种消息诱导、调动跟风盘，是主力常用的一种手段。主力利用消息，不用费多少真金白银就能达到目的。可叹跟风盘总是被人诱导，屡屡受骗，但从不悔改。

既然主力经常利用消息欺骗投资者，这里就谈一谈应该如何对待消息。

炒股的人从来就是爱听消息、爱打探消息、爱传播消息的群体。很多消息在不同程度上左右了投资者的喜怒哀乐，从而进一步促使投资者做出买卖动作。电台广播、电视节目、报纸、网络、交易大厅等，这些都是传播消息或兜售消息的最佳场所，各种消息层出不穷。只要炒股，就必然被各种消息包围着。这还不够，有些人还千方百计去打听、搜索消息，好像得到了消息就能发大财一样。

真正的投资高手，从来不关心消息，只关心他的技术系统是否出现了买卖信号。他们对待消息能够做到"听而不闻、视而不见"，再劲爆的消息都不能撼动其心。普通投资者认为非常重要的消息，投资高手往往会不置可否，一笑置之。

这是为什么呢？因为作为个人投资者，首先根本无从辨别消息的真假；其次即便能够辨别消息的真假，也无法预知这个消息会给股市或个股带来什么影响。例如投资者认为负面的消息，股价却不跌反涨；认为正面的消息，股价却应声大跌。这样的反常事件，相信资深的投资者经常会在市场上看到。

其实一切消息，只要没有转化为市场上实实在在的买盘，股价就绝不会上涨；只要没有转化为市场上实实在在的卖盘，股价就绝不会下跌。

对于真正的实战家而言，记录股价客观运动的技术图表，已经包容了一切影响股价运动的内因和外因，他们只对技术图表感兴趣。

八、知己知彼，百战不殆

孙子曰："知彼知己者，百战不殆；不知彼而知己，一胜一负；不知彼，不知己，每战必殆。"

投资者要想在资本市场取得长久的成功，也必须做到知彼知己，否则后果不言自明。

那么资本市场的"知己"是指什么呢？有人会说，难道连自己都不了解吗？

答案是肯定的，绝大多数投资者都没有真正地了解自己。危言耸听吗？请往下看。

别的方面不说，先谈谈在投资方面"知己"这点事儿。知道自己性格上的弱点在哪里吗？知道什么状况下会让你难以自制吗？知道自己的性格特点会在多大程度上影响你的投资行为吗？知道如何克服性格上的弱点吗？知道自己的性格特点适合哪一种投资方式吗？知道自己具备哪些真正正确而且又有效的投资技能吗？知道自己学到的投资技巧有什么限制条件吗？

通过反思这些问题，现在还敢说你了解自己吗？还敢说你"知己"吗？

下面再谈谈"知彼"的问题。

所谓"知彼",有几个方面。比如,要知道主力的运作方法,知道股价的运行规律等。那么,能准确判断出大盘的大级别低点和大级别高点吗?能识别一波上涨或一波下跌的级别是多大吗?知道哪些股票只能波段上涨,哪些股票能翻几番吗?知道大盘和股价会在哪里发生大的转折吗?

以上是从两个方面来阐述"知己知彼"问题的。当投资者能正确地解答上述所有问题,基本上就做到了"知己知彼"。如果能够解决心态问题,真正做到"知行合一",那么等待你的必然是"百战不殆"!

如果投资者对某个问题还不明白,没有明确且正确的答案,那么就需要赶快拜师学艺。当学到大成境界,股市将任你纵横。

九、关于坐庄

下面说说主力坐庄的流程,因为只有知己知彼,才能百战不殆。

对于个人投资者而言,个股的走势规律更重要一些。对于任何一只股票来说,必然处于如下几个阶段中的某一个阶段:筑底阶段、上涨阶段、做头阶段和下跌阶段。股价永远都是如此这般循环往复地运动着。

要想取得投资成功,首先就要明确知道股价运行的这个规律,其次要明确知道目标股票当下处于何种阶段,这一点具有战略性意义。要想彻底了解股价的走势规律,还得知道主力坐庄的流程。

对于主力而言,坐庄过程中必不可少的步骤有三个,分别是建仓、拉升和出货。笔者曾见过一些图书将主力坐庄过程说得非常复杂,要经历十几个步骤(单纯技术层面)。其实说句不好听的话,他们还没有悟透战略和战术的区别,并将战略步骤和具体的战术行为混为了一谈。事情就是这样,同样的问题,有些人会搞得复杂无比,令人头大。但是到了行家那里,就会变得简单易懂。

主力为了更好地完成建仓、拉升和出货这三个战略任务，会在某些位置进行多次战术打压、战术洗盘等动作。请读者注意区分战略和战术的不同，主力实施的一切战术动作，都是为了完成战略目标。

再重申一遍：能够准确地识别目标股票所处的战略阶段是非常重要的，一切操作原则都要依靠这个基础制订。

几年前一次讲课现场，曾有学生提问："老师，您把股市研究得这么透彻，如果有资金的话，您会不会坐庄？"笔者当时非常明确地答复说："不会！"

坐庄听起来很美，但做起来很累，而且庄家的胜利其实并不能完全掌握在自己手中。

投资高手一切依循规律而动，自然能立于不败之地，而庄家的坐庄行为并不一定能成功。事实上，股市中的庄家60%以上都是惨败的。

庄家拥有巨额资金，同时还拥有股民难以想象的很多武器，为什么反倒不能确保坐庄成功呢？

坐庄能否成功，主要取决于两个方面：其一，庄家能否非常精准地预判大势；其二，庄家能否在高位成功出货。这两个方面也有因果关系，如果主力能非常精准地预判大势何时见底，何时见顶，那么想在高位出货也不难。

庄家最大的失败，就是他的潜意识里认为：我有钱，我怕谁？殊不知一旦遇到大盘长时间或大幅度暴跌，市场上将玉石俱焚。这时庄家比散户更难受，甚至会因为无法出逃而寝食难安。

庄家坐庄一只股票，无论其建仓、拉升等环节多么精彩、高明，都不代表坐庄能够成功！只要庄家还没有成功地出货，账面利润还没有转化为实际盈利，就说明庄家还面临着巨大的兑现（筹码转换成资金）风险。

出货是坐庄环节中的重中之重，也是成败的关键，是庄家唯一不能掌控的环节。成功的出货，建立在大势依然火热，跟风盘依然不知死活大量买进的前提下，没有这两点作为保障，主力将筹码卖给谁？也可以说，庄家的成功是建立在跟风盘失败的基础上的。出货能否成功，完全取决于跟风盘是否足够傻。庄家只能利用人性的贪婪和恐惧，使跟风盘自己失败，庄家只能依靠自己高明的骗术取得成功。

资本市场天然地存在着一对矛盾，那就是博弈的双方：坐庄者和跟风者。两者就像阴与阳，既相互对立，又相互依存。缺少了任何一方，另一方就失去了存在的意义。

作为跟风者，不应该怨恨坐庄者的手段残忍无情，因为庄家也是为了获得成功。庄家坐庄过程中的每一步，都必须以欺骗、诱导和牺牲跟风者为核心，否则庄家就会死无葬身之地。

从某种意义上说，庄家就是一场骗局的策划者和实施者，只要投资者能洞察整个骗局，就能利用庄家的力量赚取大钱。赚钱与赔钱的关键，是投资者能否识破骗局而不被庄家所骗！

跟风者不应该因为庄家的欺骗行为而咒骂他，相反还应该感谢庄家。正是由于庄家的存在，才能使股价活跃，才能使股市不是一潭死水，才给投资者提供了获利的机会。庄家为自己和高明的投资者创造了获利的机会。如果投资者还没有学会利用庄家为自己赚取财富，那只能说明功夫还没有学到家。

资本市场是以智慧赚钱的地方，也是风险很大的地方。每一位投资者在进出这个高风险、高回报的场所之前，都应扪心自问，是否已经进行了充分的学习，是否已经有了赚钱的能力。

十、如何立于不败之地

先立于不败之地，是股市投资的第一步，盈利是第二步。但是很多投资者还不知道第一步为何物，就懵懵着直接进入第二步。本末倒置，鲜有不败。

孙子曰："故善战者，立于不败之地，而不失敌之败也。是故胜兵先胜而后求战，败兵先战而后求胜。"这段话将成功者之所以成功、失败者之所以失败的根本原因，直截了当地全盘托出。

成功者之所以成功，是因为首先将自己立于不败之地，然后再寻找最佳战机战胜对手（庄家）。比如，成功者原则上只在大势处于上升趋势的时候才进行持股操作，大势处于下跌趋势中则基本空仓。

其实，只要投资者能做到这一点，就可以使自己立于不败之地。只要拥有这样的操作理念，又能预先判断出大势和个股的顶底，那么必然能取得战无不胜的佳绩。

失败者之所以失败，是因为事先并没有做好充分的准备，基本上处于浑浑噩噩的状态之中。失败者盲目进场以后，只能寄希望于侥幸。其实，失败者绝大多数是对大趋势判断不清，严重缺乏整体观和大局观。

客观上，失败者进入股市只是撞大运，看似主动，其实完全处于被动之中。根本原因就是不知道股市的运行有规律，也没有系统学习搏击股海的必要技术。不要怪笔者话说得难听，事实就是如此！

成功者和失败者一开始就已经显示出了天壤之别。

投资高手绝对不允许在没有进行充分研究的情况下，受盘中股价涨跌的诱惑冲动地展开临盘实战操作，买与卖都是如此。

十一、纪律重于生命

要想立于不败之地，还有一个非常重要的事情，那就是遵守操盘纪律。遵守操盘纪律的重要性，无论怎样强调都不过分。纪律是胜利的保障，一旦脱离纪律的约束，凭感觉用事，早晚有一天会遭遇惨败。

一名投资高手，不仅必须具备非凡的看盘能力，而且必须誓死不渝地捍卫自己的操盘纪律。

按照不同的技术系统，实战操盘可以选择多个技术点位进场。不管投资者遵循哪一种模式，其中最关键的问题是：无论出现哪一种买卖信号，投资者都必须无条件地坚决执行，这是操盘的最高原则，除此之外，绝对没有第二种选择！实战中，既不允许出现信号后犹豫不决，也不允许在没有出现信号时轻举妄动！

投资高手衡量自己操作对错的唯一标准是：是否完全按照股价自身运行的规律展开了正确的操作，是否自始至终都雷打不动地坚守了操作纪律。

投资高手绝不是以某次操作是否赚钱作为操作对错的标准。投资高手认为：不按照规律、原则和纪律操作，就是赚了钱也是错的，因为那样做容易养成随意操作的恶习！相反，按照规律、原则和纪律来操作，就算偶尔亏了钱也是对的，因为这样做能够保证自己长久、持续、稳定地获得盈利。

切记，操作纪律与技术功力同等重要。经由实战千锤百炼而获得的宝贵经验，绝不能被变化莫测的情绪影响和左右。

如果没有明确的操盘纪律约束投资行为，没有坚如钢铁的意志力保驾护航，纵使拥有世界上最高明的分析研判系统和实战交易系统，也休想在资本市场中取得巨大的成功和辉煌的成就。

股市投资的过程，实质上就是磨炼心灵意志，挑战人性弱点的过程。绝大多数人无法取得巨大成功的根本原因，就在于他们无法控制自己的情绪，无法战胜自己人性中的弱点。那些取得巨大成功的人，无一例外都拥有超强的意志力。

这就是为什么投资者千千万万，而取得巨大成功者却凤毛麟角的根本原因。

意志薄弱的人，请远离市场，不懂遵守纪律的人，请不要投资，否则牺牲的不仅仅是金钱，还有平静的心态、快乐的生活，甚至是正常的饮食和良好的睡眠等。

十二、随机应变才能用兵如神

孙子曰："夫兵形象水，水之形，避高而趋下；兵之形，避实而就虚。水因地而制流，兵因敌而制胜。故兵无常势，水无常形；能因敌变化而取胜者，谓之神。"

投资活动也应该根据实际走势随机应变，不能墨守成规，要根据不同的形势采取不同的战法。

以本书为例，书中阐述的实战八法，就是洞察股价运行规律后总结出来的部分实战经验，实际上也正是根据形势随机应变的结果。八种战法虽然各有不同，但其精髓是一脉相承，一以贯之的。不论股价走势怎样变化，都很难逃出实战八法的覆盖，可以说实战八法是股价上涨的必由之路，是主力发动行情的咽喉要害！如果读者能把这些要害都掌握住，那么主力再狡猾，也逃不出天罗地网！

如果能对股价变化的规律洞若观火，又能在实战中达到随机应变的程度，自然就能够在股市中用兵如神。

尽管实战八法已经为读者展示了股价运行的一部分变化规律，但笔者仍希望读者不要被实战八法束缚住。"得其意而忘其形"且能够举一反三、触类旁通才是真正有悟性的投资高手。

其实，在掌握了股价运行的本质规律以后，外形就不那么重要了，自然而然就能做到相机而动，自然而然就能做到"运用之妙存乎一心"的境界。

希望读者朋友都能够达到透过现象看本质的水平，都能透过实战八法看到股价运行的规律。

虽然实战八法并非规律的全部，但在学习的时候，也不要冒进。通达实战八法之后再进行深造，从整体上认识股市所有的变化规律，才是可行之道。相信读者只要不断地勤学苦练，终有一天能够智珠在握。到那时，心中自然会豁然开朗、光明迸发，从此进入高手行列。

那么投资高手是什么样的状态呢？

掌握了股价运行规律的实战高手，对待股价变化会从容淡定、处变不惊。行动起来毫不犹豫，作战方法层出不穷、变化莫测。没有重重疑虑，也没有不知所措，买与卖都是自然而然、坚决果断、毫不迟疑。这就是"得道者"的境界。真正的高手深知股价运行的本质规律，知道主力坐庄过程中的每一步。同时，他们也深知自己的优势和弱点，并且总是有办法抑制人性的弱点，发挥技术的优势。在不该交易的时候，投资高手会稳如泰山；在机会出现的时候，投资高手会快如闪电。

投资高手既掌握了股价运行的本质规律，又懂得捕捉临盘进退的时机，所以他们在资本市场里取得持续、稳定、长久的成功是必然的。

十三、心如止水

在资本市场浸淫多年，越来越感觉到良好心态的重要性。即便技术过关，如果心态修炼不到家，最终也很难有好的结果。

什么叫好的心态呢？笔者觉得好心态的第一要点就是"静"。道家讲："心能执静，道将自定。"

为什么要求"静"呢？因为只有"静"才能"悟"；只有"悟"才能"得"；只有"得"才能"成"。为了使更多的人明白，可以换一种通俗的说法：只有心静，才能悟道；只有悟道，才能得到；只有得到，才能有所成就。只有静下心来，祛除种种杂思妄想，才能专注思考。

事实上，股市投资这一行并不是得到的信息越多越好，其实恰好相反，知道的信息越多，思维就会越混乱。《道德经》云："少则得，多则惑。是以圣人抱一为天下式。"讲的就是这个道理。

投资者追求的"静"应该是一个什么境界呢？笔者觉得应该是"心如秋潭止水"。秋天的潭水很透彻，为什么透彻呢？因为它沉静。秋季的肃杀之气，使天地万物都归于收敛沉静，水只是其中最明显的一种。投资者的心就应该像这潭水一样，沉静安详，不受任何外物的影响。不管是秋叶飘落，还是微风拂过，水面虽然惊起轻微的涟漪，但心不动，这就是佛家讲的"心无挂碍"。

有个成语叫"水平如镜"。水就是因为平静才能如镜，才能映照出万物的影子。我们的心只有静下来，才能感悟到宇宙万物的玄妙。

在错综复杂的资本市场，投资者的心就像墙头草一样随风飘摇，不能片刻宁静。因为心不静，对每一件事、每一个消息都过度敏感，从而导致思维混乱。要让投资者保持秋潭止水般的心境，简直难于上青天。

在乱中求静，内心时时处于超然物外的境界是一个很大的难题。但是若想有所成就，非得先静下心来不可。人生真正的敌人不在外界，而在内心。克服贪婪、恐惧，达到"合于道"的境界，才能立于不败之地。

不要让投资者对市场的判断受到任何外来因素的干扰。笔者曾经对一个学员说过一个诀窍，那就是"不要在任何时候受任何人的影响"。当然，这个前提条件是投资功力和境界已经足够高深。

从2005年入市以来，笔者对大盘的大趋势拐点、大波段拐点和小波段拐点做过数十次成功的预测，尤其是大盘处于大级别顶底的时候，观点更是旗帜鲜明，这些已成历史的预测在笔者的博客中都可以找到。

为什么预测准确度那么高呢？很简单，就是笔者坚持了自己的独立性，选择了简单。笔者不管什么类型的股票；不管什么政策和消息；不管名气很大的市场人士发表什么样的言论，笔者都将那些东西视为乌有。忽略掉所有的外来信息，专注于自己的分析系统，才有了数年来数十次的成功预测。

技术图表提供的信息已经足够多，假如还要将那些外来因素都思考一遍，恐怕就会受其误导，导致预测失误。

投资者要像逃避瘟疫一样逃避外界的所有言论，一定要全神贯注于自己的技术系统。

在投资生涯中，最珍贵的就是保持一颗不受任何外来因素干扰的本心。心如秋潭止水，则能映照万物。这潭水一旦被搅混，就会失去明鉴万物的功能。

人们倾向于被那些不会起作用的东西吸引，从而忽略了真正有价值的东西。这是人的天性，也是人的弱点。只有关注真正起作用的因素，才能懂得市场中的真正秘密。如果将宝贵的注意力放在了没用的东西上，将永远不会到达成功的彼岸。

当你的心能静下来，再来谈下面的一系列重要话题。如果仍然静不下来，那么就再读一遍本文。

十四、反常行为通常预示着顶底即将来临

笔者有一个很清晰的印象：2007年8、9月份的时候（点位在5000点左右），发现很多从来不谈论股票的作风稳健的人士，纷纷谈论起谁谁买股票或基金赚了几倍的钱。这些人谈起这个话题时显得非常兴奋，而且内心那种跃跃欲试的感觉根本掩饰不住。笔者当时心里咯噔一下，忽然意识到牛市已经接近尾声，行情快要结束了。

当最厌恶风险最不关心股市的人都在谈论股市，甚至是参与进来，一定

是一波行情接近尾声的征兆，这是对股市最无知的人群进来买单了。任何事情发展到高潮的时候，通常就到了尾声，世事莫不如此。古往今来真正的智者，往往在最辉煌的时候懂得急流勇退。

不妨举两个例子来解释一下。比如奥运会百米决赛，在运动员冲刺到接近终点即将分出胜负时，是不是这项运动高潮的时刻即将到来？肯定是！但是一旦到达终点，高潮来临，比赛也就结束了，是不是？再比如，中国人习惯在节日燃放礼花，当那绚丽的花朵盛开在夜空中，就是这支礼花生命中最绚丽、最高潮的时刻。但是，就在那绚丽怒放的瞬间，已宣告礼花的生命从此结束。

通过这两个例子读者就都明白了吧，高潮到来就意味着结束。

当从来不炒股的人蜂拥入市，当股民们高兴得手舞足蹈的时候，投资者要考虑卖出，因为这时已经接近了高潮。当从来都不在市场中出现的人出现的时候，一定是来买单的。

还有一个非常清晰的印象，那是在2005年7月，也就是大盘跌到1000点的时候。当时几乎所有人都已经绝望，投资机构普遍都看到700点左右。一次一次的下跌，使得市场内外几乎没有人再敢看多。如果谁还敢看多，恐怕会被骂声淹死。

恰恰就是在那时，笔者郑重地在某论坛公开发表了战略性看多的短文。结果发表文章那天（2005年7月21日）的点位，一直到10年后的今天也没有再看到过，因为直到今天，那个点位依然是历史性低位。

有兴趣的读者，可以到笔者新浪博客的首页去查看"998点后的大底预言"一文，里面有最原始的截图。

现在明白了吗？在这个市场中，大多数人永远都是错的，不管他们自认为多么聪明。当很多人几乎已经绝望，就是投资者考虑买进之时，因为这时可能已经接近下跌的极限。下跌的高潮和上涨的高潮是同一个道理，反过来看就可以了。

希望阅读本书的读者，能悟出一个道理——股市里的成功者一定是特立独行的人！

十五、要政策不如要技术

每当大盘跌得很严重的时候，都会听到股民的抱怨和咒骂声。吃亏上当的时候，多去怨恨自己学艺不精吧，因为没有人逼着你买卖，一切交易都是自己的决策。

投资者进入股市，应该从战略的高度认识市场，用技术手段找到安全的进场位置，抓住机会、规避风险、获得收益。内幕消息对于广大投资者来说是很难得到的，当知道的时候，早已错过买入的时机了。地球人都知道的时候，还能赚钱吗？

在关键时刻，其实是技术走势在引领政策而不是政策引领技术走势。如果技术点位没有到位，政策是不会出来的。这里是指能够左右中长期趋势的政策。

只要投资者有一个好的心态，决策果断，纪律严明，坚决执行已经制订好的计划，以技术信号为前提进行买入与卖出，就能取得胜利，获得高额回报。

笔者曾经在2007年5月底，即5月30日印花税增加到3倍导致全线暴跌之前清仓离场；笔者曾经在2008年4月22日上午印花税大降之前满仓进场；笔者曾在2008年9月18日上午三大利好消息出来之前满仓买入。可以很负责任地说：近几年，笔者做到了在每一次重大消息公布前撤退或进场，读者可以到笔者的博客上去看公开发表过的文章来证实。

还可以很负责任地告诉读者，笔者绝对没有任何渠道提前知道任何高层的绝密信息，唯一的分析方法就是看盘，就是凭借掌握的技术做出预判。

技术图表涵盖了一切，技术派高手完全可以摒弃所有东西，只在技术图表中寻找买卖点。

十六、果断是炒股的第一要诀

经常听人说，当初看好某某股票，可惜没有买进，结果大涨。或者当初持有某某股票大赚，高点没有卖出，结果现在连本钱都亏了。

为什么会出现这种情况呢？主要就是缺乏"果断"这个最基本但又最重要的素质。

不管是炒股还是人生中其他重要的事情，只要犹豫不决，不能当机立断，把握良机，就很难有所成就。

在操作股票的时候，最重要的就是要果断。能看得对并不能为投资者带来财富，只有果断执行，才能为投资者带来丰收的果实。

必须把自己训练成为机器人，内心只有买卖信号，没有恐惧、没有贪婪、没有犹豫。见到买入信号就果断买进，见到卖出信号就果断卖出，没有任何侥幸心理，也不在任何时候受任何人的影响。只有这样，才能彻底摆脱人性弱点，从而达到"知行合一"的最高境界。

如果不能泯灭与生俱来的人性弱点（贪婪、恐惧、侥幸心理等），要想在这个市场上持续、稳定、长久地获取收益，只能是一个美梦！

在这个没有硝烟的战场，唯一的敌人就是自己人性的弱点。如果不能战胜自己，就不要妄谈战胜市场。这是铁定的事实！

在这个市场中，投资者与之殊死搏斗的最强劲对手，永远都是投资者自己！必须通过战胜自己去得到世界！

下面说一个笔者果断操作的实例吧。

笔者在2008年9月19日写了一篇博文，名为"要有敢于在跌停板买进的勇气"。怎么回事呢？在9月18日上午收盘前，大盘暴跌到1820点左右的时候，笔者果断买了3只股票。第二天受到重大利好消息的刺激，大盘连同所有股票全部涨停！

笔者记得很清楚，当天跟一位在某著名投资公司任职的好友说："买在跌停板，让它跌无可跌。"因为笔者买的3只股票有两只是故意在跌停板买的。其中有一个是陕国投，买入当天它从跌停涨到零涨幅，第二天又涨停了。也就是说，只持股一天就赚了20%！笔者当时带领很多人一起买，还对东北一位朋友说："有钱尽管补仓，可以补到满仓。强烈反弹即将出现。"

什么叫果断？当大盘以泰山压顶之势暴跌下来时，投资者仍然敢于根据技术信号，立即在最佳时机满仓操作，这才是真正的果断。熊市中难得有暴利的机会，当机会来到的时候，一定要敢于下手，否则在熊市中就会颗粒无收。

说实话，在大盘暴跌的时候满仓买入，当时笔者一点恐惧感都没有，反而满心喜悦。当天下午的大涨和次日大盘及全体股票涨停的事实，证明了笔者的决策万分正确。

类似的经历还有很多次，已经是家常便饭了。笔者在危急时刻多次指导过的学员看到此处，必会会心一笑。案例太多，这里就不一一赘述了。

果断来自勇气，勇气来自信心，信心来自能力，能力来自千锤百炼！

没有信心，就不可能在关键时刻做成交易，尤其是在"黑云压城城欲摧"的时候。当其他人都裹足不前的时候，真正的智者却有足够的勇气交易，而且毫不犹豫，毫不胆怯。

高明的投资者能够预见未来，甚至在天色依然漆黑的时候，他就已经看到了黎明的曙光！

十七、谈股市中的戒、定、慧

戒、定、慧是佛家修炼的步骤。今天借鉴一下佛家的智慧。佛家讲：修炼的过程是由戒生定，由定生慧，从而洞悉宇宙人生的真相，达到彻底解脱的目的。

在股市投资中要达到一定的境界，同样需要一个修炼悟道的过程。如果想投机取巧，省略这个过程，那么终将一事无成，永远难以进入投资的正道。

下面从世间法的层面逐一解说。

戒，就是戒除、远离的意思。事实上，在人世间，重重的干扰，种种的诱惑，每一样都令人心境浮躁，情绪动荡，就像一潭池水总是被投进石块一样，没有片刻的安宁。

定，就是止，就是心无旁骛、持之以恒地将心力集中在某一件事情上，就像用放大镜将分散的阳光集中到一个点上那样。

慧，就是智慧。这是由戒生定、由定而得到的智慧。智慧的增长，可以洞穿笼罩在一切事物之上的阴云，让人们得以看清事物的真正面目。

说了半天，要想从普通人成长为一名投资高手应该怎么做呢？

应该"闭关修炼"。

也就是说，要在一个相当长的时间里，远离种种诱惑，排除一切干扰，将全部心力集中到股市中来。说白了，就是在几年的时间内，除了吃饭睡觉以外，什么事也不做，将全部的时间和精力都集中到对股市涨跌规律的研究上来。如此这般，如果有慧根的话，大概有两年的时间就能有小成。这个时间过程是经过国内外数位顶级高手印证过的最短时间，再也不能缩减。

要强调的一点是：不要小看时间的力量，任何成功都需要时间的累积才能达成。没有过程就没有了结果，十里之外的彼岸，不是一步就能跨过去的。很多人幻想今天跟某高人学会某一招，明天就可以纵横江湖无敌手，这种想法是幼稚的、可笑的。任何高深境界都需要时间的沉淀，绝非一朝一夕就能成就。

不要试图省略过程，不要试图投机取巧。欲成非常之事，必待非常之人，没有人能随随便便成功。

在这个行当里，要获得成功，只有靠专注。你越专注，就离成功越近。缺乏专注，将永远无法将能力发挥到极限。

讲个故事。有位年轻的武士要求某位著名禅宗大师教他坐禅。武士问大师："要多久的时间才能精于坐禅，并且得到开悟？"大师回答说："也许十分钟，但也可能要十年。"武士听了，接着说："这实在太久了！如果我加倍努力，坐禅的时间比别人多一倍，那又如何呢？"大师毫不犹豫地回答："这样的话……那需要一百年才行！"

很显然，这位禅宗大师知道，在一心求快和缺乏耐心的情况下，一定没有办法进步，甚至容易造成挫折感，让人无心继续学习，千万不要急于求成。

事实上，凡事全心投入，是人类精神状态里最能让人得到力量的方法。

十八、为什么90%的人亏损

忽然想起这个话题，忍不住想写篇短文和读者分享。

在股市中，最终90%以上的人都会赔钱，投资者对这个事实基本都认可。但是为什么会赔钱呢？怎么才能成为那10%的赚钱的人呢？这两个问题，有谁曾经认真地考虑过？

笔者的答案是：因为那90%的人都处于盲目的状态之中，他们心里只有一个念头在主宰，就是想赚钱！可是他们从来没想过怎样做才能赚到钱。他们没有意识到运气这种东西其实并不可靠，有赚钱的经历，并不代表有赚钱的能力。

由于价格波动的随机性，几乎所有投资人都有过赚钱的经历。这种市场现象助长了人们不劳而获的心理，以为不学习赚钱的本事，就可以轻松赚到钱。

有这样一句话："失败有原因，成功有方法。"笔者非常赞同。

其实很多事情，只有过来人才能明白，才能讲得清楚。没有经历过的人，心里常常是迷茫的，无异于问道于盲。

下面从体育入手，深入浅出地讲解一下"90%以上的人都会赔钱"这个所有投资者都感兴趣的话题。

相信很多人见识过郎平的"铁榔头"，王义夫的"神射"，刘翔的"飞奔"，邓亚萍的"乒乓女皇"。这些都是世界体坛传奇式的人物，全世界都看见了他们的成功，但是有谁见过他们辉煌背后艰辛的付出呢？他们是不是不需要平时的苦练就可以拿到世界冠军？回答肯定说：不是！

那么，本文中所有问题答案就明朗了。人世间的道理很多是一通百通的，就像体育健儿要想成功，必须经过大量高强度的训练一样，股票投资同样如此。

你看到的是高手们洞察先机的智慧光芒，但你更应该懂得，这耀眼的光芒，来自无数艰辛超越常人的日日夜夜的努力付出！

绳锯木断，水滴石穿，令人眩目的成功，无一不来自持之以恒的努力！

人们盲目地去赚钱，往往过高地估计了自己的实际能力。想不劳而获，想天上掉馅饼，这是很多人在投资活动中致命的误区。在梦想得到什么的同时，是否也该想一想，到底付出了多少？拿什么来换取成功？

天道酬勤。古往今来，任何一个行业中的佼佼者，其生命中都有一段无怨无悔、默默付出的过程。如果不愿意经历这个过程，那么休想得到想要的成功！正如佛家所说：有如是因，才有如是果。

在证券投资领域，通往成功之路的最大障碍永远是投资者自己。在这个市场中，投资者与之殊死搏斗的最强劲的对手，永远都是自己！

投资者必须通过战胜自己来赢得市场！

十九、熊市的特征及操作策略

古人云：不谋全局者，不足以谋一域。了解熊市的特征，是为了更正确地调控投资活动。

什么叫熊市？熊市是什么样子的？不用谈理论，只需一个简单的比喻，就能把熊市的特征说明白。

一块大石头，从高高的山顶往下滚，遇到一个小的障碍物，这石头就小小地往上弹一下，然后继续往下滚；遇到一个大的障碍物，这石头就大大地往上弹一下，然后又继续往下滚。类似的情况会多次发生，直到这石头滚到平地，惯性地滚一段时间后，再也滚不动了。

熊市就像从山顶往下滚石头，这石头就是股价（股指）。像这石头一样，从山顶滚到平地是一个完整的大趋势。石头碰到大大小小的障碍物产生的若干个反弹，只是这个大趋势里的小小插曲而已。

从这个形象的比喻中可以明白：熊市最重要的特征就是长空短多，大空小多。

在"挑战自我，飞越巅峰"这篇专访（见人民网）中，笔者是这样讲的：熊市，正确的战略应该是"中长线空仓，短线小资金抢反弹"。相对应的战术就是，"寻找反弹前的低点介入，等待反弹结束出局"。

请注意：熊市里的主要操作技巧是"低吸高抛"，而不是"追涨杀跌"。在熊市中战略性做多，中长线持仓的策略，绝对是错误的，短线和超短线才是获利的主要方法。

螳臂当车是愚蠢的，顺势而为才是明智之举。

熊市中抢反弹是刀口舔血的事儿。能够掐准反弹前的低点，是需要历经千锤百炼才能达到的境界。笔者可以很负责地说一句：熊市是普通股民的地狱，却是顶级投资高手的天堂。熊市进场之前，先掂量一下自己的本事吧。

二十、止损的价值和意义

2008年8月8日，在投资者殷切盼望奥运行情给他们带来大阳线的这一天，市场却被一根121点的大阴线迎头砸下。当日市场暴跌4.47%，全场数百只股票跌停，可谓血流成河，惨不忍睹。

像这种暴跌行情，经验丰富的投资者是完全可以避开的。

当市场风险很大的时候，最明智的选择是清仓。即便当时处于亏损状态，也该这么做。

有的投资者认为止损是投资失败，这种见识何其短浅。

中国有句古话：见势不妙，溜之大吉。兵法云：三十六计，走为上计。溜也好，走也罢，都是逃跑的意思。

举个例子。在大海里，一群凶猛的鲨鱼游过来，小鱼最安全的方法是躲起来或者是望风而逃。如果傻乎乎地不知回避，后果可想而知。

现在的问题是，由于经验不足，投资者看不到即将发生的危险，所以不知道规避。或者即便知道有危险，还是下不了决心止损。

据说古代有一种捕猴子的方法：猴子有个秉性，只要抓住吃的东西就不撒手。有些人就在地上挖个坑，在坑上固定一块木板，在木板上挖两个洞（木板上的洞刚好够猴子的手能伸进去），木板下面放一些花生。猴子看见花生，就伸手去抓。结果抓了花生的手紧握成拳头，无法从洞里再缩回来。

由于猴子不肯放弃那把花生，木板就成了一块活生生的枷板。猴子就这样紧紧抓着花生不放，被人轻易捉去。因为猴子不肯放弃那把花生，导致最后连性命都难保。

猴子因为放不下那把花生而丢了性命，这是猴子的悲哀，但是投资者何尝不是如此。投资者因为接受不了小亏的事实，舍不得及时止损，以致深幅被套，最后无法自拔，心中长期苦不堪言。

那些对市场缺乏了解的投资者应该明白：止损是交易过程中最正常且不可缺少的事情。止损不是失败，而是一种高明的资金保护措施。

止损的好处主要有以下两点。

第一，避免资金被深套。

第二，手握资金，可以随时把握后面的机会。

止损其实在投资领域是件再正常不过的事情。很多人把止损看成失败，因为心里难受而不肯出局，以致资金被深套，后面即便有翻身的机会也与他无缘，这才是最大的损失。

成功的投资者，看重自我控制胜过其他任何因素，因为这是通向成功交易的第一步。

请牢记：虽然在价格变动之初无法预测天机，却可以学习如果控制损失。怎样控制损失呢？只有一个正确答案，那就是要一直使用止损点，一辈子一直使用！当投资者"偶尔"不使用止损点的时候，也许就是被深套的开始。

再重申一遍：在股市中投资，控制风险最有效的手段就是设立止损点。必须要明确知道，在什么情况下马上止损。投资者必须坚持执行止损原则，将损失控制在一定范围内。

当建立一个有止损点的仓位之后，亏损的钱只有固定的那么多，不管是何时或如何进入市场的，止损点都会把投资者承受的风险控制在一定的范围内，不至于日后陷入难以自拔的境地。

每一位投资者都要意识到：越早学会如何处理失败的投资，就能够越早在股市中积累财富。

二十一、投资就是两点一线之间的游戏

笔者崇尚简单，反对把投资活动搞得无比复杂。

投资过程中最重要的环节是什么？就是寻找买点和卖点。买点出现时买入，卖点出现时卖出，买卖点没有出现的时候，就安静地持仓或空仓等待。

等待很重要，因为机会是等出来的，而不是追出来的。顶级高手的全部投资活动，只不过是等待买点和等待卖点而已，这就是投资高手投资心法的核心。整个过程简单而有效。

买入信号是一个点，卖出信号也是一个点，在买卖信号之间是一条蜿蜒的曲线。所谓的投资活动，就是"两点一线之间"的游戏而已。

能够耐心等待最佳的出手时机，是投资者成功的关键。

想要有所成就，就必须学会等待，等待最理想的时机出现时再做出最佳选择。投资者要像潜藏在丛林里的猎人一样，等到猎物完全现身，近在咫尺的时候，才扣动扳机。对那些没有把握的目标，最聪明的选择就是放过它们。

没有耐性的猎手，会过早耗尽自己的子弹。而经验丰富的猎手，在没有十足把握的时候，会一枪不发。

二十二、心态与时间

在股票这个市场上折腾，除了资金和技术外，还有一样东西是必备的，也是绝不可缺少的，那就是时间。十月怀胎，一朝分娩，靠的是时间。春种

秋收，瓜熟蒂落，靠的也是时间。没有时间的累积，就不会成就任何事情。凡事不能着急，必须懂得耐心等待。

为什么要说时间呢？因为心态绝大部分跟时间有关，说白了，就是跟等待有关。

机会没有来临的时候，需要耐心等待买入的时机。如果投资者没有耐心，在不合适的时机买入，那就会有"套牢"这两个字在后面等着跟你交朋友。

当机会来临，买入了股票，那么接下来需要的是什么？还是等待。等着股价上涨，等着股价调整，一直等到一波行情结束。这时投资者需要的是"任凭风浪起，稳坐钓鱼船"的从容淡定。

在股市投资活动中，说心态好，不如说善于等待。既然时间也是一种不可缺少的成本，那么就不要把时间当作敌人，而应该把它当作朋友，当成最心爱的人，与它心平气和地相处。

金融大鳄乔治·索罗斯（George Soros）参与的投机游戏，总是持续很长时间，因为利率或汇率变动产生的结果，需要很长时间才能显现出来。索罗斯拥有许多人都缺乏的耐心。他说："要想成功，你需要从容不迫，你需要承受沉闷。"

如果我们预先能够"框住"自己，了解在所有大趋势里面，都难免会出现方向相反的波动，这样一来，就比较容易忍受地狱之火的煎熬。

要完全按照作战计划执行是非常困难的，很少有人能坐着不动，长期紧抱仓位，直到获得最大胜利的时刻。绝大多数投资者都是急功近利的，只赚了百分之几就匆匆抛出股票，放掉了后面百分之几百的利润。这也不能怪投资者急功近利，只能怪他们不知道上涨的级别是多大。

千万别忘记，时间是创造巨大利润最重要的因素。在看对大趋势的前提下，持有的时间越长，未来的获利越大。要牢记：参天大树不是一天长成的。庞大的利润无法在一朝一夕间生成，这就是短线交易注定只能赚小钱的根本原因。短线投资者把持股时间压缩得非常小，以致利润没办法在那么短的时间内"茁壮成长"。

传奇人物杰西·劳伦斯顿·利弗莫尔（Jesse Lauriston Livermore）说得最好："我从来没有因为思考而赚到钱，我只是坐在那里就发了大财，就只是坐在那里！"

掌握大波段或大趋势，才是赚大钱的唯一方法。

在方向正确的前提下，唯有时间，才能带给你巨大的利润。不是思考，不是进进出出，不是想办法抓住每一次小级别的高低点。

A股2005年7月到2007年10月的大牛市，股票涨了十倍甚至几十倍的比比皆是。说一个实例：2005年12月，笔者给东北某大学一名退休的数学系教授推荐广船国际（600685）的时候，该股还不到3元。当时笔者告诉她，这是两市最好的股票。到了2007年10月15日，该股涨到了102元，这就是时间的威力。

时间是我们的朋友，因为在看对方向的时候，唯有时间能帮我们创造巨大的利润。

大家知道，股价10分钟的变动比1分钟的大，60分钟的变动又比10分钟的大，而一天或一周的变动更大。短线投机者想在很短的时间内完成交易，获利的潜力自然大受限制。

输家常常紧抱亏损的仓位迟迟不肯认赔出局，赢家则会紧抱获利的仓位不"太早"离场。

投资者要学会紧抱获利的仓位，这样才能赚到大钱。成功的农夫绝不会在播种之后，每隔几分钟就把它们挖出来看看长得怎么样。他们会让种子发芽，让种子成长。从大自然的规律中，投资者可以得到很多经验教训。

笔者有一位学员，他根据笔者传授的方法，在2008年11月12日重仓买进江中药业（600750），一直持有到2010年9月28日才一次性卖出，其间股价累计涨幅高达438%！他完全按照笔者传授的买卖时机进行操作，而且非常有耐心。通过这次跨越时空的实践，他已经达到"知行合一"的境界，成为一名顶级的趋势交易高手。这个实战案例记载在笔者的博客首页，名为"吞吐山河的胸怀"，大家可以去看看。

无论市场如何波动，获利都是需要时间的。投资者应该牢牢记住一点：世界上最伟大投资家的最伟大品格就是有耐心。

二十三、市场的结构

大家都知道庖丁解牛的故事，"游刃有余"这句成语就来自这个故事。投资者在学会庖丁的技术之前，一定要先具备庖丁的眼光，否则游刃有余的技术将无从练起。

只有当视野足够开阔的时候，才能洞察全局，不被局部现象迷惑。首先，投资者一定要明白市场的整体结构。不管市场走势多么跌宕起伏，从大的趋势来讲，只有三种市道，即牛市、熊市和振荡市。就像日月循环、阴阳转化一样，牛市和熊市也在不断地交替轮换。

大家知道，在股市中，不论是大盘还是个股，其K线走势都是以类似波浪的形式运行。投资者把这些此起彼伏、上下动荡的"波浪"称为波段。无论是在牛市、熊市还是振荡市，股价都以波段的形式演进。无论是在哪种市道，行情都是由若干个波段衔接而成。

举例来说，一轮牛市，假如一共由五个大小不等的波段构成，那么这轮牛市一定是由三个上涨波段和两个调整波段组成；一轮熊市，假如一共由五个大小不等的波段构成，那么一定是由三个下跌波段和两个上涨波段组成。可以说，波段是股市的基础运行单位。

当投资者学会用波段的眼光观察市场，就会明白，无论是上涨趋势还是下跌趋势，都是由若干个涨涨跌跌的波段构成。用波段的眼光看市场，就会像小葱拌豆腐一样，一清二白。

股市盈利之要，在于对趋势与波段的正确把握，只有操作上涨波段才能赚钱。若以波段操作为交易策略，那么在实战中，交易的基本动作就是回避下跌波段，操作上涨波段。

笔者曾经三番五次提出自己的操作思路——顺势而为，波段操作。

解剖市场，要有庖丁一样的眼光。当投资者对市场的结构一清二楚、明明白白的时候，操作起来就能做到心中有数，得心应手。既然看清了市场的结构，也知道怎样操作才是正确的，那么剩下的还有什么？毫无疑问，就是波段操作的技术！

如果细分的话，波段操作有两种形式：第一种是买在转折点，第二种是买在爆发点。只要明了波段的转折点和爆发点在哪里，股市就是摇钱树！

二十四、各种操作方式的利弊

股票的操作方式很多，按持股时间长短，可以分为长线、中线、波段、短线和超短线五种。那么，这些操作方式有什么优势和缺点呢？下面就来逐一做个评价。

为了方便描述，这里把短线和超短线划分为一类，把中线和长线划分为一类，把波段单独划分为一类。

首先说说短线和超短线。说句客观的话，喜欢在上涨趋势中做短线和超短线操作的投资者，是纯粹的业余水平投资者，后文会详细解释其中的缘由。

再说说中线和长线。中长线适合三种人：其一，根本不懂股票的人；其二，真正懂中长线的人；其三，超级有耐心的人。

最后说说波段操作。波段操作适合于对股市涨跌规律研究得出神入化的高手，否则绝对做不好。段位低的投资者，不是把波段做成了短线，就是把波段做成了中长线。能恰到好处地把握住波段高低点的人，必然心怀大道，对股市涨跌规律了如指掌，其实战操盘已经与股市的涨跌规律融为一体。

下面就各种操作方式详细进行解说。

要想知道各种操作方式的利弊，首先得明白股市的结构及其运行规律。如果结构不清，规律不明，怎么会有清晰的思路呢？

先说中长线操作。市场第一级波动叫作主级正向波（就是大趋势）。通过分辨主级正向波的方向，可以把市场分为牛市和熊市，这是市场大的结构。中长线操作者，由于其中长线持股的特征，所以只能在牛市里操作，绝对不能在熊市里操作，这对中长线投资者是最大的限制。高段位的中长线投资者，最要紧的本事就是具备判断牛熊转折点的能力，否则将不知何时进场，也不知何时出局。

事实上，中长线投资者经常会遭遇两种窘境：一是还没有到达本轮行情的大顶就中途下车；二是到了行情的大顶而不自知，以至于坐了过山车。不到站就下车与坐过了站没有下车，都是非常尴尬的事情。其实股市的涨跌是有严格时空界限的，原有的趋势在遭遇大的共振阻力时必然会转折，所以过久地持有股票没有任何意义。

如何认识上涨趋势的大顶，这是个很关键也是最让人头疼的问题。中长线投资者，是否找到了答案？如果找到了答案并不断获得成功，那么就是所说的真正懂股票的人，笔者由衷地敬佩。如果还没有找到答案，那么说明还没有"得道"，中长线操作也只不过是无奈的选择而已。

短线和超短线操作者，真的是不懂股市的人。为什么这样说呢？因为任何事物的成长都需要时间和空间，股票也不例外。在大趋势向上的前提下，一只股票从5元上涨到20元，只是时间的问题。只要给它足够的时间表现，它就能给投资者丰厚的回报。假如只给它1天表现的时间，那么它尽最大的努力，也只不过能提供一个涨停板而已。

所以说，要让一种事物充分地成长壮大，就千万不要给它限定时间。而短线和超短线操作者，最大的问题就是——限定了股票的成长时间！限定了成长的时间，也就同时限定了它的成长空间。

说短线和超短线操作者不懂股市，还有一个重要原因：他不知道股价将会涨到哪里，总是害怕手中的股票跌下去，稍有调整就会抛出，于是只能做短线，只能胆战心惊地每天博取一些蝇头小利。

其实说到本质上，短线操作者不懂股市规律，没有核心技术，涨时不知道会涨到哪里，跌时不知道会跌到哪里。在这种整天战战兢兢的恐惧状态中，自然而然就形成了短线思维。短线投资者的时间、精力和财富这样无谓地消耗下去，就会成为股票的奴隶！笔者想劝这样的投资者早日觉醒，早日找到投资的正道！

能进行完美的波段操作的投资者，必然是领悟了股市大道的人。为什么呢？这是从股市的基本结构来说的。不论牛市熊市，股市的波动总是以波段形式进行的，波段运动是股市运行的基本形式。上文已经讲过，假设一次大牛市（大熊市）总共由五个波段组成，那么这五个波段必然是由三个上涨（下跌）波段和两个下跌（上涨）波段组成。

高明的波段操作者可以捕捉到绝大多数波段的低点和高点，从而在波段低点进场，在波段高点出局，不但赚足了所有利润，同时还回避了所有风险。如此这般，波段操作者就可以将一次完整的牛市分解为若干个波段来操作。由于波段操作的复利效应，在一轮大牛市中，波段操作赚取的利润，可能会比中长线持股不动高出数倍。

另外一个比中长线操作优越的地方在于：波段操作可以贯穿所有的牛市

和所有的熊市，不会仅仅局限于在牛市中操作。也就是说，波段操作可以全天候作战。

以上文字，已将常见的操作方式及误区基本陈述出来，投资者可以根据自己喜欢的方式深入研究，决定取舍，早日形成自己的操作风格。

二十五、波段与短线

前面"市场的结构"一文中提到过，市场是以波段的形式运行的。换句话说，也就是波段是行情运行的基本形式。

如果不提中长线，只说波段的话，那么波段操作的原则就是放弃下跌波段，把握上涨波段。这种思路可以贯穿所有的市道，不论是牛市还是熊市。

波段操作至少有四点好处。

其一，能在牛市中规避大级别的调整。

其二，能在熊市中规避大幅下跌。

其三，能在振荡市道中提高资金使用效率。

其四，能实现复利操作。

在大趋势向上的牛市中，原则上可以中长线持股。但是在振荡市道和熊市中，笔者认为应该采取波段操作的方式，否则风险极大。

很多人常常把波段操作与短线操作混为一谈，其实这是两个完全不同的概念。最简单的区别就是，波段里面包含着短线，波段大于短线。笔者不提倡短线操作，因为那是一种目光短浅的行为，最短也应该波段操作。

在一次较大的上涨波段中，会出现若干个短线的高点和低点，但那些都不是波段的高点和低点。那么，短线高低点对于投资者而言有什么实际用处呢？其实，短线的高点没有什么用处，短线的低点才有用处。如果投资者没能在上涨波段的低点进场，那么上涨波段中的短线低点，就是次佳进场点。

前文说过，炒股是两点一线之间的游戏。其中"两点"的含义，就是波段低点和波段高点。波段低点和高点，又可统称为波段拐点或者波段转折点。

能够认识到市场是由无数个波段构成的，同时又懂得捕捉波段拐点的技术，那么就可以纵横牛熊市而游刃有余了。

象数理论中的涨停战法和黄金战法（象数理论具体内容可参见何瑞东的博客），已经完美地解决了波段拐点的研判难题。

二十六、转折点的级别

数年前笔者曾写过一副对联。

大趋势，小趋势，势势明了；

上拐点，下拐点，点点知妙。

一套高明的理论，必须做到两点：一是能预测大小行情的拐点，二是能知道转折之后的行情持续多久。如果预测不出来，那么至少要在拐点出现之时，能够做到当下确认。

象数理论预测的范围是非常广泛的，它既能预测超短线和短线拐点，也能预测小波段和大波段的拐点，同时还能预测中长线拐点。

尽管象数理论能预测所有级别的拐点，但笔者只提倡捕捉两种转折点，那就是牛熊拐点和大波段拐点。

由于大趋势和大波段的拐点很少出现（大趋势转折点数月到数年才有一次，大波段转折点数周甚至数月才有一次），这里只能以小级别的拐点作为预测案例演示给读者，这就是为什么在笔者的博客中，绝大多数拐点预测文章都是预测小波段拐点的。

但要注意，小波段、短线和超短线拐点的预测是有时效的，即便当时成功转折了，延续的时间也会很短，这是转折的级别决定的。也就是说，小周期的预测结果没有对错之分，只有时效之分。

在实际操作中，笔者只提倡中长线操作和大波段操作，这一点所有读者必须注意，这才是笔者的投资心得。为什么重视这两种操作方式呢？这是因为这两种趋势持续的时间较长，利润空间较大。

请务必记住一句话：转折点的级别是不同的，短线和超短线转折点没有太大的价值，中长线和大波段转折点才是投资者应该重视的。只有对股市有了整体的认识，了解了全部的规律，才能不迷失于局部，才能不被小涨小跌迷住双眼。

二十七、循环中的循环

在任何一个时间点，任何一只股票都同时处于三种不同的趋势中，即短期趋势、中期趋势和长期趋势并存。

这句话不太好理解，这里做一下说明。任何一个短期趋势，一定是某个中期趋势的一部分；任何一个中期趋势，一定是某个长期趋势的一部分。也就是说，相对较小的趋势，一定被包含在某个更大的趋势当中。

在某个特定的时点，大趋势、小趋势的方向可能相同，也有可能相反。不管方向相同还是相反，都应该知道当下所处趋势的级别以及随后会发生什么样的变化，这样才能不迷失方向。

在入手操作之前，一定要清楚投资者是要做中长线还是做波段，因为任何一只股票，在同一个时间点，在不同的周期上，都有可能是三种趋势（上涨趋势、下跌趋势和横向趋势）并存。要做的是哪一种周期，就应该按照哪一种周期去做。也就是说，投资者只需按照某一种周期趋势去做，不必前怕狼后怕虎。

如果投资者想做长线，却很在意波段涨跌，就很容易被波段涨跌迷惑，也就很容易做出错误的决定。如果想做波段，却很在意短线涨跌，就很容易被短线涨跌迷惑，从而很可能在短线高点或短线调整的时候清仓出局。

股市中的股票就像是一群运动员，有擅长短跑的、有擅长中长跑的、有擅长马拉松的。操作之前，投资者一定要知道选择的是哪一种"运动员"，否则在实战过程中，很可能会出现思路错乱。

如果喜欢"马拉松"，就不要老盯着短期强势涨停的股票心潮澎湃，要学会不为所动，视而不见。反过来，如果投资者喜欢"百米冲刺"，就不要理会那些慢悠悠涨跌的股票。

鱼与熊掌不可兼得，在特定的时间段，交易策略必须相对固定，不能变来变去，忽长忽短。始终纯粹地保持最初的决定，不在持股或跟盘过程中三心二意，才能最终赢得比赛。

所有的投资者都要面对同一个问题，那就是如何在市场中持久地获取利润。

在市场中，经常会有幸运儿出现，但幸运之神并不会永远眷顾你。通常来说，大多幸运儿都经不起时间的考验，最终被市场淘汰。真正经得起时间考验的，乃是一批拥有特定的买卖规则，并能身体力行的投资者。

二十八、不要迷失于细节

当真正在股市中得道，会发现股市投资比种麦子还要简单。

只要选个合适的时机，把"种子"埋下去，之后再也不用管它，再也不用看它，只等收获的时间一到，来收割就是，保证赚个盆满钵满，喜笑颜开。

种麦子还得顶着大太阳去松土、浇水、施肥、驱虫、除草，很累很累。

"种"股票，只需要一种一收，其他的什么都不用管，岂不是比种麦子简单得多？

大多数人热衷于每天盯着股市的细微波动，很容易被影响，当然，如果有条件每天看盘，又能做到不动如山，静观股价涨跌，那么就是股市中的圣人。

为什么说很容易被影响呢？很简单，因为这些人不知道"大势有序，小势随机"的道理。

为什么说"大势有序"呢？因为每一次大级别高点和大级别低点，它们的出现都不是无缘无故的，都是非常有规律的，几乎从来没有例外过。为什么说"小势随机"呢？这里说的"小势"，是指超短线趋势。这种级别的趋势，即便能准确地预测出来，持续的时间也会很短，有多大的实际价值呢？宁可说"小势随机"，而不去深究，也不在没有多大价值的小事情上去浪费时间和精力，这是一种大智慧！

既然大的方向、大的高点和低点都是定数，那每天去盯盘还有什么意义呢？那不是自乱阵脚吗？如果投资者真的闲不住，那就退而求其次，波段操作吧，不要每天沉迷于蜿蜒的曲线中难以自拔。

这世界上绝大多数人在绝大多数时候都迷失在无关紧要的细节中，而看不见大局。

二十九、波段操作的要诀

波段操作是一种极为省心的操作方式，因为只关心波段转折点或波段暴涨点的出现，对上涨途中和下跌途中的所有短线振荡都可以忽略不看。波段操作，每天收盘的时候看一眼日线走势即可，不必全天候盯盘，盯盘反而坏事。

每天收盘后看一眼走势的目的是什么呢？是要看看目标股票是否出现波段买点或者波段卖点。如果出现，就果断进场交易。如果不出现，就继续持股或空仓。

盘中为什么不看呢？是因为必须要加强理性的力量，同时压制情绪的力量。例如，理性告诉投资者还没有到波段高点，不用卖出，但是投资者的情绪会受到盘中涨跌振荡的极大影响，甚至会质疑或完全颠覆对未来行情的看法，从而导致错误的操作。"不看盘"这个绝招，可以对付"情绪"这个要命的敌人。

其实，除了该买或者该卖的那一天需要盯盘外，其他时间完全可以自由自在地生活，根本用不着每日苦盯盘面。事实上，盯盘盯得越紧，就越做不好，因为很容易被盘中走势影响。最好的方式就是与市场保持一定的距离，距离会抑制恐惧和贪婪，距离会产生利润。

波段操作应该是这样的：不贪不惧，出现波段买点时买进，出现波段卖点时卖出。当买点出现就满仓，当卖点出现就清仓。波段买卖点会不断地循环出现，仓位也相应地在满仓与空仓之间不断循环。充分认识和尊重波段的涨跌规律，才能使投资者立于不败之地。

买点和卖点就是两个点，买卖点之间的运行曲线根本用不着理睬。所以笔者一直在说，炒股就是两点一线之间的游戏。

在一个完整的上涨波段中，会有若干次短线调整。面对繁多的小调整，其心态如何就变得异常重要。有时明明知道波段高点还没有到来，但是面对短线和超短线高点的时候，能否做到心静如水呢？如果能，就克服了人性的弱点，就可以到达成功的彼岸；如果不能，就会被那些小级别的调整搞得六神无主，很容易为一点小波动做出错误的交易。

高明的理论能明确地判断出哪里是大波段转折点，投资者唯一需要的，就是坚定的信念和持股的耐心！面对动荡的盘面时，投资者的心不能跟着动荡。

波段操作的艺术在于忽略和忍耐。当投资者有足够的定力排除所有干扰，能够稳如泰山地持股不动，那么就在股市中修成了正果，就是股市中的投资高手。如果不能，那么就永远是股市中的普通股民。

三十、大资金的操作思路

这里所说的大资金，是指千万元以上级别的资金量。

笔者亲耳听过的大资金投资失利的案例不少，都是将数以千万元计甚至数以亿计的资金惨赔进去。

其实所有大资金操作失利的根本原因，也是唯一原因，就是大方向看错。

古人云："运筹帷幄之中，决胜千里之外。"如果没有运筹帷幄的本事，失败是很正常的，该当如此！

无论投资者有多少资金，都必须掌握判断牛熊转折点的技术，如此才能立于不败之地。牛熊转折点有两种，分别为大盘牛熊转折点和个股牛熊转折点，此为象数理论解决的问题，不在本书讨论范围之内。

如果没有这个金刚钻，还瞎折腾什么呢！资本市场并不会因为你有钱就让你赚。在资本市场，资金并不是唯一的本钱。如果不懂得市场运行的规律，纵使拥有一万亿元也是白搭！

下面言归正传，大资金运作有两个要点：其一，必须分仓操作，也就是不能只持有一只股票；其二，必须做中长线，没有中级以上的行情绝不进场。

大资金不像小资金那样船小好调头，大资金在判断行情大趋势方面绝对不能出错，否则必死无疑。把握市场大小趋势的转折点极为重要。如果趋势不明，拐点不清，就会陷入被动，无所适从。

由于操作模式涉及具体的操作方法，后面再详细解说。下面就几种不同市道，谈一下具体的运作模式。

1. 长期熊市和振荡市以波段操作为主

有人说，大资金在熊市就不必操作了吧？笔者认为大可不必有这种想法。例如从2001年6月到2005年6月这个长达4年的慢熊市道中，就有几个中等机会，可以轻松找到多个中等级别反弹行情的转折点。

另外，从2009年8月4日到2013年7月2日，大盘虽然整体是向下的，但是下跌过程中却表现为宽幅振荡市，这为投资者提供了相当多的大波段机会。在这种市道中，也应该以波段操作为主。

2. 牛市以中长线持仓为主

牛市中操作相对来说容易得多，只要能够看出中长线的牛熊转折点，剩下的就是中长线持仓这一件事了。

做任何事情都要有规划，何况运作千万元以上的资金呢！做大事必须有大思路，大思路清晰才能遇事不迷、处变不惊、取舍得当。

那么这种大思路来源于什么呢？来源于对股市整体结构的了解以及对股市涨跌规律的把握！

投资者必须有一套完整的操作模式放在那里，永远不能稀里糊涂。

三十一、建立自己的投资之道

先看看威廉·江恩（William Gann）说的几段话。

"大多数交易者在没有任何知识和学习的情况下进入市场，最终结果就是赔钱。要在股市交易中获利，必须先获取知识，必须在损失之前就开始学习。许多投资者毫无所知地进入股市，在意识到开始交易前有必要进行一段时期的准备工作之前，就已经损失了大部分资金。"

"打开通向巨额财富大门的钥匙只有一个，那就是知识。没有人可以不付出努力就能获得知识。如果你掌握了股票和商品期货方面的实用知识，就不难获得资金来赚取更多的钱。财富总是汇聚到掌握了知识的人手中，如果没有知识，金钱将变得毫无价值。"

"投资者掌握了知识，就可以进行聪明的投资，使财富增长。在美国，常常有数以百万美元计的钱财，因为愚蠢的投机行为和不明智的投资活动而荡然无存。这种毫无意义的莽撞原因只有一个，那就是缺乏投资的知识。"

"成功的律师、医生、工程师和专业人士，在开始赚钱之前，都需要花上两年到五年的时间去学习，为从业做准备。如果一个人不愿意学习，也不想吸取过去的经验，就不会获得成功或者收益。不可能没有付出就获得回报，要成功就需要时间、金钱和知识。"

"知识的力量是伟大的，因为资本总要依附于知识。"

笔者很少大段引用别人的文字，上面是第一次大段引用江恩的话。为什么要引用这些文字呢？因为江恩说的是至理名言。

人的弱点就在于自以为是。几乎每个人都自以为比别人聪明，其实这种观念是非常狭隘的，持有这种观点就像坐井观天的青蛙。人，如果不能认识到自己的不足，就不能进步。在证券市场，不进步，并不是简单地等于原地踏步，而是代表将被市场风浪吞没！

江恩关于学习的说法是比较浅显的，还没有说到位，笔者想就这个话题继续谈一谈。

证券市场是个高风险、高收益的地方，如何在有效规避风险的前提下获取丰厚的收益呢？

要想成功，必须勤学苦练。但勤学苦练总得有个目标吧？目标应该是什么呢？就是建立一套完善的分析研判系统和实战交易系统。

如果把股市比作战场，那么每一位投资者都是自己军队的最高指挥官，投资者手里的分析研判系统和实战交易系统就是"兵法"。如果没有这套"兵法"，笔者断言投资肯定会失败，因为此时投资者就是一位"没有准备的将军"。

没有规矩不成方圆，没有方法，谈何成功？

这个世界上，任何行业、任何领域都有它们的"道"。得道者把握了玄机，所以无往不胜。没有得道者，不但做得很辛苦，而且还很容易失去一切。

如果投资者想成为常胜将军，还是好好地完善一下自己的"兵法"吧。完善自己的投资体系是一个历时漫长的过程，就像长途跋涉一样，必须翻越千山万水。悟道不是顿悟，而是一个渐进的过程；是一个肯定之后又否定，否定之后再肯定的过程；是一个充满曲折、反复、螺旋式上升的过程。

这里要强调的是：不要小看时间的力量，任何成功都需要时间的累积才能达成。没有过程也就没有结果，十里之外的彼岸，并非一步就能跨越。

三十二、股市中的繁与简

要成为技术派高手，每一位投资者都必然要经历如下过程。

第一阶段：初入市场，四处学习技术，开始从无法进入有法，然后心中逐渐生出万法。这就是从无到有、由简入繁的过程。这个过程需要10年左右。这个时候，投资者会觉得万法在心。

第二阶段：在实践过程中，逐渐自觉诸法纷纭，选股和交易时时觉得矛盾。这时开始不断简化自己的技术交易系统，最后简化到在某种市场背景下只使用一种交易模式。其实这一种模式是融合万法而来，是理念、技术融为一体的完美结晶，这就是化繁为简的过程。这个过程可长可短，主要根据投资者的悟性决定，长则经历数年，短则只需数日。这个境界，就是老子所说的"抱一""守一""得一"的境界。

到了化繁为简的阶段，投资活动就变得非常简单，这个时候买股、持股、卖股，各个环节都变得非常清晰明了。这时投资者才能真正进入心无纠结、逍遥自在的状态。

投资者的追求是不一样的，有人追求安全，有人追求快速，有人追求既安全又快速。大多数投资者都在追求既安全又快速，这个要求看起来很容易达到，但笔者告诉大家，要达到这种境界，至少需要10年以上的摸索和锤炼，直到将股市的规律完全了然于胸。

任何一种完全符合自己性格特征的交易模式，都是投资理念与技术体系的高度融合，二者缺一不可。

三十三、波段生死

短线不足取，长线难把持，若想进退自在而不奔忙郁闷，唯有波段。

在股市中，涨的过程为阳，跌的过程为阴。上涨波段为阳，下跌波段为阴。阴或阳都不能永远持续，阴到一定程度必然转阳，阳到一定程度必然转阴。在股市中，表现为跌到一定程度必然上涨，涨到一定程度必然下跌。

涨与跌的过程称为阳与阴，涨与跌的拐点，就称为生与死。具体言之，波段行情由跌转涨的拐点，称为生；波段行情由涨转跌的拐点，称为死。能识别阴与阳不为高，能把握生与死才谓之"得道"。

波段生与死之间，只有持股这一件事。休要小看持股，凡能赚大钱者，必善持股。不善持股者，即便买点正确，也因不能坚持到底而与大财无缘。

老子曰："合抱之木，生于毫末；九层之台，起于垒土；千里之行，始于足下。"

老子阐述了事物发展变化的规律，上面的话有以下两个要点。

其一，任何事物的发展壮大都有一个从小到大的过程，大的东西无不是从细小的东西发展而来。无论做什么事，都要及早动手，从小做起。在股市，应该逢低（拐点附近）进场，不要等股票大涨起来才急忙追进，到那时已是风险高而利润小了。

其二，必须坚持始终，才能取得成效。每一株参天大树都是从小树苗长起来的，而且都要生长很多年。股市中，在正确的买点买入后，应一路持股到行情的顶点，不能半途而废。

波段的涨与跌总在不断上演，波段的生与死总在悄然转换。但能识别阴阳，把握生死，则股道成矣！

三十四、弱市中的操作思路

弱市中，唯一稳健的方式就是尊重大盘，跟随大盘。大盘的涨跌就是生死命脉。

具体言之，就是当大盘下跌波段结束，波段拐点出现的时候，积极进场波段做多；当大盘上涨波段结束，波段拐点出现的时候，尽快清仓，进入休眠状态。

不要说以上交易原则太过理想化，也不要说做不到。运用大盘研判技术，找到波段拐点还是很容易的。对于明了股道之人，预判大盘波段拐点如同掌上观纹。

在大盘波段下跌中，个股一切好的形态都有可能被破坏，一切支撑都有可能被击穿，个股难敌大势，覆巢之下岂有完卵。

有人说下跌波段中照样天天有涨停板，照样有连续上涨的股票。但有一个问题需要思考，下跌波段中，投资者出手十次能抓到几次涨停，又有几次亏损？在大势连续下跌或暴跌的时候，能稳稳拿住连续上涨的股票吗？

笔者承认大势下跌的过程中也有上涨的股票，但是昙花一现的股票更多。每天看到的上涨甚至涨停，往往都是个股在下跌波段中的一日游行情。那些一日游的股票就像一小群麋鹿一样，天天在眼前乱蹦，迷惑投资者奋不顾身地冲进火坑。在下跌波段中，想刀口舔血而又不伤舌头，很容易吗？

有人说，信心比黄金更重要。在弱市中，大盘处于上涨波段就是投资者的信心，而一旦大盘转为下跌波段，投资者的信心就会大幅降低，直至为零。希望所有的投资者都知道尊重大势，跟随大势，不要做大势的牺牲品。顺势者昌，逆势者亡，这是颠扑不破的真理！

上涨波段为阳，下跌波段为阴；上涨波段为生，下跌波段为死。只有把握阴阳转化之道，才能摆脱生死轮回之苦。

三十五、行情的级别与操作策略

在每一次投资活动中，最重要的问题就是制订操作策略。操作策略对与错，会直接决定某次操作的成败。这一点，大多数人都不明白，都是稀里糊涂。笔者要强调的是：操作策略不是一成不变的。不同级别的行情，对应的操作策略应该是完全不同的，不能一方治百病。

如果做短线，策略就是快进快出。如果做波段，策略就是持股不动，做足一个波段。如果做中长线，策略就是不管风吹浪打，决心做足整个上涨趋势。

上面所说的操作原则，每个人都知道，但很少有人能真正做到。大家常常见到，只是一次短线反弹，有人买入后却中线持股。更常见到的是，本来是一次波段行情，有人买入后很快就卖出，当作短线来做。

投资者之所以犯上述错误，其实根本原因只有一个，那就是他根本不知道行情的级别到底有多大。

传统技术分析往往融入了很多主观猜测的成分，不具有确定性，根本不能准确测量行情的级别。象数理论能够在行情启动之初，就知道行情的级别有多大，行情能持续多久。这一点，在笔者博客以往的博文中，有很多论述，有兴趣的读者请自行阅读，必有大进，此处不再赘述。

下面举例说明一下操作策略问题。

假如一次波段行情来临，应该采取什么样的操作策略呢？当然，最正确的是在波段低点满仓买进，然后一路持有到波段行情结束。那么应该买进什么类型的股票呢？一定是那种能够持续上涨一个波段的股票。

大家常常见到的是，在波段行情中，很多人仍然选择短线品种，他们的眼光总是盯在涨停或高高在上的股票上。当然，如果投资者选择的涨停股票是一个上涨波段的起始，这样做也没错，但选到的常常是昙花一现的短线股票。这样的股票也许短期会出现一两个涨停，但是随后并不能延续强势，短暂的强势后会很快陷入漫长调整。

投资者最常犯的错误就是：当波段行情来临的时候，选择的却是短线股票。

通常的规律是：涨得快的不能持久。正如《道德经》所云："故飘风不终朝，骤雨不终日。孰为此者？天地。天地尚不能久，而况于人乎？""物壮则老，是谓不道，不道早已。"

回顾很多股票以往的走势，在一次次波段行情中，那些走势比较流畅的波段股票，它们在开始起涨的时候，往往并不起眼，而且常常是在谷底缓慢启动。其实在选择波段股票的时候，最重要的是对一只股票所处的技术位置和上涨空间进行考量，绝不是该股票短线是否具有爆发力。

那些在波段底部，看上去走势较弱的股票，将来的上涨空间往往大于短线品种，它们会在不知不觉中走到高位。《道德经》云："知其雄，守其雌；知其白，守其黑；知其荣，守其辱。柔弱胜刚强。"

这，就是选择波段股票的秘诀。

当投资者选出波段股票后，更重要的是持股过程中的心态。面对市场上让人眼花缭乱的涨停股票时，我们的想法至关重要。《道德经》云："五色令人目盲，五音令人耳聋，五味令人口爽，驰骋畋猎令人心发狂，难得之货令人行妨。"这里说的就是，人们很容易受到"看起来很美"的股票的干扰。

《道德经》云："天得一以清。地得一以宁。神得一以灵。谷得一以盈。万物得一以生。侯王得一以为天下贞。"什么意思呢？就是说，在持股过程中，投资者要专一，不要心猿意马，三心二意。

《道德经》云："祸莫大于不知足；咎莫大于欲得。故知足之足，常足矣。"最终的胜利，往往来自持股的心态。《道德经》云："取天下常以无事，及其有事，不足以取天下。见其小曰明，守柔曰强。"这里说的就是，不要每天盯盘，不要被盘中的涨跌干扰，不要杞人忧天。股票短线看起来可能很柔弱，但是经过一段时间的累积之后，很可能就会成为市场中令人眼馋的好股。

阴阳总在转换，强弱只是一时。若能不为眼前"乱花渐欲迷人眼"的强势股所动，不为手中的"弱势股"纠结，则离道日近，能渐得股中"三昧"（要领、真谛）了。

三十六、笔者的投资理念

经过数年的熊市，亏损累累者甚众，欲哭无泪者比比皆是。所有的亏损都可以归结为八个字：趋势不明，逆市操作。

有的人是因为趋势不明导致亏损，有的人是因为逆市操作导致亏损。趋势不明者是因为技术水平有限，逆市操作是因为贪心作怪。技术水平有限，可以通过拜师求学来解决。贪心作怪，只能通过时时自我警示来化解，或常亲近股市中的高人，也能受其熏陶，去除浮躁，心念清静。

那么，什么样的方法能够纵横牛熊市，能够立于不败之地呢？只有八个字：顺势而为，波段操作。

不论在牛市还是熊市，大势都是以波段的方式运行的。下跌波段之后必然是上涨波段，上涨波段之后必然是下跌波段。股市不断进行阴阳转换，如日月之循环。那么最可取的操作方式，自然就是遵循天道，在上涨波段持股，在下跌波段空仓。这种操作理念，在熊市中尤为重要。

有人总想在下跌波段"刀口舔血"，总是心怀侥幸，舍大取小，总以为自己短线水平高，殊不知赔钱就是这样赔的。茫茫人海，逆市操作者几人不悔？

在下跌波段里，要控制自己的贪婪之心。大自然尚有日夜交替，尚有休养生息，何必终日忙忙，终日满仓？

投资者众，得道者稀，几人识得波段轮回之妙？几人肯顺势而为？笔者为股市中沉迷的众生一叹，愿迷者早悟！

三十七、波段操作的深层心法

展开论述之前，请先看看股价示意图，如图4-1所示。从A到G，所有的点都代表波段低点。

中长线的操作方法不用多说了，只需要在最后的低点区域（E点）买入，然后一直持有到牛市结束即可。

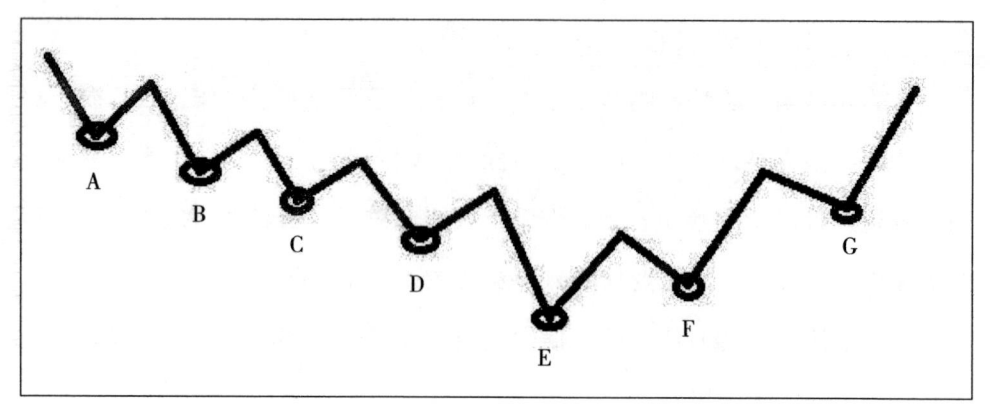

图4-1

对于波段操作者而言，投资者对图4-1中所有的波段低点都感兴趣。谨慎的波段操作者，在下跌趋势中，有以下三条重要的操作原则。

第一，只在大盘出现波段转折信号后才进行波段操作，绝不做中线。

第二，只在大盘与个股共振的时候，即大盘与个股均处于波段低点时才入场。

第三，一旦预判失误，尽快脱身出局，绝不对抗趋势。

如果能严格遵守这三条原则，即便是在下跌趋势中，也可以整体上立于不败之地。

下面谈谈另外一个问题，就是为什么顶级预测理论也会有预测失败的时候。只有极少数顶尖高手，才能明白其中的道理。

在一个大的下跌趋势中，投资者经常根据技术信号，预测某个时点可能成为波段低点，然后根据这一判断进场做多。进场后通常有两种结果，要么预测成功，获得盈利；要么预测失败，不幸亏损。每个人都盼望每一次预测都成功，但是事实上不可能每一次预测都能成功。

那么偶然的不成功，其原因在哪里？其实，失败的原因不在于预测者的水平，而在于市场的时空结构本身就是虚实交错的。就拿下跌趋势来说，在下跌过程中，市场会出现若干个"准转折点"，这些"准转折点"分布在不同的位置，有不同的级别。按象数理论来讲，分别有趋势转折点、大波段转折点、小波段转折点和短线转折点。

就拿波段转折点来说，为什么有时候会预测失败呢？还是那句话，不是预测者水平有问题，也不是预测方法有问题，而是市场时空结构虚实交错的问题。进一步说，假如一轮熊市中出现了7次波段反弹信号，而且每一次预测时的技术条件完全具备，事实上还是会有问题。也就是说，在这7次信号中，可能只有4次是真实的，剩下的都是虚幻的。

即便成功率不是100%，即便预测有失败的时候，投资者仍然应该每一次都进场。这里的关键是如何应对失败的预测，而不是进不进场。比如，预测从某日开始会有一次波段反弹，但是实际上这里只出现了一次短线反弹。但是投资者必须在预测这里有波段反弹的时候进场，因为投资者不知道这里的波段反弹是否会失败。

在这里，进场并不是在赌，而是换取成功的机会。假如一轮熊市中实际上有4次波段反弹，却出现过7次波段反弹信号，那么这7次反弹信号全部都要进场。

成功的时候投资者能赚到钱，失败的时候投资者会因为及时止损而避免大的损失。每次波段机会都进场，是因为要抓住这次可能的盈利机会。当发现机会不对的时候，会及早离场。有止损点的保护，投资者不用过于担心。

读者应牢牢记住笔者经常说的操作原则。

第一，只做最经典的！

第二，一旦破位，立即止损！

只要能做到以上两点，何愁不能在市场中长期稳定地盈利呢？

投资者应该明白一个道理：凡是技术上出现波段买入信号，就应积极进场。一旦预测失误，就要尽快出局。这样，投资者在每次操作失误的时候只有少许损失，而一旦大盘按照预测上涨，就正好买在了波段最低点附近。

正如前面说的，如果市场在一轮熊市中出现7次波段转折信号，尽管知道可能只有4次是真机会，但笔者还是会在每一次出现信号时都进场。大不了一旦失误立即止损，有何惧哉！苛求每一次进场都会成功，本身就是遥不可及的幻想。

这就是波段操作的深层心法。

三十八、最重要的是定性

按照传统理论划分，行情的级别由小到大可以分为短线行情、中线行情和长线行情三种。按照象数理论划分，行情级别由小到大可以分为短线行情、小波段行情、大波段行情和中长线行情四种。象数理论中的很多概念都和传统观点不一样，因为它更科学，更严谨。

象数理论对每种级别的行情都有非常明确的界定。在一波行情刚刚开始启动的时候，必须弄清楚行情的级别，也就是给行情定性。

请注意，笔者说的是"必须"。为什么必须要弄清呢？这是因为如果在行情开始的时候不知道行情级别的大小，就无法制订相应的对策。一场毫无准备、毫无底数、毫无策略的投资，必然以失败告终。

行情大，投资者就大做；行情小，投资者就小做。如果本来是大行情，却当作短线反弹对待，那么结果可想而知。如果本来是短线反弹，却认为大行情来临而去中长线持仓，那么后果也会非常凄惨。

当行情刚刚开始的时候，最重要的就是给行情定性，也就是确定行情的级别。定性之后，应根据行情的性质（级别）制订相应的操作策略。这里笔者说得很简单和浅显，但是读者反复阅读这段话并加以深思，会知道这段话非常非常重要。

三十九、各种市道下的操作策略

进入市场前，首先需要弄清楚当下的市场处于何种状态，是牛市、熊市还是振荡市。要根据当下的市场背景制定相应的操作策略，然后根据操作策略决定使用哪种相对应的技术。

不要以为牛市中一定赚钱，不少人牛市不赚钱，熊市和振荡市则是赔大钱，这就是残酷的现实。其实说白了，亏钱的主要原因就是投资者对当下所处的趋势不明，应对策略有误。

下面将各种市道下的操作策略简单地介绍一下。

先说牛市。在使用牛市操作策略和操作技术之前，必须首先知道牛市从何时开始，到何时结束。只有在明确市场拐点何时出现之后，才能放胆使用牛市的一切技术。

并不是只有在上涨趋势明朗的时候，才知道市场已经处于牛市。也不是只有在下跌趋势明朗的时候，才知道牛市已经结束。不知道股市运行大道的人，才喜欢将"等待趋势明朗"这句话挂在嘴边，而明了股市运行大道的人，只关心拐点何时出现。其实象数理论中，最有把握的事情就是判断大势何时见大底与何时见大顶。

当知道大趋势拐点已经出现，牛市已经来临的初期，投资者就会按照牛市的操作策略毫不犹豫地进行布局，在战役一开局，就已经知道投资者最终会取得巨大的胜利！因为一切已尽在掌握之中！在博文"吞吐山河的胸怀"一文中，学员操作江中药业（600750）案例，已经说明象数理论可以达到这样的境界。

在牛市中，有两种可取的操作模式，一种是中长线操作，一种是大波段操作。

中长线操作，也就是进行完整的趋势操作。在市场刚刚由熊转牛的时候进场，然后一直等到牛市结束才出局，中途不进行任何操作。这是最省心、收获也很大的操作方式。试想，如果能在998点附近进场，在6124点附近出局，又在1664点附近进场，在5178点附近出局，做足每一个完整的牛市，回避掉每一个熊市，那么投资者将获得什么样的收益，体验到什么样的感觉？好好想象一下，这就是中长线操作的好处。

不要以为做不到，当读者了解了象数理论，就知道完全可以做到！不要忘记上面说过的话："象数理论中，最有把握的事情就是判断大势何时见大底与何时见大顶。"

大波段操作，就是把完整的牛市分解成数个大波段进行波段操作。大家知道，中级以上的牛市一定是由几个大波段组成的。在完整的牛市中，虽然整体趋势向上，但一定有大级别的调整。这种调整短则数周，长则数月，是非常熬人的。预测大级别调整从何时开始，到何时结束，就是除了大顶大底之外第二重要的问题。

不要说做不到这一点，笔者研创的"时点预测理论"，就是专门解决回调时间和回调点位的独门技术，而且百试不爽。正因为此技术问世，才为投资者在牛市中进行大波段操作提供了强大的技术保障。

下面再说说熊市。在熊市里面，空仓为主要的操作方式。不要把空仓当作休息，空仓其实也是一种操作方式，而且是一种非常重要的操作方式。空仓是不为而为，以不做为做，以不亏当盈，是熊市中很高明的交易策略。

如果一定要进场操作，那么一定要在市场出现那些级别较大的、有操作价值的波段低点出现时才介入，这要求投资者的枪法要像狙击手一样精准。不以为然的人可以看看从6124点到1664点的下跌，中间有多少次有操作价值的反弹机会？这几次难得的有操作价值的机会，运用象数理论，也能全部捕捉到。那么取得胜利依靠的是什么？还是象数理论！

最后再说说振荡市。可以说从3478点以来，大势长期处于宽幅振荡中。

宽幅振荡市中，最理想、最安全的操作模式就是大波段操作。在这种宽幅振荡行情中，如果能在每一个大波段的低点进场，在每一个大波段的高点出局，把每一个大波段取得的收益积累起来的话，会发现，这个让人无奈的长达两年以上的宽幅振荡市，取得的收益要比一次中级以上的牛市还要多。关键的问题是，能不能掐准每一个大波段的拐点。

有人又说了，笔者说得好听，但是谁能掐准每一次大波段的低点和高点呢？笔者可以非常负责任地告诉读者，象数理论已经做到了。

在以往的博文中，笔者反复强调象数理论最牛的技术，就是预测牛熊转折点和大波段转折点，这一点请大家牢记。

三种市道已经介绍完，现在简单地总结一下。牛市中操作策略只有两种，一种是中长线操作，另一种是大波段操作。熊市中的操作策略是，有大的波段反弹机会可以小做一把，没有大的机会就空仓。宽幅振荡市的操作策略是只进行波段操作，只在波段拐点交易。

每一种市道都有相应的策略和技术，不要张冠李戴，否则方向不对，努力白费。

四十、投资人需要知道的问题

每一位投资者都应该自问：想赚钱吗，凭什么赚钱？想避免亏损吗，凭什么避免亏损？

在股市中，需要解决很多问题。

如何判断大盘和个股的大底和大顶？如果这个问题彻底解决了，就永远是股市中的大赢家。既可以获得巨大的收益，又可以长期逍遥于股市以外，彻底抛掉盯盘之劳。

如何判断大盘的大波段转折点（包括低点和高点）？如果这个问题解决

了，就会做大波段了，从3478点到现在的所有大波段转折点，都能抓住，这无异于将长期的振荡市转变为中级牛市。对于操作股指期货的人来讲，做空做多双向操作，宽幅振荡市无异于大牛市。

如何在不同的市场阶段进行最好的操作？一轮完整的牛熊，必然包括筑底阶段、上涨阶段、做头阶段和下跌阶段。首先，面临的问题是如何确认当下市场所处的阶段（这一点必须用技术手段来判断），其次是在当下的市场阶段中如何操作。

在市场的筑底阶段，必须掌握先人一步的必胜法宝，知道如何判断哪些股票是上涨的先锋队；知道哪种股票会率先上涨而且是大涨；在市场的上涨阶段，怎样的操作策略能够获得超过普通投资者数倍的收益；在市场进入做头阶段，怎样频繁地获取暴利；在市场进入下跌阶段，何时会有大机会。

每一轮行情都有热点板块和领头羊股票，在行情启动之初，要知道如何判断哪个板块是热点板块；如何判断热点板块中的领头羊股票；每一波行情从何时启动。

在大的上涨趋势中，会有几次大级别的调整，调整时间可能为数周，也可能为数月，投资者不但要能够识别大调整何时到来，而且还要知道大调整何时结束。那么大调整何时会来，又会在何时结束呢？大盘和个股会调整多长时间，调整到哪个点位呢？不要小看这些问题，这是除了牛熊转折点之外的重要问题。

每个人都想要抓到超级大牛股，最好能涨几倍、十几倍甚至几十倍，那么什么样的股票能成为超级大牛股呢？

如果以上所有问题你都有明确的答案，那么恭喜，你已经是超一流高手了！相反，如果你有半数问题都回答不出来，那么你就需要好好锤炼了。

四十一、从实战八法和太空线说起

在股市里面，常见的市场状态有三种，分别是牛市、熊市和振荡市。读者应该根据不同的市道使用不同的操作策略，又要根据不同的操作策略决定使用的操作技术，否则张冠李戴，肯定出错，导致亏损是必然的。

股市操作就像拿钥匙开锁，钥匙不对，锁是打不开的。想仅凭一种技术就在诡秘的股市打天下，肯定是不行的。

完整的象数理论博大精深，是全天候的作战技术，不论是牛市、熊市还是振荡市，都有对应的操作策略和对应的操作技术，绝不像某些人想象的那样只有实战八法和太玄空间线。任何高深的技术都不可能大面积广泛传播，这一点大家一定要明白。

象数理论的内容从不同的角度可以有多种划分方式，具体如下：根据研判目标来划分，象数理论具有大盘研判和个股研判两套不同的研判系统。根据市道来划分，象数理论中的战法分为牛市战法、熊市战法和振荡市战法。根据操作方式来划分，象数理论主要分为中长线战法和波段战法。

那么实战八法和太玄空间线，它们在象数理论中的地位是怎样的呢？它们在象数理论中扮演什么样的角色呢？

实战八法和太玄空间线只是象数理论中牛市战法中的一部分，绝不是牛市战法的全部。

下面来具体说说实战八法和太玄空间线。

这两种技术，前者阐述的主要是买法，后者阐述的主要是卖法，它们是一套完整的牛市战法，它们共同的使用背景是牛市。牛市按级别划分，分为大牛市、中等牛市两种，但是不论牛市级别大小，实战八法和太玄空间线都有效。

既然知道这两套战法的使用前提是牛市，那么马上就面临一个棘手的问题，那就是牛市从哪一天开始？不能等到牛市已经走了一半或者牛市结束了，投资者才知道这是牛市。必须在牛市刚刚开始，也就是熊牛转折点刚刚出现的时候，就知道牛市已经来临。

那么能不能预先知道牛市何时开始呢？当然能！象数理论最拿手的绝技之一，就是提前预测牛熊转折点和大波段转折点。不仅知道一轮熊市的最低点出现在哪个月，还可以精确到哪一周，甚至是哪一天，如果有误差，一般也不会超过一天。

说到这里，读者也许根本就不相信。笔者知道，越是神奇到令人惊叹的东西，就越不会相信。

笔者之所以敢这么铁齿铜牙地说这件事，是因为象数理论完全可以做得到！依据的是什么？依据的是规律！要知道，宇宙间的万事万物都是有规律的，就像地球围绕太阳公转一圈的时间不是365天，就是366天。地球围绕太阳运行一圈的时间，误差最多只会有一天。股市的牛熊转折点预测也是一样的。既然地球和所有星球的运转如此有规律，难道股市就没有规律吗？不承认股市规律的人，原因只有一个，那就是还没有认识到股市的规律，除此无他。

既然牛熊转折点能够提前或当下确认，那么实战八法和太玄空间线就有了用武之地。必须先确认牛熊转折点，才可以使用"实战八法"。必须先确认牛熊转折点，才可以使用太玄空间线，这就是其中的奥妙！

牛熊转折点的确认，是实战八法和太玄空间线这两套完整牛市战法的定海神针！没有这个定海神针，使用这套方法的效果肯定不好。股市的低点很多，到底哪一个才是牛熊转折点，你能当下确定吗？

四十二、各种市道下的拐点交易

1. 牛熊转折点

单边市场的特点就是牛市和熊市走势很清晰，比如从998到6124就是单边牛市，从6124到1664就是单边熊市。

图4-2是一张市场运行示意图。C点和F点都是牛熊转折点。

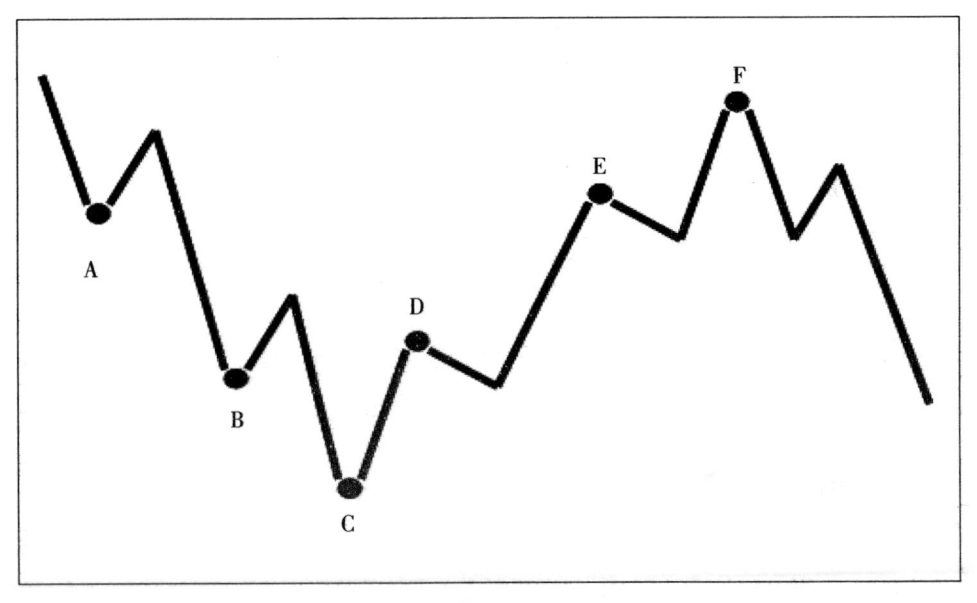

图4-2

从中长线角度来看，在C点之前的任何位置买入都是错误的。在C点和F点之间，可以一直持股待涨。

那么问题来了，做中长线最需要掌握什么？毫无疑问，就是哪里才是真正的C点，哪里才是真正的F点。

事实上，人们常常把A点和B点当作C点。同样的，也常常把D点和E点当成F点。大家事后看这张图的时候，头脑会很清楚。但是当你置身于涨涨跌跌的市场中，多半会立即迷失方向。

所以，如何正确预测或当下确认牛熊转折点，是中长线投资者要面对的第一难题！

所幸，如何预测牛熊转折点，这个难题在象数理论中已经有了明确的答案！

2. 波段转折点

图4-2展示的只是单边市场走势。不过在市场中，还有一种走势是振荡市道，这是最难把握的。什么是振荡市道呢？以大盘为例，从2009年8月4日的3478点开始一直到2011年4月15日，长达两年的市场走势既不是单边牛市，也不是单边熊市，这就是振荡市道。

振荡市道最好的操作策略就是波段操作，在这种市道中，长期空仓或者长期满仓都会吃大亏。

策略有了，那么哪里是大波段的低点，哪里是大波段的高点呢？这是振荡市道中遭遇的第一难题。所幸，如何研判波段的转折点，这个难题在象数理论中已经找到了明确的答案！

真正的顶级交易体系，既不是左侧交易，也不是右侧交易，而是拐点交易。所谓拐点，也就是转折点。

这就是象数理论的魅力！

四十三、波段操作的艺术

在一个完整的上涨波段中，会有若干次短线调整。面对这些频繁的小调整，心态如何显得异常重要。

明明知道波段高点还没有到来，但是当面对短线高点的时候，能否做到心静如水，波澜不惊呢？如果不能，就会被那些小级别的调整搞得心神不定，很容易为一点小波动而做出错误的决断。

掌握了象数理论之后，就知道股价涨跌的定数，这时唯一欠缺的，就是坚定的信念和持股的耐心！在面对动荡的盘面时，投资者的心不能跟着动荡。

当投资者有足够的定力排除所有的干扰，能够稳如泰山地持股不动，就在股市中修成正果了。如果不能，永远只是股市中的普通股民，永远会在股市的短线波动中被动地"坐过山车"，无数次品尝烦恼和痛苦，没有止歇。

四十四、象数理论的波段思路

象数理论提倡中长线操作和波段操作，这里中长线暂且不提，只谈波段操作。

无论行情是牛是熊，是大是小，都是由若干个波段构成的。如果能够炉火纯青地掌握每个波段的转折点，在股市里面就会如鱼得水，总是能够踏准波段涨跌的节奏。

以上涨波段举例，一个小波段可以涨几天到十几天，一个大波段可以涨几十天甚至上百天。在波段操作中，最需要注意的是不要把短线与波段混为一谈，这是两个完全不同的概念。波段大于短线，这个观点首先要明确。在一个上涨波段里，可以存在若干个短线高低点。这些短线的高低点应该忽略，原则上只在波段的转折点进行交易。波段操作要求只在波段转折点进行操作，其他时间要么满仓待涨，要么空仓等待。

波段操作的难题在于准确判断波段的转折点。

在一个波段中，可能存在着若干个短线高低点，所以区分哪里是波段转折点，哪里是短线高低点至关重要。

象数理论正是判断波段变盘点的利器，大小波段概莫能外。象数理论并不主张在趋势明确形成之后再操作，而是提倡在波段转折点进行操作。运用这套理论，基本上可以巧妙地买在下跌波段的最后一天或上涨波段的第一天，根本用不着等待所谓的趋势确立。事实上，当觉得上涨趋势已经确立的时候，往往就是一个上涨波段的高点，若买进，很可能马上被套。

《道德经》云："为之于未有，治之于未乱。"《黄帝内经》云："上医治未病，中医治欲病，下医治已病。"象数理论主张在转折点出手，正是《道德经》《黄帝内经》等经典中大智慧的充分体现。

"敌不动我不动，敌欲动我先动""制敌于机先"，这才是最高的境界。拿老百姓的话说，就是既不早也不晚，正赶在节骨眼儿上。

四十五、波段操作自律心法

1. 收获需要时间

急躁、激进、急于求成，是很多人心态上面临的最大问题。正因为如此，才使很多人频繁地换股操作，对短线调整表现得极为不耐烦，以至于多次错过后续的波段利润。

最重要的是不要追求天天暴利，那是不安全的，容易养成追高的毛病，而十次被套有九次是追高惹的祸。笔者的买股原则是宁可错过，也不追高。

正确的做法：低位波段拐点出现后买入，之后踏踏实实地做波段，追求完整的波段收益（如同吃鱼从头吃到尾）。不要这山望着那山高，不要贪图其他机会，因为机会是无穷尽的。

其实，波段操作可能才是赚钱最快的方法。波段复波段，复利何其多！

取得任何成果都是需要时间的，要给投资者持有的股票一段表现的时间。投资过程中，时间也是一种必不可少的成本。

要快快乐乐炒股，要会享受生活，不要把自己每天搞得紧张兮兮的。要以看戏的心态看待持仓的股票，很多时候应该把自己当成局外人。古话说："当局者迷，旁观者清。"要故意让自己做一个旁观者。

2. 波段操作不盯盘

首先明确一点，做波段行情最忌每天盯盘。既然要追求波段利润，就不应该把每天的涨跌放在心上。

过分重视细节，往往会迷失大方向，导致错误的操作。主力运作一只股票，从不以短线为目标，但主力盼望着跟风盘天天做短线。主力常常为了这个目的而努力，所以我们一定要反其道而行之，偏偏不听主力的。

买入前，要精挑细选，做到不见兔子不撒鹰。买入后，要耐心等待，咬定青山不放松！不出现波段见顶信号绝对不卖出。

当明确研判出一只股票会出现波段行情后，就不要每天盯盘，而应该远离市场。要忍住不看，最终修炼到忍住不想。要做到从容如水，淡定如山。

要牢牢记住：持股才是波段操作的重中之重！波段交易的一个重要原则就是拿时间换空间，请不要在意短线的涨跌。持股心态要稳，要忍得住短线不涨或短线调整。

3. 盯盘只在买卖时

波段操作只有两种情况下需要盯盘：一是买点将出现时，二是卖点将出现时。

不做买卖交易时，即波段转折点未出现时，最好不要盯盘，这样对身体、对心态都有好处。身心应该常常松弛，养精蓄锐以待用时。

是否应该交易的研判依据是日线图，而不是盘中的即时走势。每天盯盘必定会被短期的涨涨跌跌迷惑，导致做出错误的判断，从而使进场前的操盘计划瞬间毁灭。每天收盘后，才可以做分析研判工作。这一点是波段制胜的法宝，要牢牢记住并执行。

4. 持股不选股

只要目标股票在持有过程中，尚未出现卖出信号，就不要去挑选其他备选股。因为一旦有了备选股，就容易三心二意，容易拿不住持仓股。

不要有二心，也没有必要耗费时间和精力每天选股。几乎每只股票都会有涨得辉煌的时候，只需要给它们时间，而不是毫无理由地在低位或缓涨时抛弃它。

在仓中有股的时候，必须克制自己不去选股，要抱一、守一，最终才能得一。

5. 洞察主力思维，只抓买卖信号

主力每天考虑的是怎样欺骗跟风盘，那么投资者应该怎么做呢？笔者觉得有以下两点。

第一，站在主力的角度上，了解主力的战略目的，使自己不被短线走势迷惑。

第二，观察买卖信号是否出现或即将出现，这是我们看盘和分析的主要目的。

要做到不见买入信号就不进场，不见卖出信号就不出局，尽量避免过早买入和过早卖出。要求自己做到一旦出现买卖信号就坚决果断地进场或出局，临盘不能有一丝一毫的犹豫。

后记

前面已经说过，"象数理论"按大类划分，可分为大盘预测技术和个股研判技术两大类。

本书中的"实战八法"就是"个股研判技术"中最复杂、最初级的部分，是所有入室弟子在深造之前都必须精通的一套入门战法。

"实战八法"实际上是八种特殊的起涨形态，一旦出现，后面通常会有不错的涨幅。但要注意，"实战八法"并不是全天候的战法，只能在个股大趋势拐点或大波段拐点出现后才可以使用，而且只适合在上涨初期使用，这一点大家要牢记。

笔者认为，技术在不冲突的前提下，应该多学，学多了，样样都懂，才能临盘不迷，才能应对种种不同的局面。

另外，笔者还想说，现在什么都现代化了，炒股也应该现代化，如果拥有正确的股票研判技术，同时又懂得计算机编程，那么做到炒股现代化是一件非常容易的事情。做到炒股现代化，寻找个股的买点就是分分钟的事，根本用不着花费大量时间去选股。这样，就可以把我们从盯盘中彻底解放出来。到达了这个境界，才会真正明白，炒股不过就是两点一线之间的游戏罢了。

最后，笔者希望每一位有缘的读者，把本书多读几遍，这样才有利于深造，如有不明之处或其他问题，欢迎大家与笔者交流，共同进步。

何瑞东

2024年3月20日